introduction à
Windows95

PETER NORTON

ADAPTATION FRANÇAISE
SYLVAIN ANGERS
Collège de Rosemont

Traduit de l'américain par
DANIELLE HEVEY

Chenelière/McGraw-Hill
MONTRÉAL • TORONTO

Introduction à Windows 95

Peter Norton

Traduction de: *Microsoft Windows 95*
A Tutorial to Accompany
Peter Norton's Introduction to Computers
© 1997 Glencoe/McGraw-Hill

© 1998 Les Éditions de la Chenelière inc.

Éditeur: Sylvain Ménard
Coordination: Lucie Robidas
Révision linguistique: Jean Bernard
Correction d'épreuves: Rémi Tremblay
Conception graphique et couverture: Norman Lavoie
Infographie: Rive-Sud Typo Service inc.

Données de catalogage avant publication (Canada)

Norton, Peter, 1943-

 Introduction à Windows 95

 Traduction de Windows 95.
 Comprend un index.

 ISBN 2-89461-213-3

 1. Microsoft Windows. 2. Systèmes d'exploitation (Ordinateurs).
3. Disques rigides – Gestion. 4. Fichiers (informatique) – Gestion.
I. Titre.

QA76.76.O63N6714 1997   005.4'469   C97-941265-X

Chenelière/McGraw-Hill
7001, boul. Saint-Laurent
Montréal (Québec)
Canada H2S 3E3
Téléphone: (514) 273-1066
Télécopieur: (514) 276-0324
chene@dlcmcgrawhill.ca

ISBN 2-89461-213-3

Dépôt légal: 2e trimestre 1998
Bibliothèque nationale du Québec
Bibliothèque nationale du Canada

Imprimé et relié au Canada par Imprimerie Quebecor/L'Éclaireur
1 2 3 4 5   02 01 00 99 98

DANGER
LE
PHOTOCOPILLAGE
TUE LE LIVRE

AVANT-PROPOS

Introduction à Windows 95, de l'auteur américain Peter Norton, est l'un des outils de formation de la collection traitant les applications Office 97. Chenelière/McGraw-Hill et Peter Norton ont fait équipe pour traduire et adapter ce manuel qui vous apprendra à maîtriser le système d'exploitation Windows 95. Après l'avoir lu et fait les exercices qui y sont suggérés, vous serez en mesure de créer et de modifier des documents grâce à Windows 95.

STRUCTURE DU MANUEL *INTRODUCTION À WINDOWS 95*

Introduction à Windows 95 couvre tout un éventail de fonctions et de méthodes liées au logiciel. Il donne également l'occasion de vous exercer en appliquant vos connaissances. Chaque leçon comporte les éléments suivants :

- *Contenu et objectifs.* Ce sont les différentes fonctions de Windows que vous apprendrez au cours de la leçon.

- *Explications de concepts importants.* Chaque section d'une leçon commence par une courte explication de la fonction ou du concept qui y est traité. Tout au long du manuel, les nouveaux points abordés sont situés dans une explication plus large des possibilités que vous offre Windows 95.

- *Nouveaux termes.* En informatique, se familiariser avec la terminologie représente une partie importante de l'apprentissage. La première fois qu'un terme important est utilisé dans ce manuel, il est inscrit en gras, et sa définition apparaît dans le texte et dans la marge. Quand vous rencontrez ces termes, lisez attentivement leur définition. Par ailleurs, si vous rencontrez un de ces termes dont vous avez oublié la définition, vous pouvez consulter le glossaire, à la fin du manuel.

- *Exercices pratiques.* Puisque la plupart des gens apprennent mieux en utilisant concrètement la matière étudiée, chaque explication est suivie d'un exercice: l'opération à effectuer y est décrite étape par étape. De plus, nous avons inséré dans les exercices, des remarques, des conseils et des messages de Compagnon Office.

- *Illustrations.* De nombreuses figures illustrent les divers éléments de Windows 95 ainsi que le résultat à l'écran des diverses opérations que vous faites.

- *Résumé de la leçon.* À la fin de chaque leçon, un résumé présente les principaux points qui ont été abordés. Vous pouvez utiliser ce résumé comme guide d'étude.

- *Nouveaux termes à retenir.* Vous trouverez ici la liste de tous les nouveaux termes présentés dans la leçon.

- *Exercices de révision.* À la fin de chaque leçon, il y a trois types d'exercices: des exercices d'association, des phrases à compléter et des questions à réponse brève. Ces exercices constituent un bon moyen de vérifier si vous avez bien assimilé tous les concepts abordés dans la leçon.

■ *Travaux pratiques.* Ces exercices vous permettent de mettre vos connaissances en pratique en résolvant des problèmes concrets, et ainsi de tester votre habileté à utiliser Windows 95 pour créer ou modifier des documents.

Vous trouverez à la fin du manuel un tableau des commandes de Windows, un glossaire et un index. Le tableau des commandes récapitule les différentes méthodes qu'on doit utiliser pour effectuer des opérations – à l'aide de la souris ou du clavier – et illustre les boutons correspondants sur les barres d'outils. Le glossaire reprend les définitions de tous les termes en gras dans le manuel et l'index permet de trouver rapidement un renseignement précis.

Après avoir terminé la lecture de ce manuel, vous pourrez créer des documents, les modifier et les présenter d'une multitude de façons grâce à Windows 95, ce qui rendra votre travail plus rapide et plus agréable.

TABLE DES MATIÈRES

LEÇON 4   L'ORGANISATION DES DISQUES   71

LEÇON 7   GÉRER LES FONCTIONS D'IMPRESSION   143

Le Bureau de Windows

OBJECTIFS

À la fin de cette leçon, vous pourrez :

- décrire le rôle d'un système d'exploitation ;
- démarrer votre ordinateur ;
- identifier les éléments du Bureau de Windows ;
- utiliser votre souris pour pointer, cliquer, double-cliquer, glisser-déplacer et faire apparaître les menus de raccourcis ;
- activer les icônes du Bureau ;
- réorganiser les éléments d'une boîte de dialogue.

C ette leçon constitue une introduction au système d'exploitation Windows 95. Un système d'exploitation est un logiciel dont le rôle est d'activer et de superviser chacune des tâches que vous effectuez avec votre ordinateur. Au cours de cette leçon, vous découvrirez les objets qui apparaissent à l'écran de votre ordinateur; vous apprendrez également comment vous servir de la souris pour l'exécution de programmes et pour déplacer des objets graphiques. Les techniques de base que vous maîtriserez à la fin de cette leçon vous permettront de développer les techniques de plus haut niveau enseignées dans les prochains chapitres. Nous commencerons par la distinction entre logiciel et matériel, et vous comprendrez pourquoi les ordinateurs ne peuvent fonctionner sans système d'exploitation.

INTRODUCTION AUX LOGICIELS DE SYSTÈME D'EXPLOITATION

matériel : parties tangibles d'un système informatique.

logiciel : nom collectif qui désigne les programmes (c'est-à-dire les instructions stockées électroniquement qui dirigent le traitement des données).

logiciel d'application (ou **application**) : logiciel spécialisé conçu pour permettre d'accomplir une tâche précise, comme la création d'un texte, la manipulation de données comptables ou la gestion d'enregistrements.

système d'exploitation : ensemble de programmes permettant à un utilisateur de travailler avec un ordinateur en gérant le flot des données entre les périphériques d'entrée, la mémoire centrale de l'ordinateur, les unités de stockage et les périphériques de sortie.

Le système informatique que vous utilisez comprend du matériel et du logiciel. Généralement, le **matériel** inclut :

- un *processeur* qui gère, interprète et manipule le flot des données ;
- un *clavier* pour la saisie de l'information ;
- une *souris* (ou une bille de pointage) pour pointer des objets et sélectionner des options à l'écran ;
- un *moniteur* pour voir ce que vous faites ;
- une *imprimante* pour imprimer les données désirées sur papier ;
- des *disques* pour stocker l'information.

Votre ordinateur a également besoin de **logiciels** d'application et de logiciels de base. Les **logiciels d'application** sont ceux qui vous aident à accomplir des tâches spécifiques. Vous les utilisez pour taper une lettre, gérer votre budget, arrêter les comptes ou faire du publipostage. Les logiciels de base, dont le plus important est le **système d'exploitation,** sont essentiels pour utiliser l'ordinateur et les logiciels d'application.

Le système d'exploitation gère certaines opérations automatiquement. Par exemple, lorsque vous mettez votre ordinateur sous tension, le système d'exploitation recherche la date et l'heure courantes, ajuste le volume des haut-parleurs et affiche à l'écran l'arrangement de couleurs que vous avez choisi préalablement. Le système d'exploitation peut aussi suivre vos instructions lorsque vous désirez copier un fichier, lancer l'exécution d'une application et ainsi de suite. Ces instructions que vous fournissez s'appellent **commandes.**

commande : instruction que l'utilisateur fournit à l'ordinateur, généralement en choisissant une option dans un menu, en cliquant sur un bouton ou en tapant une combinaison de touches sur le clavier.

interface : règles et méthodes qui permettent la communication entre l'utilisateur et l'ordinateur.

interface graphique : environnement d'exploitation dans lequel les commandes et les données sont affichées à l'écran et peuvent être sélectionnées par un périphérique de pointage.

Il n'existe pas de système d'exploitation universel; les ordinateurs n'utilisent pas tous le même. Le système d'exploitation de votre ordinateur ne détermine pas uniquement les commandes que votre système peut exécuter mais également la façon dont vous devez les formuler, autrement dit, le type d'interaction entre vous et votre ordinateur ou interface. L'**interface** détermine la perspective et la perception que vous procurera votre expérience en informatique.

Le but recherché par Microsoft avec Windows 95 est de créer un système d'exploitation qui soit, d'une part, plaisant et convivial, et d'autre part, plus efficace que les systèmes d'exploitation précédents sur le plan de la gestion du matériel et des logiciels de l'ordinateur. Afin d'atteindre ces buts, Windows 95 se sert d'une **interface graphique** grâce à laquelle vous utilisez les icônes apparaissant à l'écran pour faire fonctionner votre ordinateur. Allons-y !

DÉMARRER UN ORDINATEUR AVEC WINDOWS 95

autotest à la mise sous tension : programme qui vérifie l'état de la mémoire, du clavier, du moniteur et des unités de disques.

programme d'amorce : petit programme chargé en mémoire centrale et exécuté par l'ordinateur au cours du démarrage. Son rôle principal est de trouver sur le disque dur un programme plus volumineux (le système d'exploitation) et de le transférer à son tour en mémoire centrale.

Lorsque vous mettez votre ordinateur sous tension, une succession d'étapes complexes commence. Premièrement, un programme intégré au micro-ordinateur par le fabricant vérifie les circuits de l'ordinateur. Cet **autotest à la mise sous tension** vérifie l'état de la mémoire interne, du clavier, du moniteur et des unités de disque. Par la suite, des fichiers stockés sur le disque dur et contenant des composantes essentielles du système d'exploitation sont chargés en mémoire. Finalement, Windows 95 affiche son écran d'ouverture. Autrement dit, lorsque vous allumez un ordinateur, ce dernier, grâce à son **programme d'amorce,** va lui-même chercher les instructions dont il a besoin pour démarrer.

DÉMARRER WINDOWS 95

À VOTRE CLAVIER !

Suivez les instructions ci-dessous pour apprendre à allumer un ordinateur et à démarrer le système d'exploitation Windows 95.

1. Enfoncez le bouton d'alimentation électrique ou faites basculer l'interrupteur pour allumer l'ordinateur.

2. Allumez aussi le moniteur branché au système s'il est muni d'un interrupteur indépendant.

3. Observez le processus de démarrage.

a. Tendez l'oreille et écoutez le son émis par l'autotest à la mise sous tension. Un seul bip signifie que le système a réussi le test, alors qu'une série de tonalités indique un problème au niveau du matériel. Dans ce cas, vérifiez les connexions de votre clavier et de votre moniteur, lisez bien le message à l'écran ou consultez les instructions qui accompagnent votre ordinateur. Il est possible que vous ayez à demander de l'aide au fabricant de l'ordinateur, à un assistant de laboratoire ou à un technicien.

b. Observez ce qui se passe à l'écran. Après un court moment, vous verrez apparaître l'indicateur de mémoire ; le système vérifie les circuits de la mémoire vive. Puis, certaines informations s'afficheront à l'écran, suivies du message « Démarrage de Windows 95 ». Finalement, tandis que l'essentiel du système d'exploitation est chargé en mémoire, vous pourrez voir le logo et le copyright de Windows 95.

Vous verrez peut-être aussi la **fenêtre** d'accueil de Windows 95 (*voir figure 1.1*). Les fenêtres sont des cadres rectangulaires dans lesquels vous effectuerez vos travaux. Le nom de Windows 95 vient de ces cadres[*]. La fenêtre d'accueil affiche le texte suivant : « Le saviez-vous… » et une astuce sur l'utilisation de Windows 95. La fenêtre d'accueil contient plusieurs **boutons,** des boîtes en relief munies de mots ou d'icônes, qui activent des commandes. Ces boutons vous permettent de faire une visite guidée des caractéristiques de Windows 95, de consulter ce que Windows 95 comporte de nouveau, d'enregistrer votre exemplaire de Windows 95, d'examiner le catalogue des produits Microsoft et d'afficher la prochaine astuce.

fenêtre : plage rectangulaire d'affichage de l'information, comme le contenu d'un document ou les commandes d'une application. Une fenêtre peut être ouverte ou fermée, déplacée, agrandie ou réduite, sa taille pouvant être ajustée selon vos besoins.

bouton : boîte graphique étiquetée (à l'aide de mots ou d'images) sur laquelle vous cliquez pour activer une commande.

FIGURE 1.1
LA FENÊTRE D'ACCUEIL DE WINDOWS 95.

Bureau : plage de travail qui contient plusieurs outils pour travailler sous Windows 95 et qui constitue l'élément de base pour vos travaux.

4. Si la fenêtre d'accueil apparaît, appuyez sur la touche (Échap) (ou (Esc)) de votre clavier.

Maintenant, votre écran devrait ressembler à celui de la figure 1.2. Cet écran, appelé **Bureau,** contient plusieurs outils pour travailler sous Windows 95 et constitue l'arrière-plan de vos travaux.

---

[*] *Windows* signifie « fenêtres » en anglais (N.d.T.).

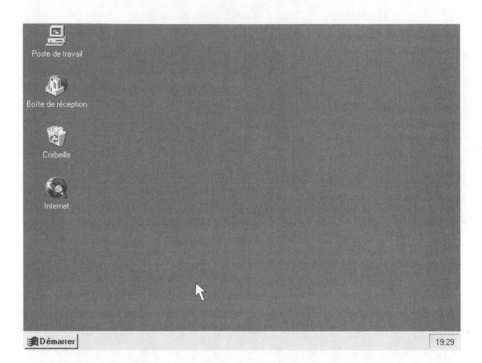

FIGURE 1.2
LE BUREAU DE WINDOWS 95.

UTILISER LE BUREAU DE WINDOWS 95

Suivez les instructions ci-dessous pour apprendre les noms et les rôles des objets du Bureau de Windows 95 ; vous les utiliserez pour réaliser des tâches pratiques.

LA BARRE DES TÂCHES

barre des tâches : espace au bas du Bureau de Windows 95 où s'affichent le bouton Démarrer, l'horloge et le nom des fenêtres ouvertes.

La **barre des tâches,** illustrée à la figure 1.3, se trouve au bas de l'écran. Elle contient les boutons Démarrer et celui de l'horloge, et affiche, sous forme de bouton, le nom des applications présentement en exécution et parmi lesquelles vous pouvez choisir celle que vous voulez. (La figure 1.3 présente la configuration standard de Windows 95 dans laquelle la barre des tâches apparaît au bas de l'écran et où la seule application en cours d'exécution est le programme de l'horloge.) Le bouton Démarrer vous permet de trouver et d'utiliser d'autres applications.

FIGURE 1.3
LA BARRE DES TÂCHES.

LES ICÔNES DU BUREAU

icône : petite image représentant un appareil, un programme, un fichier ou un dossier.

À la gauche de l'écran, vous devriez voir au moins deux petites images munies des étiquettes suivantes : Poste de travail et Corbeille (*voir figure 1.4*). Ces images sont des **icônes.** Il est à noter que votre Bureau peut contenir d'autres icônes que celles mentionnées ici. Les icônes sont des représentations graphiques d'objets comme les programmes, les groupes de programmes, les unités de disque, les documents ou des tâches spécifiques. La plupart des programmes conçus pour la plate-forme Windows utilisent des icônes puisqu'elles sont mnémoniques, attrayantes et conviviales.

FIGURE 1.4
LES ICÔNES DU BUREAU.

Poste de travail : icône du Bureau qui représente votre système informatique.

Corbeille : icône du Bureau qui représente l'espace temporaire où sont rangés les fichiers qui doivent être supprimés de l'unité de stockage de façon permanente.

icône du système d'exploitation : image qui représente un fichier du système d'exploitation.

icône de raccourci : image représentant une voie rapide pour accéder à un programme ou à une tâche.

Le **Poste de travail** vous permet d'explorer et de gérer votre système informatique. La **Corbeille,** quant à elle, permet de supprimer et de récupérer de l'information. Ces icônes sont appelées **icônes du système d'exploitation** parce qu'elles vous aident à gérer votre ordinateur. Toutes les icônes du Bureau sont des **icônes de raccourci** et représentent une façon rapide d'activer un programme ou une tâche qui leur est associée. Plus loin, dans ce manuel, vous apprendrez à créer vos propres icônes de raccourci pour les tâches que vous effectuez le plus souvent, comme la rédaction d'un mémo, la consultation d'un agenda ou la gestion de votre budget personnel.

LES FENÊTRES

ouvrir : accéder au contenu d'une icône dans une nouvelle fenêtre.

fermer : faire disparaître une fenêtre de l'écran.

Le contenu d'une icône peut être affiché dans une fenêtre. Pour ce faire, vous **ouvrez** l'icône, et une nouvelle fenêtre apparaît sur le Bureau. La **fermeture** d'une fenêtre permet de la retirer du Bureau. Vous allez ouvrir et fermer des fenêtres lorsque vous apprendrez comment utiliser la souris et comment manipuler les fenêtres au cours de la leçon 2.

UTILISER LA SOURIS

La souris est largement utilisée sous Windows 95. Cet appareil, qui permet de choisir et de manipuler des objets à l'écran sans avoir à utiliser le clavier, est essentiel pour travailler avec l'interface graphique de Windows 95.

POINTER

pointeur : flèche ou autre symbole qui se déplace à l'écran selon les mouvements de la souris ou de la bille de pointage ; aussi appelé **pointeur de la souris.**

Vous pouvez certainement apercevoir sur votre écran une flèche pointant vers le haut et la gauche, tel qu'illustré à la figure 1.2. Cette flèche correspond au **pointeur de la souris.** Le fait de déplacer la souris sur une surface plane permet de faire bouger le **pointeur** sur l'écran. Déplacez la souris de gauche à droite, le pointeur se déplace aussi de gauche à droite. Déplacez la souris d'avant en arrière (en la rapprochant de vous) et le pointeur ira du haut au bas de l'écran.

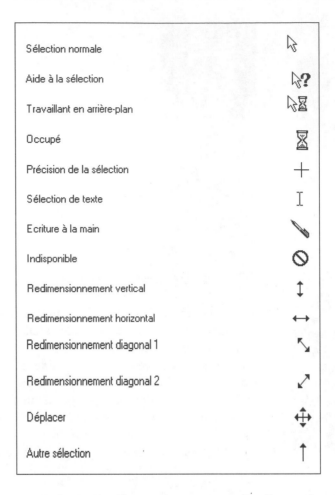

Sélection normale	
Aide à la sélection	
Travaillant en arrière-plan	
Occupé	
Précision de la sélection	
Sélection de texte	
Ecriture à la main	
Indisponible	
Redimensionnement vertical	
Redimensionnement horizontal	
Redimensionnement diagonal 1	
Redimensionnement diagonal 2	
Déplacer	
Autre sélection	

FIGURE 1.5
LES DIFFÉRENTES FORMES DU
POINTEUR.

pointer : placer le pointeur de la souris pour l'amener sur un objet à l'écran.

Pointer signifie, comme son nom l'indique, placer le pointeur à l'écran pour désigner un objet. La forme du pointeur peut varier selon l'objet pointé ou la commande sélectionnée. Lorsque vous devez attendre que l'ordinateur effectue une tâche, comme le démarrage de Windows 95, un sablier apparaît à côté de la flèche. La figure 1.5 présente les différentes formes que peut prendre le pointeur.

CONSEILS

Pour les droitiers : gardez la souris à la droite du clavier. Déposez votre main sur la souris de telle façon que la base de votre paume ou votre poignet repose sur votre table de travail, et déposez légèrement votre index sur le bouton gauche (*voir figure 1.6*). De cette manière, vous pourrez déplacer doucement puis immobiliser la souris ; la friction de votre paume sur la table arrête la souris lorsque vous cessez de bouger la main.

Pour les gauchers : les instructions de ce livre sont conçues pour droitiers ; pour les suivre aisément, vous n'avez qu'à placer la souris à la gauche de votre clavier et à utiliser votre annulaire pour cliquer sur le bouton gauche.

Après avoir fait les exercices de ce manuel (et si l'ordinateur sur lequel vous travaillez vous appartient), vous pourrez intervertir les fonctions des boutons de la souris afin d'en faciliter l'utilisation. En effet, Windows 95 permet d'attribuer les fonctions du bouton gauche au bouton droit, et vice versa.

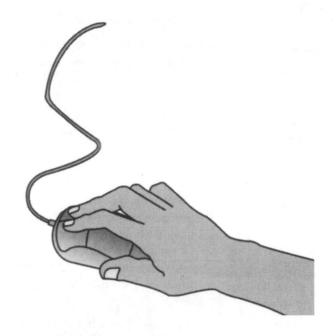

FIGURE 1.6
COMMENT TENIR LA SOURIS.

CLIQUER

cliquer : enfoncer et relâcher rapidement un bouton de la souris ou de la bille de pointage.

surbrillance : contraste lumineux modifiant la couleur d'un objet. **Souligner** un objet signifie le « mettre en surbrillance ».

sélectionner : désigner l'endroit où s'exécutera la commande, l'option ou l'action désirée. Généralement, on sélectionne en cliquant sur un objet.

Cliquer signifie enfoncer et relâcher le bouton d'une souris. Ce terme vient du bruit que cette action produit. Peu importe que votre souris ait deux ou trois boutons, vous utiliserez le bouton gauche plus fréquemment que les autres. Ainsi, à moins d'instruction contraire, cliquer fait référence au bouton gauche.

Selon le type d'objet pointé, l'effet obtenu quand vous cliquez varie. Ainsi, cliquer sur un bouton de l'écran active la commande correspondante ; cliquer sur une icône modifie sa couleur ou la met en **surbrillance.** Lorsqu'une icône est en surbrillance (ou surlignée), on dit qu'elle est **sélectionnée** ; vous pouvez la manipuler, par exemple en la copiant ou en l'effaçant. Les interfaces graphiques comme celle de Windows 95, qui sont des logiciels permettant de pointer et de cliquer sur des objets, réduisent considérablement le recours au clavier.

REMARQUE

Le terme « sélectionner » signifie ici cliquer sur quelque chose une fois avec le bouton gauche de la souris.

DOUBLE-CLIQUER

double-cliquer : enfoncer et relâcher rapidement deux fois le bouton de la souris ou de la bille de pointage lorsque le pointeur est sur un objet de l'écran.

Il faut cliquer rapidement à deux reprises sur le bouton de la souris, sans toutefois déplacer cette dernière entre les deux clics, pour exécuter certaines tâches. Cette technique, appelée **double-clic,** demandera peut-être un peu de pratique. Cliquer deux fois n'est pas la même chose que double-cliquer ! C'est une question de rythme. Pour rendre le double-clic plus facile, assurez-vous que votre index est bien sur le bouton gauche puis, dans un geste saccadé, abaissez successivement deux fois l'index sur le bouton. Rappelez-vous de laisser la base de votre main ou votre poignet reposer sur votre pupitre afin d'empêcher la souris de bouger.

GLISSER-DÉPLACER

glisser-déplacer (ou glisser) :
action de déplacer un objet à
l'écran de la façon suivante :
pointer l'objet, enfoncer et maintenir abaissé le bouton de la souris
tout en déplaçant la souris pour
amener l'objet à l'endroit où il
doit être placé, puis relâcher le
bouton.

Vous pouvez déplacer n'importe quel objet à l'écran. Pour cela, vous pointez
l'objet à déplacer puis vous enfoncez le bouton gauche de la souris et, tout
en le maintenant abaissé, vous déplacez la souris sur votre surface de travail.
L'objet se déplace à l'écran en suivant le mouvement de la souris. Lorsque
l'objet a atteint la position désirée, vous relâchez le bouton de la souris. On
appelle cette opération **glisser-déplacer** ou plus simplement **glisser.**

UN PEU DE PRATIQUE...

À VOTRE CLAVIER !

Suivez les instructions ci-dessous pour apprendre le maniement de la souris
afin de sélectionner, d'ouvrir et de déplacer des objets sur le Bureau.

1. Pointez l'icône Poste de travail. (Placez le pointeur de la souris sur cette
   icône.)

2. Cliquez sur Poste de travail. (Cliquez sur le bouton gauche de la souris
   pour sélectionner l'icône.)

   Remarquez que l'icône est maintenant surlignée (elle a changé de couleur).

annuler une sélection : remettre
un objet dans son état initial
(retirer la surbrillance due à une
sélection) ou de désactiver une
option. L'objet ne sera pas affecté
par la prochaine action ; l'option
n'est plus activée.

3. Pour **annuler la sélection** de l'icône, placez le pointeur ailleurs sur le
   Bureau et cliquez sur le bouton gauche de la souris.

   L'icône n'est plus sélectionnée et reprend sa couleur initiale.

4. Pointez l'icône Poste de travail.

5. Double-cliquez (avec le bouton gauche de la souris) pour ouvrir cette
   icône (c'est-à-dire afficher son contenu).

   La fenêtre Poste de travail apparaît, telle qu'illustrée à la figure 1.7.

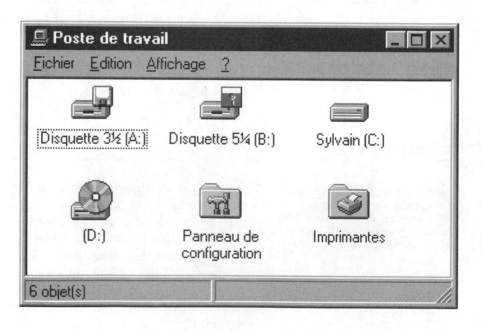

FIGURE 1.7
LA FENÊTRE DU POSTE DE
TRAVAIL.

Le bouton Fermer

FIGURE 1.8
LA FENÊTRE DU PANNEAU DE CONFIGURATION.

6. Double-cliquez sur le dossier Panneau de configuration.

La fenêtre Panneau de configuration apparaît (*voir figure 1.8*). Elle contient une série d'icônes servant à organiser votre environnement informatique.

Pour retirer une fenêtre de l'écran, il suffit de cliquer sur le bouton Fermer (le bouton ✕ situé dans le coin supérieur droit).

7. Cliquez sur le bouton Fermer de la fenêtre Panneau de configuration.

La fenêtre Panneau de configuration disparaît du Bureau.

8. Cliquez sur le bouton Fermer de la fenêtre Poste de travail.

La fenêtre Poste de travail disparaît du Bureau.

Maintenant, vous allez glisser-déplacer l'icône Poste de travail à un autre endroit sur le Bureau.

9. Pointez l'icône Poste de travail.

10. Toujours en pointant sur cette icône, enfoncez et maintenez abaissé le bouton gauche de la souris. Déplacez la souris vers la droite et vers vous pour amener l'icône vers le bas et à la droite de l'écran. Relâchez le bouton de la souris.

L'icône devrait être près du coin inférieur droit de l'écran (*voir figure 1.9*).

11. Servez-vous de la souris et replacez, en la faisant glisser, l'icône Poste de travail à son emplacement d'origine.

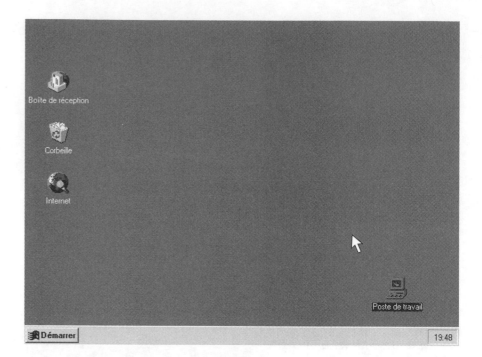

FIGURE 1.9
DÉPLACEMENT DE L'ICÔNE
POSTE DE TRAVAIL.

OUVRIR LE MENU DÉROULANT DE LA BARRE DES TÂCHES

menu : liste d'éléments apparaissant à l'écran, parmi lesquels vous pouvez choisir celui que vous voulez. Généralement, un menu contient une liste de commandes ou d'options.

À VOTRE CLAVIER !

Un **menu** comporte une liste de choix d'éléments affichés à l'écran. Suivez les instructions ci-dessous pour continuer à vous exercer au maniement de la souris tout en découvrant les fonctions de la barre des tâches.

1. Pointez un endroit vide de la barre des tâches.
2. Cliquez sur le bouton *droit* de la souris.

   Le menu déroulant de la barre des tâches apparaît (*voir figure 1.10*).
3. Cliquez sur Propriétés dans le menu. (Utilisez le bouton gauche pour choisir une option d'un menu.)

   La boîte de dialogue Propriétés de Barre des tâches apparaît. Remarquez que l'ensemble des options de la barre des tâches est maintenant affiché à l'écran (*voir figure 1.11*).
4. Cliquez sur le bouton Fermer de la boîte de dialogue Propriétés de Barre des tâches.

   La boîte de dialogue disparaît de l'écran.

FIGURE 1.10
LE MENU DÉROULANT DE LA
BARRE DES TÂCHES.

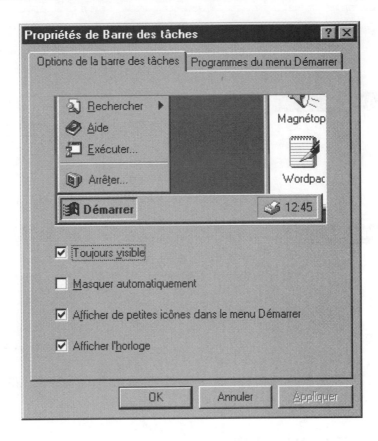

FIGURE 1.11
LES OPTIONS DE LA BARRE DES
TÂCHES.

OUVRIR LE MENU DÉMARRER

À VOTRE CLAVIER !

Suivez les instructions ci-dessous afin de continuer à utiliser la barre des tâches et la souris pour ouvrir des menus et sélectionner des commandes.

1. Cliquez sur le bouton Démarrer de la barre des tâches.

Son menu déroulant apparaît, tel qu'illustré à la figure 1.12.

Remarquez les flèches à la droite de certains choix du menu : elles indiquent les choix du menu qui offrent un sous-menu ou des informations additionnelles.

FIGURE 1.12
LE MENU DÉMARRER.

2. Pointez Programmes.

Un autre menu (sous-menu) déroulant apparaît à la droite du premier menu déroulant.

> **REMARQUE**
>
> Pointer un élément d'un menu sans cliquer met cet élément en sur-brillance. Pour l'activer, il faut cliquer dessus.

3. Pointez Accessoires du sous-menu Programmes.

Un nouveau menu apparaît.

4. Sélectionnez WordPad (cliquez dessus avec le bouton gauche de la souris).

> **REMARQUE**
>
> Dorénavant, lorsque vous devrez cliquer sur un élément d'un menu avec le bouton gauche de la souris, on vous demandera simplement de sélectionner son nom, par exemple : « Sélectionnez WordPad », plutôt que : « Sélectionnez la commande WordPad. »

La fenêtre WordPad apparaît sur le Bureau. WordPad est un accessoire de traitement de texte fourni avec le système d'exploitation Windows 95. Vous apprendrez à le connaître à la leçon 6.

5. Cliquez sur le bouton Fermer de WordPad.

La fenêtre est retirée du Bureau.

FAIRE DISPARAÎTRE DES MENUS

À VOTRE CLAVIER !

Parfois, vous voudrez faire disparaître des menus sans sélectionner aucun élément. Suivez les instructions ci-dessous pour apprendre à enlever des menus du Bureau.

1. Cliquez sur le menu Démarrer.

Un menu déroulant s'affiche.

2. Pointez Programmes.

Un autre menu apparaît à la droite du premier.

3. Pointez Applications.

> **REMARQUE**
>
> Votre menu déroulant peut afficher cette commande sous une étiquette différente : « Applications Windows », par exemple.

Comme vous pouvez le constater à la figure 1.13, l'écran affiche une série de trois menus déroulants.

4. Placez le pointeur n'importe où sur le Bureau (ailleurs que sur les menus).

5. Cliquez (avec le bouton gauche de la souris).

Tous les menus ont été enlevés du Bureau.

UTILISER LE BOUTON DROIT DE LA SOURIS

Auparavant, le rôle du bouton droit de la souris variait selon l'application en cours. La plupart des applications n'utilisaient que le bouton gauche. Dans

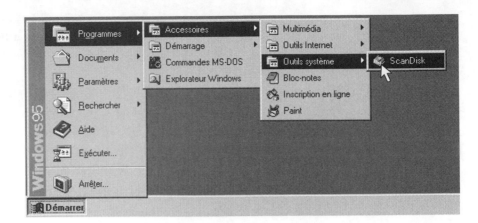

FIGURE 1.13
UNE SÉRIE DE MENUS
DÉROULANTS.

menu de raccourcis (ou **menu
contextuel**) : liste des commandes
les plus courantes applicables à un
élément.

certains programmes, comme Lotus 1-2-3, le bouton droit servait à annuler
ou à quitter une commande ; d'autres programmes lui attribuaient des
tâches différentes. Sous Windows 95, l'utilisation du bouton droit est stan-
dardisé. Cliquer sur un élément à l'aide du bouton droit affiche le menu de
raccoucis correspondant. Un **menu de raccourcis** contient la liste des commandes les plus fréquemment utilisées.

OUVRIR LE MENU DE RACCOURCIS D'UNE ICÔNE DU SYSTÈME D'EXPLOITATION

À VOTRE CLAVIER !

Suivez les instructions ci-dessous pour apprendre à utiliser la bouton droit
de la souris afin d'afficher le menu de raccourcis d'une icône du système
d'exploitation.

1. Pointez l'icône Poste de travail.

2. Cliquez sur le bouton droit de la souris.

Le menu de raccourcis Poste de travail apparaît (*voir figure 1.14*).

3. Sélectionnez Ouvrir.

La fenêtre Poste de travail apparaît.

OUVRIR LE MENU DE RACCOURCIS DE L'ICÔNE D'UN PÉRIPHÉRIQUE

périphérique : appareil (matériel),
par exemple une imprimante ou
un disque dur, relié à un ordinateur.

icône de périphérique : petite
image représentant un appareil,
comme un disque dur ou une
imprimante, relié à l'ordinateur.

Un **périphérique** est un appareil, comme un disque dur ou une imprimante, qui fait partie de votre système informatique. Les **icônes de périphérique** vous permettent d'ajuster les paramètres des périphériques selon

FIGURE 1.14
LE MENU DE RACCOURCIS POSTE
DE TRAVAIL.

vos besoins personnels et de les utiliser. Les prochaines étapes vous amènent à utiliser le bouton droit de la souris pour afficher le menu de raccourcis de l'icône d'un périphérique et sélectionner une commande d'une icône de périphérique.

À VOTRE CLAVIER !

1. Assurez-vous que la fenêtre Poste de travail est ouverte.

2. Pointez l'icône Disque C: dans la fenêtre Poste de travail.

Le disque C: désigne généralement l'unité de disque dur. Cette unité peut être intégrée à votre ordinateur ou reliée à ce dernier par un câble.

3. Cliquez sur le bouton droit de la souris.

Le menu de raccourcis de l'icône du périphérique apparaît.

4. Sélectionnez Propriétés.

La boîte de dialogue Propriétés du disque C: s'affiche à l'écran (*voir figure 1.15*). Cette boîte de dialogue fournit des informations détaillées sur le disque C:.

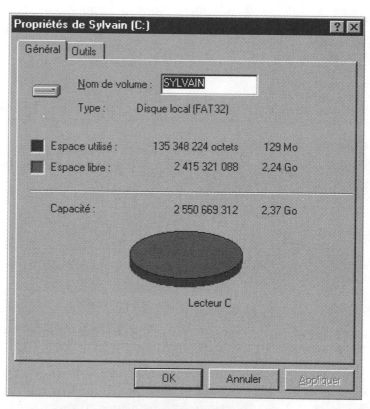

FIGURE 1.15
LA BOÎTE DE DIALOGUE
PROPRIÉTÉS DU DISQUE C:.
SYLVAIN EST LE NOM DE
L'UTILISATEUR DU DISQUE C:.

5. Cliquez sur le bouton Fermer de la boîte de dialogue Propriétés du disque C:.

6. Cliquez sur le bouton Fermer de la fenêtre Poste de travail.

La fenêtre Poste de travail disparaît.

OUVRIR ET ANNULER DES MENUS DE RACCOURCIS DE LA BARRE DES TÂCHES

À VOTRE CLAVIER !

Suivez les instructions qui suivent pour apprendre à utiliser le bouton droit de la souris afin d'ouvrir des menus de raccourcis particuliers, puis de les faire disparaître.

1. Pointez le bouton Démarrer de la barre des tâches.

2. Cliquez sur le bouton droit de la souris.

Le menu de raccourcis du bouton Démarrer apparaît, affichant quatre options : Ouvrir, Explorer, Rechercher, Trouver en utilisant Recherche rapide.

3. Placez le pointeur sur le Bureau (ailleurs que sur la barre des tâches).

4. Cliquez sur le bouton gauche de la souris.

Le menu de raccourcis du bouton Démarrer disparaît.

5. Pointez l'horloge, à la droite de la barre des tâches.

La date du jour s'affiche brièvement puis disparaît.

6. Cliquez sur le bouton droit de la souris.

Le menu de raccourcis de l'horloge apparaît, contenant des commandes différentes du menu de raccourcis du bouton Démarrer.

7. Placez le pointeur sur un endroit libre du Bureau, n'importe lequel.

8. Cliquez sur le bouton gauche de la souris.

Le menu est retiré du Bureau.

TRAVAILLER AVEC UNE INTERFACE GRAPHIQUE

Vous connaissez déjà plusieurs caractéristiques des interfaces graphiques. Vous avez utilisé la souris, pointé et cliqué pour choisir des commandes, lancer l'exécution de programmes et voir le contenu de fenêtres. Comme leur nom l'indique, les interfaces graphiques sont très visuelles.

Les icônes représentent des périphériques, des logiciels, des raccourcis et d'autres objets. Les fenêtres affichent le contenu des icônes. Vous vous servez de la souris pour dire au logiciel ce que vous voulez faire : accéder à un menu, faire exécuter un programme d'application ou placer des objets à l'écran, par exemple.

tel écran, tel écrit : caractéristique des interfaces graphiques qui affichent les documents tels qu'ils seront imprimés. En anglais : *WYSIWYG,* pour « *What you see is what you get* ».

Tous les programmes de Windows offrent cette interface graphique. Ils partagent tellement de traits communs que vous pourriez les confondre quand vous les utilisez. L'environnement graphique d'un programme de Windows est **tel écran, tel écrit,** ce qui signifie que les textes et les graphiques s'impriment exactement tels qu'ils apparaissent à l'écran.

LES BOÎTES DE DIALOGUE

boîte de dialogue : cadre contenant un ensemble d'options qui apparaît lorsque Windows 95 a besoin que vous lui fournissiez de l'information afin d'effectuer l'opération demandée.

Lorsque vous choisissez certaines commandes ou options d'un menu, une fenêtre apparaît au centre de l'écran. C'est une **boîte de dialogue.** Comme son nom l'indique, cette boîte vous affiche de l'information et attend de vous que vous lui donniez des précisions concernant votre choix. Les options des menus qui entraînent l'apparition d'une boîte de dialogue sont suivies de points de suspension (...). La figure 1.16 illustre un exemple d'un élément d'un menu suivi de points de suspension. La figure 1.17 vous présente la boîte de dialogue Arrêt de Windows.

FIGURE 1.16
UNE OPTION DU MENU
DÉMARRER SUIVIE DE POINTS
DE SUSPENSION.

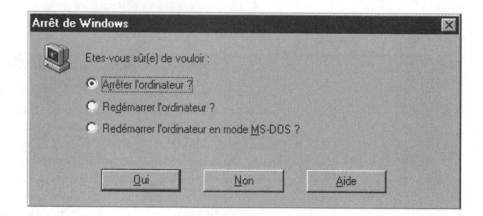

FIGURE 1.17
LA BOÎTE DE DIALOGUE ARRÊT
DE WINDOWS.

LES ZONES DE TEXTE

zone de texte : rectangle qui
affiche le nom ou la valeur d'un
paramètre courant et dans lequel
l'utilisateur peut entrer un autre
nom ou une autre valeur pour
déterminer un nouveau paramètre.

valeur par défaut : paramètre
(nombre ou texte) qu'un logiciel
utilise automatiquement à moins
que l'utilisateur n'en spécifie un
nouveau qui lui convient davantage.

À côté de certaines options, vous apercevrez des cases rectangulaires dans
lesquelles vous pourrez entrer du texte ou une valeur numérique (*voir
figure 1.18*). Ce sont des **zones de texte.** Lorsqu'elles contiennent déjà des
caractères, les lettres ou les nombres qui s'y trouvent sont les **valeurs par
défaut,** c'est-à-dire les valeurs que le logiciel utilise à moins que vous ne spé-
cifiiez de nouveaux paramètres. Les caractères en surbrillance sont immédiatement remplacés par ceux que vous tapez au clavier.

FIGURE 1.18
UNE ZONE DE TEXTE.

LES BOUTONS

Les boutons de commande sur lesquels vous pouvez cliquer sont une caractéristique commune des boîtes de dialogue. D'un simple clic de la souris, vous activez l'action indiquée sur un bouton. Presque toutes les boîtes de dialogue affichent les trois boutons essentiels illustrés à la figure 1.19. OK permet l'utilisation des nouveaux paramètres et ferme la boîte ; Appliquer utilise vos paramètres, mais laisse la boîte de dialogue ouverte pour vous permettre de faire une autre sélection ; Annuler ferme la boîte de dialogue sans tenir compte des changements.

FIGURE 1.19
LES TROIS BOUTONS DE
COMMANDE ESSENTIELS.

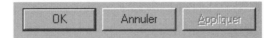

LES CASES D'OPTION

case d'option : petit cercle qui contient un point noir quand l'option correspondante est sélectionnée.

Certaines boîtes de dialogue affichent des cases circulaires, telle qu'illustrée à la figure 1.20. Ce sont des **cases d'option.** Une seule case peut être sélectionnée dans une série d'options de ce type. Lorsque vous sélectionnez une case, un point noir y apparaît et l'option qui était auparavant sélectionnée ne l'est plus.

FIGURE 1.20
DES CASES D'OPTION.

LES ZONES DE LISTE

zone de liste : liste fixe munie d'un bouton de défilement. Cliquer sur le bouton de défilement affiche une liste déroulante.

bouton de défilement : bouton muni d'une flèche pointant vers le bas. Ce type de bouton se retrouve, entre autres, à la droite des zones de liste.

liste déroulante : liste d'options qui s'affiche lorsque vous sélectionnez une zone de liste.

Certaines cases vous permettent de faire un choix parmi une liste d'options prédéterminées. Ces cases sont des **zones de liste,** et elles sont munies d'un **bouton de défilement** à droite (*voir figure 1.21*). En cliquant sur ce bouton, vous faites apparaître une **liste déroulante** d'options comme celle de la figure 1.22. La plupart de ces listes restent à l'écran jusqu'à ce que vous choisissiez une option ou que vous cliquiez à l'extérieur de la liste pour annuler toute action. Dans les autres cas, vous devez maintenir le bouton gauche de la souris pendant que vous effectuez votre choix.

FIGURE 1.21
UN BOUTON DE DÉFILEMENT.

Cliquez ici
pour dérouler
la liste

FIGURE 1.22
UNE ZONE DE LISTE.

LES BOUTONS DE RÉGLAGE

bouton de réglage : commande utilisée pour changer une valeur numérique. Ce bouton est muni de deux flèches : cliquer sur celle qui pointe vers le haut augmente la valeur du paramètre affiché ; cliquer sur celle qui pointe vers le bas en diminue la valeur.

Une case qui contient une valeur numérique est souvent dotée d'un **bouton de réglage** (*voir figure 1.23*). Ce type de bouton consiste en deux flèches, l'une pointant vers le haut et l'autre pointant vers le bas. Chaque flèche occupe une petite boîte. Cliquer sur celle qui pointe vers le haut augmente la valeur du nombre affiché ; cliquer sur celle qui pointe vers le bas en diminue la valeur.

FIGURE 1.23
UN BOUTON DE RÉGLAGE.

1997

LES CASES À COCHER

case à cocher : case carrée d'une boîte de dialogue qui contient une marque (✓ ou ✗) lorsqu'une option est sélectionnée.

Une case carrée, à la gauche d'une option dans une boîte de dialogue, est une **case à cocher** (*voir figure 1.24*). Cliquer dans une case à cocher vide y insère une marque (✓ ou ✗) et sélectionne l'option correspondante. Le fait de cliquer dans une case à cocher déjà sélectionnée fait disparaître la marque et annule la sélection. Contrairement aux cases d'option, plusieurs cases à cocher peuvent être sélectionnées simultanément.

FIGURE 1.24
UNE CASE À COCHER.

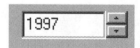
☑ Ajuster l'horloge pour l'observation automatique de l'heure d'été

UTILISER LES OPTIONS DES BOÎTES DE DIALOGUE

Panneau de configuration : boîte de dialogue qui vous permet de modifier les valeurs par défaut de votre système.

Le **Panneau de configuration** est une boîte de dialogue qui vous permet de modifier les valeurs par défaut de votre système. Vous allez ouvrir la boîte de dialogue Panneau de configuration et utiliser divers objets afin de modifier des paramètres de votre ordinateur.

ATTENTION !

N'effectuez aucune autre modification que celles décrites ci-dessous. Vous risqueriez de faire des changements qui pourraient causer des problèmes, surtout si vous travaillez dans un laboratoire d'ordinateurs ou que vous partagez votre ordinateur avec d'autres personnes.

À VOTRE CLAVIER !

1. Double-cliquez sur l'icône Poste de travail.

La fenêtre Poste de travail apparaît à l'écran.

2. Double-cliquez sur le dossier Panneau de configuration.

La fenêtre Panneau de configuration apparaît à l'écran.

3. Double-cliquez sur l'icône Date/Heure du Panneau de configuration.

La boîte de dialogue Propriétés de Date/Heure apparaît. La figure 1.25 indique quels sont ses éléments.

4. Dans la partie consacrée aux options de date, cliquez sur le bouton de défilement de la zone de liste affichant les mois.

Une liste de noms de mois se déroule.

5. Sélectionnez le mois d'octobre.

6. Cliquez sur le nombre 30 dans la case des jours de ce mois (*voir figure 1.25*).

Le jour sélectionné apparaît en surbrillance.

7. Double-cliquez sur le nombre correspondant à l'heure dans la section des options d'heure.

8. Entrez le nombre 23 (ou cliquez sur une flèche du bouton de réglage, vers le haut ou le bas, autant de fois que nécessaire pour obtenir la valeur 23).

Utilisez ces boutons pour changer d'année

Cliquez ici pour sélectionner un autre mois

Pour changer l'heure, sélectionnez la valeur dans cette case et entrez l'heure désirée, ou utilisez les boutons

Pour modifier la date, cliquez sur le chiffre correspondant

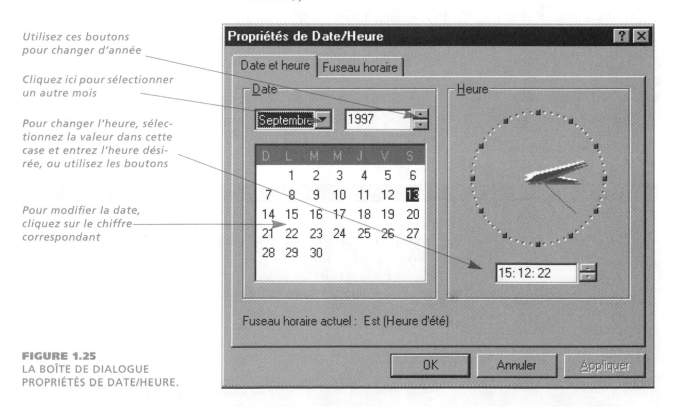

FIGURE 1.25
LA BOÎTE DE DIALOGUE
PROPRIÉTÉS DE DATE/HEURE.

CONSEIL

Vous pouvez modifier le nombre plus rapidement en maintenant abaissé le bouton gauche de la souris tandis que le pointeur est sur une des flèches du bouton de réglage. Vous pouvez aussi utiliser les flèches (↑) ou (↓) du clavier, en en maintenant une abaissée, pour obtenir le même résultat.

9. Sélectionnez le nombre correspondant aux minutes et, en vous servant de la souris ou du clavier, entrez 59.

10. Sélectionnez le nombre correspondant aux secondes et, en vous servant de la souris ou du clavier, entrez 45.

11. Sélectionnez Appliquer.

Les nouvelles valeurs sont appliquées à l'horloge en temps réel de votre ordinateur. Après avoir effectué ces modifications, regardez l'horloge sur la barre des tâches : l'heure est immédiatement remplacée et la date du jour passe à 31 lorsque l'horloge indique minuit.

METTRE À JOUR L'HORLOGE EN TEMPS RÉEL DE L'ORDINATEUR

À VOTRE CLAVIER !

Suivez les instructions ci-dessous pour remettre l'horloge à la date et à l'heure courantes.

1. Assurez-vous que la boîte de dialogue Propriétés de Date/Heure est ouverte sur le Bureau.

2. Sélectionnez les valeurs adéquates (le mois, le jour, l'heure et les minutes) afin qu'elles correspondent à la date du jour et à l'heure du moment.

3. Sélectionnez Appliquer.

Les modifications sont immédiatement enregistrées : vous pouvez le vérifier en regardant l'horloge.

4. Sélectionnez OK.

Les modifications sont stockées et la boîte de dialogue disparaît.

5. Sélectionnez, dans l'ordre, les boutons Fermer de la fenêtre Panneau de configuration et celui de la fenêtre Poste de travail.

Ces deux fenêtres sont retirées du Bureau.

ARRÊTER WINDOWS 95

Tout comme les gens organisés nettoient leur Bureau avant de quitter le travail, vous devriez prendre la bonne habitude de fermer toutes les applications en cours et d'utiliser la procédure adéquate pour arrêter Windows 95 à la fin d'une session de travail sur ordinateur. En fait, il est dangereux d'éteindre un ordinateur lorsque des applications tournent : si une partie du travail que vous avez effectué n'a pas été enregistrée sur disque, elle sera alors irrémédiablement perdue. De plus, vous ne laissez pas le temps au système d'exploitation d'effacer les informations qu'il a pu stocker temporairement sur le disque durant la session de travail.

Suivez les instructions ci-dessous pour apprendre à éteindre votre ordinateur. Ainsi, au cours des leçons subséquentes, vous pourrez aisément démarrer et arrêter Windows au moment désiré.

ÉTEINDRE LE SYSTÈME

À VOTRE CLAVIER !

Suivez les instructions ci-dessous pour apprendre la façon adéquate d'arrêter le système d'exploitation Windows 95 et d'éteindre votre ordinateur.

1. Cliquez sur le bouton Démarrer de la barre des tâches.

Son menu apparaît.

2. Sélectionnez Arrêter.

Tout l'écran s'assombrit et la boîte de dialogue Arrêt de Windows s'affiche (*voir figure 1.17*). Observez que l'option Arrêter l'ordinateur ? est sélectionnée automatiquement.

3. Sélectionnez Oui.

Un message indiquant que Windows 95 prépare le système pour l'arrêt apparaît. Puis un second message s'affiche, vous indiquant que vous pouvez désormais éteindre l'ordinateur.

4. Éteignez l'ordinateur, ainsi que le moniteur s'il a un interrupteur indépendant.

RÉSUMÉ DE LA LEÇON ET EXERCICES

À la fin de cette leçon, vous devriez avoir acquis les connaissances suivantes.

INTRODUCTION AUX LOGICIELS DE SYSTÈME D'EXPLOITATION

- Comprendre les éléments d'un système informatique et les fonctions de base d'un système d'exploitation.

DÉMARRER UN ORDINATEUR AVEC WINDOWS 95

- Mettre l'ordinateur sous tension et charger le système d'exploitation Windows 95.

UTILISER LE BUREAU DE WINDOWS 95

- Identifier les composantes de l'écran de Windows 95, incluant la barre des tâches et les icônes du Bureau.

UTILISER LA SOURIS

- Utiliser la souris pour pointer des objets et des options dans les menus à l'écran.

- Cliquer sur le bouton gauche de la souris pour sélectionner des objets ou des options dans les menus à l'écran.

- Double-cliquer en utilisant le bouton gauche de la souris pour agir sur une icône sélectionnée ou un objet à l'écran.

- Glisser-déplacer des objets sur le Bureau. Pointer un objet puis cliquer et maintenir abaissé le bouton gauche de la souris. Déplacer la souris pour déplacer un objet à l'écran. Relâcher le bouton de la souris lorsque l'objet a atteint son nouvel emplacement.

UTILISER LE BOUTON DROIT DE LA SOURIS

- Cliquer sur le bouton droit de la souris pour afficher le menu de raccourcis approprié à l'action que vous effectuez.

TRAVAILLER AVEC UNE INTERFACE GRAPHIQUE

- Taper des données dans une zone de texte. Le texte en surbrillance d'une zone de saisie correspond à une valeur par défaut. L'entrée de nouveaux caractères remplace le texte en surbrillance dans la zone de texte.

- Cliquer sur des boutons dans une boîte de dialogue. Cliquer sur OK après avoir terminé vos sélections. Cliquer sur Annuler pour quitter une boîte de dialogue sans effectuer de modifications.

- Cliquer sur des cases d'option pour faire un choix parmi une série d'options. Un seul de ces boutons peut être sélectionné.

- Sélectionner une option dans une zone de liste. Il en existe deux types ; dans un cas, un seul clic suffit pour que les options apparaissent et restent à l'écran ; dans l'autre cas, il faut cliquer et maintenir le bouton gauche de la souris abaissé pour que les options restent affichées.

- Modifier (de façon croissante ou décroissante) une valeur numérique en utilisant des boutons de réglage.

- Faire des sélections en utilisant des cases à cocher. Les cases à cocher contiennent une marque (✓ ou ✗) lorsque l'option correspondante est sélectionnée ; dans le cas contraire, elles sont vides.

ARRÊTER WINDOWS 95

- Utiliser l'option Arrêter du menu Démarrer avant d'éteindre votre ordinateur de façon à vous assurer que toutes vos données sont stockées et que les fichiers temporaires ont été effacés.

NOUVEAUX TERMES À RETENIR

À la fin de cette leçon, vous devriez connaître la signification des termes suivants.

annuler une sélection	commandes	interface graphique	pointeur de la souris
application	Corbeille	liste déroulante	Poste de travail
autotest à la mise sous tension	double-cliquer	logiciel	programme d'amorce
barre des tâches	fenêtre	matériel	sélectionner
boîte de dialogue	fermer	menu	surbrillance
bouton	glisser	menu contextuel	surligner
bouton de réglage	glisser-déplacer	menu de raccourcis	système d'exploitation (logiciel de)
bouton de défilement	icône	ouvrir	
Bureau (de Windows 95)	icône de périphérique	Panneau de configuration	tel écran, tel écrit
case à cocher	icône de raccourci	périphérique	valeur par défaut
case d'option	icône du système d'exploitation	pointer	zone de liste
cliquer	interface	pointeur	zone de texte

ASSOCIATIONS

Associez à chacun des termes de la colonne de gauche une définition de la colonne de droite.

TERME

1. cliquer
2. boîte de dialogue
3. glisser-déplacer
4. interface graphique
5. icônes
6. pointeur de la souris
7. pointer
8. barre des tâches
9. fenêtre
10. tel écran, tel écrit

DÉFINITION

a. Flèche orientée vers le coin supérieur gauche de l'écran qui peut être déplacée à l'aide de la souris.

b. Action effectuée avec la souris et qui sert à placer le pointeur à un endroit précis.

c. Objet rectangulaire qui affiche un programme d'application ou un document, que l'on peut redimensionner ou déplacer.

d. Élément, au bas de l'écran, qui contient le bouton Démarrer, l'horloge et les boutons des applications en cours d'exécution.

e. Action effectuée avec la souris et qui permet de déplacer un objet à l'écran.

f. Système d'exploitation qui utilise des images ou des dessins pour représenter les commandes et les options qui peuvent être sélectionnées avec une souris.

g. Caractéristique d'une interface graphique qui fait qu'un document a la même apparence à l'écran et une fois imprimé sur papier.

h. Objet rectangulaire qui affiche une ou plusieurs options qu'un utilisateur peut sélectionner afin de fournir à un programme les informations additionnelles requises pour traiter une commande.

i. Action d'enfoncer (et de relâcher) rapidement un bouton de la souris une seule fois.

j. Images graphiques qui représentent des programmes ou des commandes et qui exécutent une opération lorsqu'on les sélectionne.

1 I   2 H   3 E   4 F   5 J   6 A   7 B   8 D   9 C   10 G

PHRASES À COMPLÉTER

Complétez chacune des phrases suivantes.

1. Les _cases à cocher_ sont des carrés contenant une marque (✓ ou ✗) lorsque l'option correspondante est sélectionnée.

2. Un/une _double-click_ est une technique où un bouton de la souris est enfoncé puis relâché rapidement deux fois, comme pour ouvrir une fenêtre.

3. Dans certaines boîtes de dialogue, vous pouvez entrer des données dans un/une _zone de texte_ pour fournir à un programme l'information additionnelle dont il a besoin pour exécuter une commande.

4. Dans certaines boîtes de dialogue, vous pouvez faire un choix parmi l'ensemble des options d'un/une _case d'option_.

5. Vous pouvez appuyer sur le bouton _droit_ de la souris pour afficher un menu de raccourcis de certains éléments à l'écran de Windows 95.

6. Un/une _ordinateur_ est composée du matériel, du logiciel et de l'utilisateur.

7. Les listes de commandes et d'options apparaissent _à l'écran_ pour vous aider à les retenir et à les choisir.

8. Les _icônes_ sont de petites images qui apparaissent sur le Bureau, dans les fenêtres ou dans les boîtes de dialogue.

9. Un/une _système d'exploitation_ est utilisé/e automatiquement par l'ordinateur ou un logiciel d'application tant que l'utilisateur ne fixe pas d'autres paramètres.

QUESTIONS À RÉPONSE BRÈVE

Répondez par un court texte aux questions ci-dessous.

1. Décrivez un exemple où un utilisateur et le système d'exploitation interagissent directement ainsi qu'un exemple où l'utilisateur et le système sont en interaction indirecte.

2. Décrivez en quelques mots ce qui se produit au cours d'un autotest à la mise sous tension d'un ordinateur.

3. Énumérez trois façons d'utiliser la barre des tâches.

4. Qu'est-ce qu'une sélection ? Comment faire une sélection ? Pourquoi la sélection est-elle une action importante en Windows 95 ?

5. Énumérez et décrivez de façon concise les différents types d'éléments affichés dans les boîtes de dialogue.

6. Qu'est-ce qu'un périphérique ? Donnez des exemples d'icônes de périphérique que vous pouvez voir à l'écran.

7. En explorant Windows 95, vous ouvrirez peut-être des boîtes de dialogue dont vous ne comprendrez pas les paramètres. Les trois boutons les plus fréquemment rencontrés dans ces boîtes sont OK, Annuler et Appliquer. Quelle est leur fonction respective ? Lorsque vous n'êtes pas familier avec une boîte de dialogue en particulier, sur quel bouton devriez-vous cliquer ? Pourquoi ?

8. Au cours de cette leçon, vous avez appris le maniement de la souris. Quelle est la différence entre : pointer, cliquer, double-cliquer, glisser-déplacer ?

9. Qu'est-ce qu'une interface ? Qu'est-ce qu'une interface graphique ?

10. Quelles sont les étapes à suivre à la fin d'une session de travail sur ordinateur ?

TRAVAUX PRATIQUES

Effectuez les opérations demandées.

1. Pratiquez le maniement de la souris.

   Sélectionnez l'icône Poste de travail. Placez le pointeur sur l'icône sélectionnée et cliquez sur le bouton droit de la souris. Cliquez sur Ouvrir. Cliquez sur le bouton Fermer de la fenêtre Poste de travail. Glissez-déplacez l'icône Poste de travail vers le coin inférieur gauche du Bureau. Double-cliquez sur cette icône puis sur l'icône Panneau de configuration. Cliquez sur les boutons Fermer des deux fenêtres ouvertes. Replacez (glissez-déplacez) l'icône Poste de travail à sa position originale.

2. Encore un peu de pratique. Placez le pointeur sur l'horloge de la barre des tâches, cliquez sur le bouton droit de la souris et sélectionnez Régler Date/Heure. Sélectionnez l'onglet Fuseau horaire dans Propriétés de Date/Heure si nécessaire. Déroulez la liste des options des fuseaux horaires et sélectionnez (GMT-10:00) Hawaii. Sélectionnez l'onglet Date et heure pour observer le changement d'heure. Cliquez sur le bouton Annuler de la boîte de dialogue Propriétés de Date/Heure.

3. Windows 95 permet souvent d'obtenir un même résultat de différentes façons. Suivez les étapes ci-dessous pour pratiquer trois méthodes différentes pour ouvrir le dossier Panneau de configuration. Commencez par double-cliquer sur Poste de travail pour afficher l'icône du dossier Panneau de configuration.

   Première méthode :

   a. Pointez l'icône Panneau de configuration.
   b. Cliquez sur le bouton droit de la souris pour afficher le menu de raccourcis.
   c. Choisissez Ouvrir.
   d. Lorsque la fenêtre Panneau de configuration sera ouverte, cliquez sur le bouton Fermer pour fermer cette fenêtre.

   Deuxième méthode :

   a. Pointez l'icône Panneau de configuration.
   b. Choisissez l'option Ouvrir dans le menu Fichier.
   c. Lorsque la fenêtre Panneau de configuration sera ouverte, cliquez sur le bouton Fermer pour fermer cette fenêtre.

   Troisième méthode :

   a. Double-cliquez sur l'icône du dossier Panneau de configuration.
   b. Lorsque la fenêtre Panneau de configuration sera ouverte, cliquez sur le bouton Fermer pour fermer cette fenêtre.

   Question : Quelle méthode préférez-vous ? Pourquoi ?

4. À partir d'un Bureau sans fenêtre ni menu, effectuez les tâches suivantes en créant vos propres instructions pas à pas :

   a. Ouvrez la fenêtre du disque C:.
   b. Affichez le menu de raccourcis Date/Heure.

c. Déterminez les options du menu Démarrer qui entraînent l'ouverture d'une boîte de dialogue.

5. Plusieurs boîtes de dialogue possèdent les trois boutons OK, Annuler et Appliquer. Suivez les étapes ci-dessous afin d'observer la différence entre ces trois commandes.

Régler la date puis faire Appliquer :

a. Ouvrez la boîte de dialogue Propriétés de Date/Heure.

b. Fixez la date au 1er janvier 2055.

c. Cliquez sur le bouton Appliquer. Est-ce que la boîte de dialogue se ferme ?

d. Pointez le bouton de l'horloge sur la barre des tâches. Que remarquez-vous ?

Régler la date puis faire Annuler :

a. Assurez-vous que la boîte de dialogue Propriétés de Date/Heure est toujours ouverte.

b. Fixez la date au 31 octobre 1999.

c. Cliquez sur le bouton Annuler. Est-ce que la boîte de dialogue se ferme ?

d. Pointez le bouton de l'horloge sur la barre des tâches. Que remarquez-vous ?

Régler la date puis faire OK :

a. Assurez-vous que la boîte de dialogue Propriétés de Date/Heure est toujours ouverte.

b. Remettez la pendule à l'heure (mettez la date du jour).

c. Cliquez sur le bouton OK. Est-ce que la boîte de dialogue se ferme ?

d. Pointez le bouton de l'horloge sur la barre des tâches. Que remarquez-vous ?

Travailler avec des fenêtres

OBJECTIFS

À la fin de cette leçon, vous pourrez :

- reconnaître les éléments communs à toutes les fenêtres, comme la barre de titre, la barre des menus et les barres de défilement ;
- ajuster, diminuer, agrandir et rétablir la taille d'une fenêtre ;
- trouver de l'aide sur et dans Windows 95.

Un dictionnaire pourrait définir le terme « fenêtre » ainsi : « une ouverture faite dans un mur pour laisser pénétrer l'air et la lumière ». Lorsque vous pensez à des fenêtres, vous imaginez généralement celles d'une maison. Celles d'un ordinateur sont des cadres apparaissant à l'écran et conçus pour vous permettre de voir des documents, des programmes ou de l'information. Contrairement aux fenêtres de votre maison, les fenêtres d'un ordinateur deviennent invisibles lorsque vous les fermez. La taille et l'emplacement de ces fenêtres sont déterminés par l'utilisateur.

Dans cette leçon, vous apprendrez tout ce qui concerne les fenêtres : comment les ouvrir, les fermer, les dimensionner, les déplacer. Vous apprendrez aussi comment vous déplacer à travers les informations contenues dans ces fenêtres. Après cela, vous serez sur la bonne voie pour atteindre la maîtrise de Windows 95.

TRAVAILLER AVEC DES FENÊTRES

agrandir : 1. Modifier la taille d'une fenêtre ouverte pour qu'elle occupe tout l'écran. 2. Nom du bouton qui effectue cette commande.

réduire : 1. Modifier la taille d'une fenêtre pour qu'elle prenne la forme d'un bouton sur la barre des tâches. 2. Nom du bouton qui effectue cette commande.

dimensionner : régler la taille d'une fenêtre de telle façon qu'elle reste ouverte sur le Bureau, mais n'en occupe qu'une portion.

Sous Windows 95, tout le travail se fait dans des fenêtres. La grande majorité des objets sont affichés sous forme d'icônes (de petites images) à l'écran. Vous devez ouvrir une icône pour voir sa fenêtre lorsque vous voulez travailler sur un objet de Windows 95, comme le Panneau de configuration, une application, un budget, une lettre ou autre chose. Vous pouvez modifier l'apparence, la taille et la position de la fenêtre de l'objet que vous utilisez pour rendre votre travail plus efficace.

Vous pouvez **agrandir** une fenêtre, c'est-à-dire lui donner sa taille maximale (plein écran) pour obtenir le plus d'espace de travail possible. Pour conserver un objet à votre disposition sans qu'il ne prenne d'espace, vous pouvez **réduire** sa fenêtre à un bouton dans la barre des tâches. Vous pouvez également **dimensionner** une fenêtre pour qu'elle n'occupe qu'une portion du Bureau : de cette façon, le contenu de la fenêtre reste visible, mais la fenêtre prend moins d'espace.

Les fenêtres peuvent se superposer : certaines cachent alors en partie ou en totalité d'autres fenêtres. Vous pouvez déplacer les fenêtres sur le Bureau et modifier leur taille. Les exercices qui suivent vous permettront de devenir expert dans la manipulation des fenêtres !

LES TYPES DE FENÊTRE ET LEURS COMPOSANTS

La figure 2.1 illustre les composants principaux d'une fenêtre.

LA BARRE DE TITRE

barre de titre : zone, en haut d'une fenêtre, qui affiche le nom de l'application, du document ou du périphérique que présente cette fenêtre.

fenêtre active : fenêtre dont la barre de titre est colorée, indiquant ainsi qu'elle peut recevoir des données ou des commandes du clavier ou de la souris. Une seule fenêtre est active à un moment précis.

fenêtre inactive : fenêtre dont la barre de titre est entamée, indiquant ainsi qu'elle ne peut recevoir de données ni de commandes du clavier ou de la souris.

icône du menu Système (ou menu Système, ou icône Système) : commande, généralement à la gauche de la barre de titre, qui, si on clique dessus, affiche un menu d'options qui permettent de manipuler la fenêtre.

restaurer : 1. Ramener une fenêtre à la taille qu'elle avait avant d'être agrandie. 2. Nom du bouton qui effectue cette commande. 3. Récupérer dans la Corbeille un élément effacé et le remettre à son emplacement d'origine.

La **barre de titre** occupe l'espace qui se trouve tout en haut de la fenêtre. Le nom de l'objet y apparaît. Lorsque la barre de titre est colorée, par exemple en bleu ou en rose, la fenêtre est **active,** c'est-à-dire que vous pouvez y entrer des données ou des commandes en vous servant de la souris ou du clavier. Une seule fenêtre peut être active à un moment donné ; les autres ont alors une barre de titre estompée indiquant qu'elles sont **inactives,** c'est-à-dire temporairement hors d'usage.

À la gauche de la barre de titre se trouve l'**icône du menu Système.** En cliquant sur ce bouton, vous ferez apparaître un menu contenant, entre autres, les options Réduction, Agrandissement et Fermeture de la fenêtre. Les boutons correspondant aux commandes Réduire, Agrandir et Fermer sont à la droite de la barre de titre ; vous pouvez les activer d'un seul clic du bouton gauche de la souris. Une fenêtre qui a été agrandie possède un bouton **Restaurer,** à la place du bouton Agrandir, qui ramène une fenêtre à la taille qu'elle avait et à la position qu'elle occupait avant d'être agrandie. Certaines fenêtres n'ont pas de bouton Agrandir ; par conséquent, elles n'ont pas de bouton Restaurer non plus. Ce sont des fenêtres dont vous ne pouvez pas modifier la taille ; elles sont peu nombreuses : la fenêtre Aide en est un exemple.

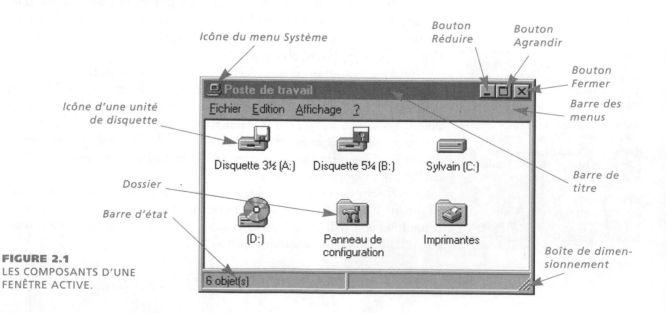

FIGURE 2.1
LES COMPOSANTS D'UNE FENÊTRE ACTIVE.

LA BARRE DES MENUS

barre des menus : zone sous la barre de titre de toutes les applications Windows, contenant les noms des menus qui, lorsque vous cliquez dessus, affichent une liste de commandes.

La **barre des menus** est située sous la barre de titre et contient les noms des menus disponibles dans cette fenêtre. Bien que les noms des menus varient d'une application à l'autre, le menu à l'extrême gauche est presque toujours le menu Fichier, et celui complètement à droite, le menu Aide. En cliquant sur le nom d'un menu, vous affichez la liste de ses options (*voir figure 2.2*).

Les options de menus sont différentes selon le contexte ; il est possible qu'elles ne soient pas toutes disponibles à un moment donné. Les noms des options disponibles sont foncés, comme Fermer à la figure 2.2 ; ceux des options non disponibles sont estompés, comme Supprimer ou Renommer dans la même figure.

Dans un menu déroulé, les options sur lesquelles vous déplacez la souris sont tour à tour mises en surbrillance. Lorsque l'option que vous désirez est surlignée, vous pouvez la sélectionner en cliquant sur le bouton gauche de la souris. Pour quitter un menu sans choisir d'option, cliquez sur le nom du menu ou déplacez le pointeur afin de cliquer à l'extérieur du menu.

Vous pouvez aussi vous servir du clavier pour sélectionner une commande dans un menu.

■ Sélectionnez le nom d'un menu en appuyant sur la touche (Alt) et la lettre qui est soulignée dans le nom du menu, comme (Alt) + (F) pour afficher le contenu du menu Fichier. Vous pouvez appuyer successivement sur ces deux touches ou enfoncer la touche (Alt) et, tout en la maintenant abaissée, taper sur la lettre appropriée, comme vous le feriez pour obtenir une lettre majuscule, mais en vous servant d'une autre touche de contrôle, la touche (Alt).

■ Pour sélectionner une option du menu, utilisez les touches de direction (↑) ou (↓) afin de surligner l'option désirée, puis appuyez sur (Retour) (ou (Enter)). Vous pouvez aussi entrer la lettre soulignée dans le nom de cette option, comme F pour Fermer. Vous n'avez pas à vous préoccuper que la lettre soit majuscule ou minuscule : l'effet est le même.

■ Pour fermer un menu sans choisir d'option, appuyez sur la touche (Échap). Réappuyez sur (Échap) pour annuler la sélection du menu et enlever la surbrillance qui recouvre le nom de ce menu.

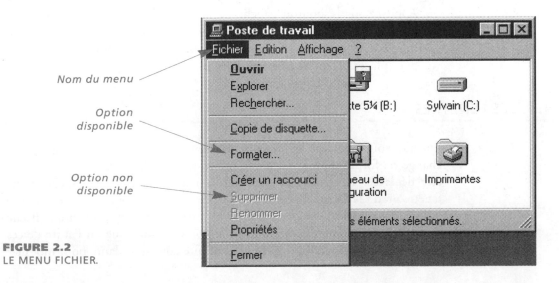

Nom du menu

Option disponible

Option non disponible

FIGURE 2.2
LE MENU FICHIER.

Certaines options sont accompagnées d'un raccourci clavier. Ces raccourcis clavier vous rappellent que vous pouvez activer ces commandes sans avoir recours au menu. Par exemple, vous pouvez voir F3 à côté de l'option Enregistrer sous dans certains menus Fichier. Cela signifie qu'il existe une troisième méthode pour activer cette option ; vous avez le choix entre : cliquer sur le menu Fichier, puis sur l'option Enregistrer sous ; appuyer sur Alt et F, puis sélectionner Enregistrer sous (en vous servant de la souris ou en tapant la lettre soulignée) ; ou, simplement, appuyer sur la touche de fonction F3 (les touches de fonction sont généralement au-dessus de la partie alphanumérique de votre clavier).

DÉPLACER DES FENÊTRES ET EN MODIFIER LA TAILLE

Vous pouvez déplacer des fenêtres à l'écran et en modifier la taille à l'aide de la souris.

DÉPLACER DES FENÊTRES

Pour déplacer une fenêtre et la mettre ailleurs à l'écran, placez le pointeur sur la barre de titre, cliquez sur le bouton gauche de la souris et, tout en le maintenant abaissé, déplacez la souris pour faire glisser le contour de la fenêtre jusqu'où vous voulez la placer, puis relâchez le bouton de la souris. La fenêtre se déplacera immédiatement.

DÉPLACER UNE FENÊTRE

À VOTRE CLAVIER !

Suivez les instructions ci-dessous pour apprendre à déplacer une fenêtre.

1. Si nécessaire, allumez votre ordinateur pour démarrer le système d'exploitation Windows 95. Si le moniteur est muni d'un interrupteur séparé, allumez-le aussi.

2. Double-cliquez sur l'icône Poste de travail.

   La fenêtre Poste de travail s'ouvre.

3. Placez le pointeur sur la barre de titre de la fenêtre Poste de travail.

4. Appuyez sur le bouton gauche de la souris et, tout en le maintenant abaissé, faites glisser le contour de la fenêtre Poste de travail vers le coin inférieur droit de l'écran (*voir figure 2.3*). Relâchez le bouton de la souris pour placer la fenêtre à cet endroit.

DIMENSIONNER DES FENÊTRES

Lorsque vous déplacez le pointeur sur une des bordures d'une fenêtre, il change de forme pour indiquer la direction dans laquelle la bordure peut être déplacée. Un pointeur placé sur la bordure droite ou gauche d'une fenêtre prend la forme d'une flèche horizontale à double pointe ; déplacer le pointeur sur la bordure supérieure ou inférieure le transforme en une flèche verticale à double pointe. En plaçant le pointeur sur l'une ou l'autre de ces positions, vous pouvez faire glisser la bordure correspondante pour modifier

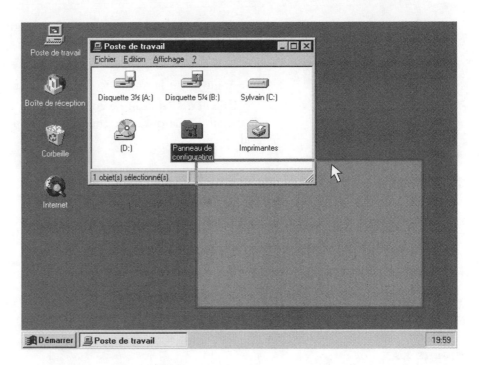

FIGURE 2.3
LE DÉPLACEMENT D'UNE
FENÊTRE.

la taille de la fenêtre. Par exemple, faire glisser la bordure gauche de la fenêtre vers la droite rapetisse cette fenêtre ; faire glisser la bordure inférieure vers le bas allonge la fenêtre.

Si vous déplacez le pointeur sur un des quatre coins de la bordure, il prend la forme d'une flèche diagonale à double pointe. Faire glisser un coin d'une fenêtre étire ou rétrécit deux côtés adjacents simultanément. La figure 2.4 montre les différentes formes de pointeur qui servent à dimensionner et à déplacer des fenêtres.

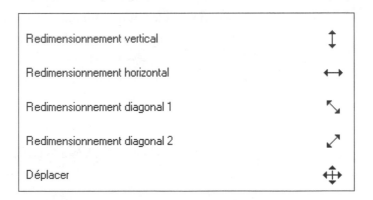

Redimensionnement vertical	↕
Redimensionnement horizontal	↔
Redimensionnement diagonal 1	↘
Redimensionnement diagonal 2	↗
Déplacer	✛

FIGURE 2.4
LES DIFFÉRENTES FORMES DE
POINTEUR POUR LE
DIMENSIONNEMENT ET LE
DÉPLACEMENT DE FENÊTRES.

OUVRIR UNE FENÊTRE À L'AIDE DU CLAVIER

À VOTRE CLAVIER !

Suivez les instructions ci-dessous et vous apprendrez à utiliser le clavier pour ouvrir une fenêtre.

1. Cliquez sur le dossier Panneau de configuration pour le sélectionner.

L'icône du dossier Panneau de configuration est mise en surbrillance : le dossier est donc sélectionné.

2. Appuyez sur ⒶⓁⓉ et, tout en maintenant cette touche abaissée, entrez la lettre F. Relâchez la touche ⒶⓁⓉ.

Le menu Fichier apparaît, tel qu'illustré à la figure 2.2.

3. Appuyez sur la touche Ⓞ et relâchez-la rapidement.

La fenêtre Panneau de configuration s'ouvre par-dessus la fenêtre Poste de travail. Remarquez que chaque fenêtre possède ses propres barres de titre et de menus.

MODIFIER LA TAILLE D'UNE FENÊTRE (PREMIÈRE MÉTHODE)

À VOTRE CLAVIER !

Suivez les instructions ci-dessous pour apprendre à utiliser des techniques standard de Windows afin de modifier la taille d'une fenêtre ouverte.

1. Cliquez sur le bouton Agrandir de la fenêtre Panneau de configuration.

La fenêtre sélectionnée s'agrandit pour occuper tout l'écran.

2. Sélectionnez le bouton Réduire.

La fenêtre Panneau de configuration se ferme et est remplacée par son bouton sur la barre des tâches, tel qu'illustré à la figure 2.5.

FIGURE 2.5
LE BOUTON PANNEAU DE CONFIGURATION SUR LA BARRE DES TÂCHES.

> 🖳 Panneau de configuration

3. Placez le pointeur sur la bordure droite de la fenêtre Poste de travail.

Le pointeur se transforme en flèche diagonale à double pointe.

4. Appuyez sur le bouton gauche de la souris et, tout en le maintenant abaissé, faites glisser le contour de la fenêtre jusqu'à ce qu'il soit approximativement de la taille de celui de la figure 2.6. Relâchez le bouton de la souris pour réduire la taille de la fenêtre.

5. Sélectionnez le bouton Agrandir de la fenêtre Poste de travail.

La fenêtre s'agrandit et occupe tout l'écran. Remarquez que le bouton Agrandir a été remplacé par le bouton Restaurer.

6. Sélectionnez le bouton Restaurer de la fenêtre Poste de travail.

La fenêtre est réduite à la taille qu'elle avait avant d'être agrandie en mode plein écran.

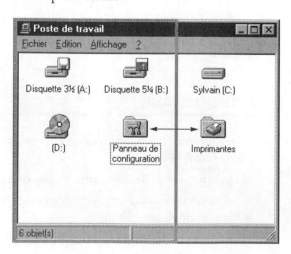

FIGURE 2.6
LE REDIMENSIONNEMENT DE LA FENÊTRE POSTE DE TRAVAIL.

MODIFIER LA TAILLE D'UNE FENÊTRE (DEUXIÈME MÉTHODE)

À VOTRE CLAVIER !

Suivez les instructions ci-dessous pour apprendre à modifier la taille de la fenêtre Poste de travail en glissant des bordures sélectionnées.

1. Pointez la bordure supérieure de la fenêtre Poste de travail.

Remarquez que le pointeur prend la forme d'une flèche verticale à double pointe.

2. Faites glisser la bordure supérieure vers le haut, près du bord de l'écran, et relâchez la souris.

La fenêtre s'agrandit verticalement.

3. Pointez la bordure droite de la fenêtre.

Remarquez que le pointeur prend la forme d'une flèche horizontale à double pointe.

4. Faites glisser la bordure droite près du bord droit de l'écran.

La fenêtre s'agrandit horizontalement. Elle ressemble à la fenêtre de la figure 2.7

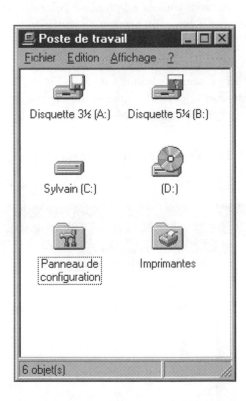

FIGURE 2.7
LA FENÊTRE POSTE DE TRAVAIL
REDIMENSIONNÉE.

ORGANISER PLUSIEURS FENÊTRES AVEC LE MENU DE LA BARRE DES TÂCHES

Il arrive que plusieurs fenêtres d'application soient ouvertes en même temps. Bien que vous puissiez vous servir des techniques expliquées plus haut pour déplacer ou dimensionner des fenêtres, il est plus rapide d'utiliser les commandes d'organisation de fenêtres intégrées à Windows 95, notamment Cascade, Mosaïque horizontale et Mosaïque verticale.

LES FENÊTRES EN CASCADE

cascade : technique d'organisation de fenêtres qui donne la même taille à toutes les fenêtres ouvertes et les empile en affichant en entier la fenêtre du dessus de la pile, et seulement la barre de titre des autres fenêtres.

La commande **Cascade** modifie la taille des fenêtres ouvertes de telle façon qu'elles aient toutes la même dimension et dispose les fenêtres les unes sur les autres. La fenêtre qui est active, lorsque vous organisez des fenêtres en cascade, se retrouve sur le dessus de la pile, bien visible ; cependant, à cette étape, aucune des fenêtres n'est active, tel qu'illustré à la figure 2.8. Vous devez cliquer sur une fenêtre afin de la rendre active. Pour ce faire, vous pouvez cliquer n'importe où sur la fenêtre en question, par exemple sur sa barre de titre. En activant une fenêtre partiellement visible, vous l'amenez sur le dessus de la pile.

OUVERTURE EN CASCADE DE PLUSIEURS FENÊTRES

À VOTRE CLAVIER !

Suivez les instructions ci-dessous pour ouvrir plusieurs fenêtres et apprendre à les organiser en cascade.

1. Assurez-vous que la fenêtre Poste de travail est ouverte sur le Bureau et que le bouton Panneau de configuration apparaît sur la barre des tâches.

REMARQUE

Si le bouton Panneau de configuration n'apparaît pas sur la barre des tâches, double-cliquez sur son icône dans la fenêtre Poste de travail, sélectionnez le bouton Agrandir de la fenêtre Panneau de configuration, puis sélectionnez son bouton Réduire.

2. Double-cliquez sur l'icône du disque C: afin de l'ouvrir.

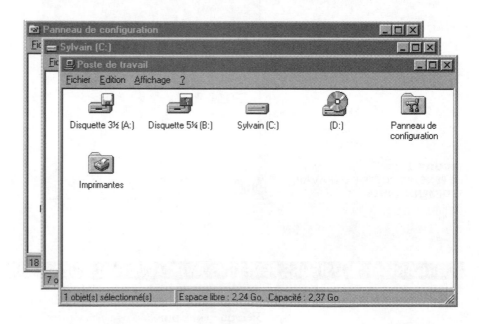

FIGURE 2.8
TROIS FENÊTRES OUVERTES EN CASCADE.

Sa fenêtre s'affiche sur le Bureau. Notez que les objets de cette fenêtre apparaissant à votre écran peuvent être différents de ceux de la figure 2.8.

3. Sélectionnez le bouton Panneau de configuration sur la barre des tâches.

La fenêtre Panneau de configuration s'ouvre sur le Bureau en mode plein écran, cachant totalement les autres fenêtres.

4. Pointez n'importe où sur la barre des tâches.

5. Cliquez sur le bouton droit de la souris.

Le menu de raccourcis de la barre des tâches apparaît (*voir figure 2.9*).

6. Sélectionnez l'option Cascade.

Les fenêtres ouvertes prennent toutes la même dimension et sont empilées en cascade sur le Bureau (comme les fenêtres illustrées à la figure 2.8).

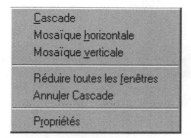

FIGURE 2.9
LE MENU DE RACCOURCIS
DE LA BARRE DES TÂCHES.

LES FENÊTRES EN MOSAÏQUE

mosaïque : technique d'organisation de fenêtres qui consiste à redimensionner toutes les fenêtres ouvertes et à les placer l'une au-dessus de l'autre ou côte à côte pour qu'elles soient toutes visibles.

La commande **Mosaïque** modifie la taille des fenêtres ouvertes et les organise horizontalement ou verticalement de telle façon qu'elles occupent des portions égales sur le Bureau. La figure 2.10 présente des fenêtres organisées en mosaïque horizontale.

Pour obtenir une mosaïque de fenêtres, vous devez pointer une partie non occupée de la barre des tâches et cliquer sur le bouton droit de la souris pour afficher le menu de raccourcis de cette barre (*voir figure 2.9*). Puis vous sélectionnez Mosaïque horizontale ou Mosaïque verticale. Vous cliquez n'importe où sur une fenêtre en particulier pour l'activer.

LA MOSAÏQUE HORIZONTALE

À VOTRE CLAVIER !

Suivez les instructions ci-dessous pour apprendre à effectuer une mosaïque horizontale de plusieurs fenêtres ouvertes sur le Bureau.

1. Pointez un endroit vide sur la barre des tâches.

2. Cliquez sur le bouton droit de la souris.

Le menu de raccourcis de la barre des tâches apparaît.

3. Sélectionnez Mosaïque horizontale.

Les trois fenêtres ouvertes sont disposées horizontalement et chacune occupe environ un tiers de la surface du Bureau, tel qu'illustré à la figure 2.10.

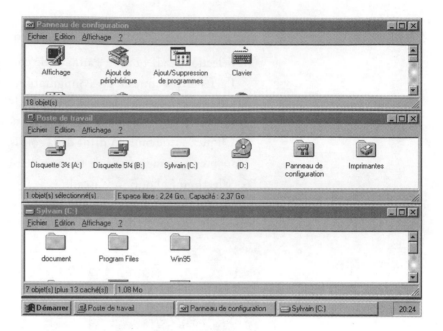

FIGURE 2.10
TROIS FENÊTRES OUVERTES EN
MOSAÏQUE HORIZONTALE.

LA MOSAÏQUE VERTICALE

À VOTRE CLAVIER !

Suivez les instructions ci-dessous pour apprendre à effectuer une mosaïque verticale de plusieurs fenêtres ouvertes sur le Bureau.

1. Placez le pointeur sur un endroit vide sur la barre des tâches.

2. Cliquez sur le bouton droit de la souris.

   Le menu de raccourcis de la barre des tâches apparaît.

3. Sélectionnez Mosaïque verticale.

   Les fenêtres ouvertes sont disposées verticalement et chacune occupe environ un tiers de la surface du Bureau, de façon semblable à ce qui est illustré à la figure 2.11.

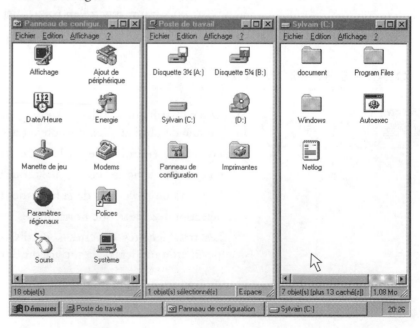

FIGURE 2.11
TROIS FENÊTRES OUVERTES EN
MOSAÏQUE VERTICALE.

Après avoir organisé des fenêtres d'application à l'aide des commandes Cascade, Mosaïque horizontale ou Mosaïque verticale, vous pouvez quand même les redimensionner ou les déplacer. N'oubliez pas que si vous agrandissez une fenêtre à sa taille maximale pour ensuite sélectionner son bouton Restaurer, cette fenêtre reprendra la taille et la position qu'elle avait avant d'être agrandie. Par exemple, si parmi d'autres fenêtres vous agrandissez la fenêtre Panneau de configuration dans une organisation en cascade et qu'après vous sélectionnez son bouton Restaurer, les fenêtres ouvertes se remettront en cascade sur le Bureau, et la dernière fenêtre sélectionnée – ici, la fenêtre Panneau de configuration – sera sur le dessus de la pile.

LA RÉDUCTION DE TOUTES LES FENÊTRES OUVERTES

À VOTRE CLAVIER !

À certains moments, vous voudrez libérer le Bureau de toutes les fenêtres. Cette opération se fera en réduisant les fenêtres ouvertes. Suivez les instructions ci-dessous pour apprendre à réduire toutes les fenêtres ouvertes en une seule opération.

1. Placez le pointeur sur un endroit non occupé de la barre des tâches.
2. Cliquez sur le bouton droit de la souris.

Le menu de raccourcis de la barre des tâches apparaît.

3. Sélectionnez Réduire toutes les fenêtres.

Toutes les fenêtres ouvertes sont réduites et prennent la forme de leurs boutons sur la barre des tâches.

ORGANISER LES ICÔNES DU BUREAU

Les icônes du Bureau peuvent aussi être déplacées. Pour déplacer une icône, faites-la glisser à l'emplacement désiré. (Faites attention de ne pas double-cliquer sur l'icône, à moins que vous ne désiriez travailler avec le programme qu'elle représente.) Les icônes de programme ont tendance à demeurer là où vous les placez. Si vous avez beaucoup d'icônes dispersées sur le Bureau, certaines peuvent être cachées par d'autres icônes ou par des fenêtres. Vous pouvez afficher les icônes en colonnes bien soignées en utilisant l'option Réorganiser les icônes du menu de raccourcis qui apparaît lorsque vous cliquez sur une zone libre du Bureau avec le bouton droit de la souris.

ORGANISER LES ICÔNES SYSTÈME DU BUREAU

À VOTRE CLAVIER !

Suivez les instructions ci-dessous pour vous exercez à réorganiser des icônes système du Bureau.

1. Assurez-vous que toutes les fenêtres ouvertes sont réduites, sinon réduisez-les.
2. Faites glisser l'icône Poste de travail vers le coin inférieur droit du Bureau.

REMARQUE

Si l'icône Poste de travail ne reste pas là où vous l'avez mise, c'est que la commande de réorganisation automatique est activée. Pour la désactiver, placez le pointeur sur un endroit libre du Bureau, cliquez sur le bouton droit de la souris, sélectionnez la commande Réorganiser les icônes puis l'option Réorganisation automatique. Maintenant refaites l'étape n° 2.

3. Faites glisser l'icône Corbeille jusqu'au centre du Bureau.

4. Déplacez d'autres icônes, n'importe lesquelles, et placez-les ailleurs sur l'écran.

5. Placez le pointeur sur un endroit libre du Bureau.

6. Cliquez sur le bouton droit de la souris.

Le menu de raccourcis du Bureau apparaît.

7. Sélectionnez l'option Réorganiser les icônes puis, dans le sous-menu suivant, sélectionnez Réorganisation automatique.

Les icônes du Bureau s'alignent verticalement le long du côté gauche du Bureau.

> **bascule (à) :** qualifie une commande (on dit alors : commande à bascule) qui peut être tour à tour activée et désactivée par des sélections successives.

> **REMARQUE**
>
> L'option Réorganisation automatique est une commande **à bascule.** La première fois que vous la choisissez, vous l'activez et une marque (✓) apparaît à sa gauche dans le menu de raccourcis du Bureau. Si vous la sélectionnez de nouveau, vous la désactivez et la marque disparaît ; et ainsi de suite.

ORGANISER DES ICÔNES DE FENÊTRE

À VOTRE CLAVIER !

Suivez les instructions ci-dessous pour apprendre à organiser des icônes dans une fenêtre ouverte.

1. Assurez-vous que toutes les fenêtres ouvertes sont réduites à l'état de boutons sur la barre des tâches.

2. Sélectionnez le bouton Panneau de configuration sur la barre des tâches.

La fenêtre Panneau de configuration s'ouvre sur le Bureau. Sa taille est celle qu'elle avait avant d'être réduite.

3. Cliquez sur le menu Affichage.

Le menu Affichage apparaît.

4. Sélectionnez l'icône Réorganiser les icônes.

Un autre menu apparaît. Votre écran devrait avoir une allure semblable à celle de la figure 2.12.

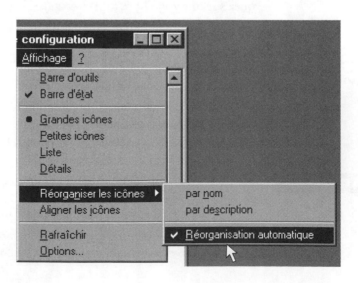

FIGURE 2.12
REPÉRAGE DE L'OPTION RÉORGANISATION AUTOMATIQUE.

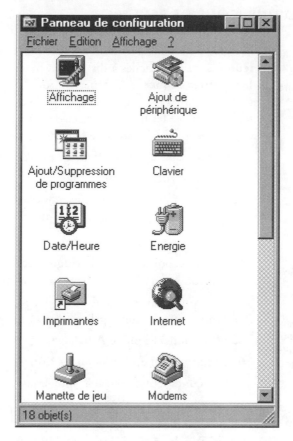

FIGURE 2.13
RÉORGANISATION DES ICÔNES DE
LA FENÊTRE PANNEAU DE
CONFIGURATION.

5. Sélectionnez l'option Réorganisation automatique.

Les icônes du Panneau de configuration se réorganisent d'elles-mêmes en colonnes bien nettes, tel qu'illustré à la figure 2.13.

6. Placez le pointeur sur le coin supérieur gauche de la fenêtre Panneau de configuration.

Le pointeur se transforme en flèche diagonale à double pointe.

7. Faites glisser ce coin du contour de la fenêtre vers le bas et la gauche, de façon à donner à la fenêtre la taille de la fenêtre de la figure 2.14.

Remarquez que les icônes se réorganisent automatiquement d'elles-mêmes lorsque vous redimensionnez la fenêtre, parce que vous avez activé l'option Réorganisation automatique.

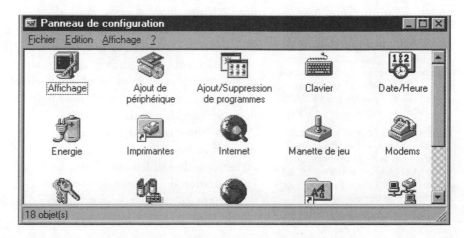

FIGURE 2.14
LA FENÊTRE PANNEAU DE
CONFIGURATION
REDIMENSIONNÉE.

MODIFIER LA TAILLE D'UNE ICÔNE DE FENÊTRE

grande icône : icône ayant sa taille maximale.

petite icône : icône ayant le quart de sa taille maximale.

À VOTRE CLAVIER !

barre de défilement : barre rectangulaire allongée qui apparaît au bas ou à la droite d'une fenêtre lorsque le contenu de cette fenêtre occupe plus d'espace que la partie affichée ; cette barre vous permet de vous déplacer dans une fenêtre de façon à en faire apparaître les portions cachées.

Windows 95 vous permet d'afficher les icônes en deux tailles. Les **grandes icônes** sont plus faciles à distinguer, mais elles prennent aussi plus d'espace. Les **petites icônes** occupent environ le quart de l'espace occupé par les grandes icônes ; ainsi, vous pouvez voir plus d'icônes dans une même fenêtre. Suivez les instructions ci-dessous pour apprendre à modifier la taille des icônes affichées dans une fenêtre ouverte.

1. Cliquez sur le menu Affichage du Panneau de configuration.

   Le menu Affichage apparaît.

2. Sélectionnez l'option Petites icônes.

   Les icônes sont de plus petite taille.

3. Sélectionnez le menu Affichage.

4. Placez le pointeur sur l'option Réorganiser les icônes, puis choisissez l'option par nom dans le sous-menu déroulant.

   Les icônes sont réorganisées de façon à épouser les formes de la fenêtre. Remarquez qu'elles sont également classées par ordre alphabétique.

5. Sélectionnez le menu Affichage.

6. Sélectionnez l'option Grandes icônes.

   Les icônes reprennent leur taille maximale.

UTILISER LES BARRES DE DÉFILEMENT

barre de défilement verticale : barre rectangulaire qui longe le côté droit d'une fenêtre trop petite pour afficher la totalité de son contenu. Pour faire apparaître le reste de l'information, on doit cliquer sur les boutons de défilement ou faire glisser l'ascenseur.

barre de défilement horizontale : barre rectangulaire qui longe le bas d'une fenêtre trop petite pour afficher la totalité de son contenu. Pour faire apparaître le reste de l'information, on doit cliquer sur les boutons de défilement ou faire glisser l'ascenseur.

ascenseur : rectangle dans une barre de défilement qui peut glisser de haut en bas ou de droite à gauche afin de faire apparaître des informations. Sa position vous indique l'emplacement de l'information visible par rapport à l'ensemble du contenu de la fenêtre.

boutons de défilement : boutons situés à chaque extrémité d'une barre de défilement et sur lesquels on peut cliquer pour faire défiler l'information dans la fenêtre (par exemple, une ligne à la fois).

Une **barre de défilement** apparaît à la droite ou au bas d'une fenêtre lorsqu'il n'y a pas assez de place pour afficher le contenu intégral de cette fenêtre. Si l'information cachée est au-dessus ou en dessous de ce qui apparaît dans la fenêtre, vous verrez une **barre de défilement verticale.** Par contre, si les informations cachées sont à la droite ou à la gauche de ce qui est affiché, vous verrez une **barre de défilement horizontale.**

La figure 2.15 présente les deux types de barre de défilement. Il y a un rectangle à l'intérieur d'une barre de défilement : c'est l'**ascenseur.** Il indique la position relative de l'information apparaissant à l'écran par rapport à l'ensemble du document de la fenêtre. Si l'ascenseur se trouve au haut ou à la gauche de la barre de défilement, l'information visible est celle du début ou consiste en la partie gauche du document ; par contre, si l'ascenseur est au bas ou à la droite de la barre de défilement, il s'agit de la fin ou de la partie droite du document. Pour afficher les parties non visibles, il suffit de cliquer sur la barre de défilement de part et d'autre de l'ascenseur. Cliquer en bas de l'ascenseur, sur une barre de défilement verticale, entraîne l'affichage de ce qui suit ; cliquer en haut de l'ascenseur provoque l'affichage de ce qui précède. Si vous savez approximativement où se trouve l'élément recherché dans un document, vous pouvez faire glisser l'ascenseur pour vous déplacer rapidement dans la fenêtre.

Les **boutons de défilement** aux deux extrémités d'une barre de défilement vous permettent de faire défiler l'information lentement. Cliquer sur le bouton de défilement d'une barre de défilement verticale fait défiler l'information d'une ligne vers le haut ou vers le bas ; s'il s'agit d'une barre de défilement horizontale, le bouton fera défiler l'information vers la droite ou la gauche.

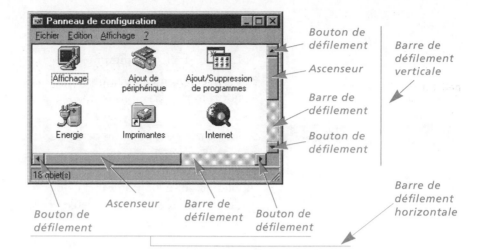

FIGURE 2.15
UNE BARRE DE DÉFILEMENT.

LE DÉFILEMENT VERTICAL DU CONTENU D'UNE FENÊTRE

À VOTRE CLAVIER !

Suivez les instructions ci-dessous pour apprendre à utiliser une barre de défilement verticale.

1. Faites apparaître la fenêtre Panneau dc configuration, si nécessaire. Dimensionnez cette fenêtre afin qu'elle ressemble à celle de la figure 2.15.

2. Annulez la réorganisation automatique de la façon suivante : sélectionnez l'option Réorganisation automatique dans le sous-menu Réorganiser les icônes du menu Affichage. (La marque doit disparaître.)

3. Pointez n'importe où sous l'ascenseur de la barre de défilement verticale.

4. Cliquez.

   Les colonnes d'icônes semblent se déplacer vers le haut tandis que l'ascenseur descend.

5. Si l'ascenseur n'a pas encore atteint la base de la barre de défilement verticale, amenez le pointeur sous l'ascenseur et cliquez autant de fois que nécessaire pour déplacer l'ascenseur jusqu'au bas de la barre de défilement.

   Les colonnes d'icônes défilent. Remarquez que la dernière icône est visible au bas de l'écran.

6. Amenez le pointeur sur le bouton de défilement en haut de la barre de défilement verticale.

7. Appuyez sur le bouton gauche de la souris et maintenez-le abaissé jusqu'à ce que l'ascenseur atteigne le haut de la barre de défilement verticale.

LE DÉFILEMENT HORIZONTAL DU CONTENU D'UNE FENÊTRE ET LA MODIFICATION DE LA TAILLE DES ICÔNES

À VOTRE CLAVIER !

Suivez les instructions de la page suivante pour apprendre à modifier la taille des icônes et à utiliser une barre de défilement horizontale.

1. Sélectionnez le menu Affichage de la fenêtre Panneau de configuration.
2. Sélectionnez Petites icônes.

   La taille des icônes diminue.
3. Placez le pointeur à la droite de l'ascenseur sur la barre de défilement horizontale.

REMARQUE   Si vous n'avez pas de barre de défilement horizontale, réduisez la largeur de la fenêtre à l'aide de la souris ou remettez les grandes icônes.

4. Cliquez sur le bouton gauche de la souris.

   Le contenu de la fenêtre défile vers la gauche tandis que l'ascenseur se déplace vers la droite.
5. Placez le pointeur sur le bouton de défilement gauche.
6. Appuyez sur le bouton gauche de la souris et maintenez-le abaissé jusqu'à ce que l'ascenseur atteigne la gauche de la barre de défilement horizontale.

   Le contenu de la fenêtre défile vers la droite tandis que l'ascenseur se déplace vers la gauche.

FERMER TOUTES LES FENÊTRES OUVERTES

À VOTRE CLAVIER !

Suivez les instructions ci-dessous pour apprendre à fermer toutes les fenêtres ouvertes.

1. Assurez-vous d'avoir les trois fenêtres suivantes à l'écran : Poste de travail, Panneau de configuration et Disque C :, et qu'elles soient organisées en mosaïque verticale.
2. Sélectionnez le bouton Fermer de la fenêtre Panneau de configuration.

   La fenêtre Panneau de configuration est fermée et retirée de la surface du Bureau ; son bouton disparaît de la barre des tâches.
3. Sélectionnez le bouton Fermer de la fenêtre Disque C:.

   La fenêtre Disque C: est fermée et retirée de la surface du Bureau ; son bouton disparaît de la barre des tâches.
4. Sélectionnez le bouton Fermer de la fenêtre Poste de travail.

   La fenêtre Poste de travail est fermée et retirée de la surface du Bureau ; son bouton disparaît de la barre des tâches. Il n'y a plus aucune fenêtre ouverte sur le Bureau.

OBTENIR DE L'AIDE À L'ÉCRAN

aide en ligne : information ou outils d'apprentissage qui peuvent être affichés pour vous assister dans votre travail.

Maintenant que vous savez faire défiler l'information contenue dans les fenêtres, vous êtes prêt à vous servir de l'**aide en ligne,** un outil performant intégré à Windows 95. Si vous ne savez pas ou si vous ne vous souvenez plus comment réaliser une tâche, l'aide en ligne de Windows vous l'apprendra ou vous le rappellera.

Aide est une des options du menu Démarrer : elle affiche la fenêtre Rubriques d'aide : Aide de Windows présentée à la figure 2.16.

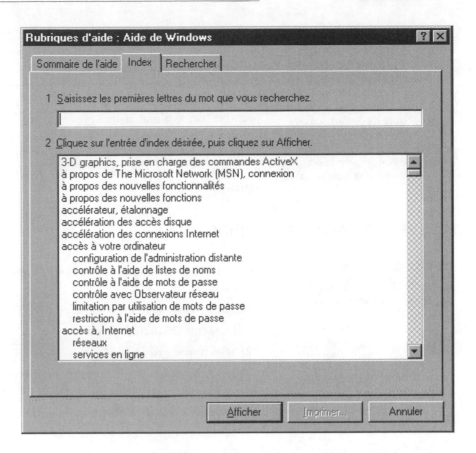

FIGURE 2.16
LA FENÊTRE AIDE DE WINDOWS.

Sous la barre de titre de la fenêtre Rubriques d'aide : Aide de Windows, vous remarquez trois onglets identifiés comme suit : Sommaire de l'aide, Index et Rechercher. Chaque onglet représente une page (ou une fiche). La page du dessus est celle qui est ouverte, et dont on peut lire le contenu.

L'onglet Sommaire de l'aide contient les rubriques d'aide, la majorité sous forme d'icône de livre à ouvrir (les autres sont représentées par une page munie d'un point d'interrogation). Si vous cliquez sur une rubrique, vous affichez le texte d'aide à l'écran ou vous obtenez une liste de rubriques reliées à celle que vous avez d'abord choisie. Vous pouvez cliquer sur une des icônes associées à une rubrique d'aide pour afficher son contenu qui, bien souvent, consiste en une autre liste de rubriques. Il est fréquent qu'il y ait plus de rubriques dans la fenêtre et qu'elles ne soient pas toutes visibles à l'écran ; dans ce cas, servez-vous de la barre de défilement verticale.

L'onglet Index vous fournit une liste de rubriques d'aide classées par ordre alphabétique. Vous pouvez vous rendre rapidement à la rubrique désirée en entrant son nom dans la zone de texte située au-dessus de la liste des rubriques. Lorsque vous tapez une lettre, les rubriques défilent, dans la liste, jusqu'à la première entrée commençant par cette lettre ; chaque lettre que vous ajoutez vous rapproche de la rubrique d'aide recherchée. Vous pouvez aussi vous servir de la barre de défilement pour atteindre le sujet désiré. Lorsque vous avez trouvé l'entrée d'index désirée (et qu'elle est en surbrillance), appuyez sur (Retour) pour afficher l'information sur le sujet.

L'onglet Rechercher vous permet de rechercher des mots précis contenus dans une rubrique d'aide au lieu de rechercher une rubrique par catégorie.

terme du glossaire : mot ou phrase, dans une fenêtre d'aide de Windows 95, souligné en pointillé, sur lequel il suffit de cliquer pour en obtenir la définition.

saut : mot ou phrase, dans une fenêtre d'aide de Windows 95, accompagné d'une icône sur laquelle il suffit de cliquer pour afficher de l'information additionnelle sur le sujet dont il est question.

La figure 2.17 présente la fenêtre Aide de Windows qui apparaît lorsque vous sélectionnez la rubrique Démarrage d'un programme. Une barre de défilement s'affiche lorsque nécessaire : utilisez-la pour consulter tout le texte d'information. Les mots ou les phrases soulignés par des petits points sont des **termes du glossaire.** Comme l'indique la figure 2.17, le pointeur prend la forme d'une main à l'index pointé vers le haut quand vous le placez sur un terme du glossaire. En cliquant sur des mots soulignés, vous en obtiendrez la définition. D'autres mots (ou phrases) sont suivis d'une icône qui permet de passer à l'écran d'aide qui lui est associé. Ces icônes sont des **sauts.**

TROUVER DE L'AIDE DANS WINDOWS

À VOTRE CLAVIER !

Suivez les instructions ci-dessous pour apprendre à utiliser le système d'aide de Windows 95.

1. Sélectionnez le bouton Démarrer.

Le menu Démarrer apparaît.

2. Sélectionnez Aide.

Les fichiers d'aide sont chargés en mémoire et, comme vous l'indique la figure 2.16, la fenêtre Rubriques d'aide : Aide de Windows apparaît.

3. Si nécessaire, sélectionnez l'onglet Sommaire de l'aide.

4. Sélectionnez l'icône associée à la rubrique Comment...

Cet objet est mis en surbrillance.

5. Sélectionnez le bouton Ouvrir au bas de la fenêtre.

Un ensemble de rubriques apparaissent (*voir figure 2.18*). Remarquez que le bouton Ouvrir a été remplacé par le bouton Fermer.

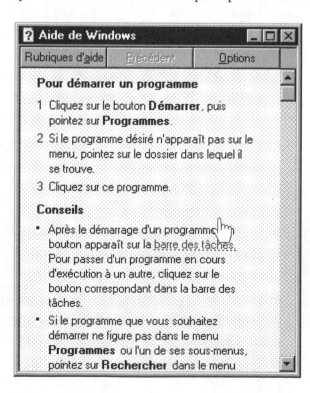

FIGURE 2.17
LA FENÊTRE AIDE DE WINDOWS DE LA RUBRIQUE « DÉMARRAGE DE PROGRAMMES » DE LA FENÊTRE D'AIDE DE WINDOWS.

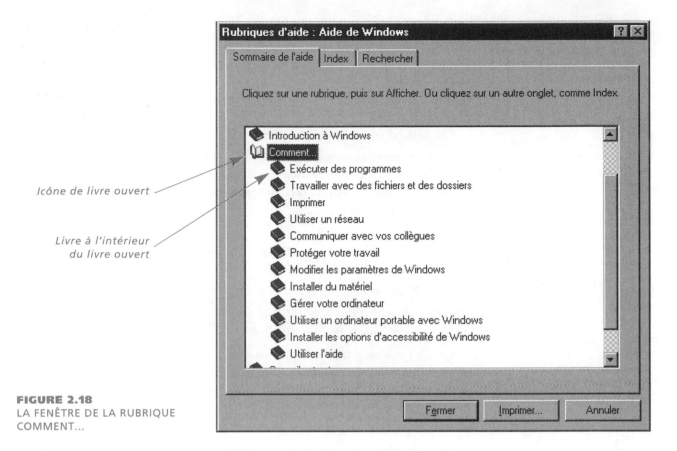

Icône de livre ouvert

Livre à l'intérieur
du livre ouvert

FIGURE 2.18
LA FENÊTRE DE LA RUBRIQUE
COMMENT...

6. Sélectionnez l'icône du livre adjacente à l'option Exécuter des programmes.

Cet objet est mis en surbrillance.

7. Sélectionnez le bouton Ouvrir.

L'ensemble des rubriques relatives à cette fonction apparaît.

8. Sélectionnez l'icône associée à Démarrage d'un programme.

Cet objet est mis en surbrillance et le bouton Fermer est, à son tour,
remplacé par le bouton Afficher.

9. Sélectionnez Afficher.

Une fenêtre Aide de Windows s'affiche. Elle contient une liste de procé-
dures numérotées permettant de démarrer des programmes. Remarquez que
la fenêtre Rubriques d'aide n'est plus sur le Bureau.

10. Si vous ne pouvez voir toute l'information dans la fenêtre d'aide, utilisez
la barre de défilement.

11. Sélectionnez Rubriques d'aide sous la barre de titre.

La fenêtre Rubriques d'aide : Aide de Windows revient à l'écran.

UTILISER L'INDEX POUR TROUVER L'AIDE RECHERCHÉE

À VOTRE CLAVIER !

Suivez les instructions ci-dessous pour apprendre à vous servir de l'index pour trouver de l'aide.

1. Assurez-vous d'avoir la fenêtre Rubriques d'aide : Aide de Windows sur le Bureau.

2. Sélectionnez l'onglet Index.

Comme vous le démontre la figure 2.19, l'ensemble des rubriques Index apparaît. Remarquez le curseur (une barre verticale clignotante indiquant le point d'insertion) dans la zone de texte précédée du chiffre 1.

3. Tapez le mot **Impression.**

Chacune des lettres que vous entrez fait défiler la liste des rubriques d'aide, dans la zone de liste, jusqu'à un ensemble de rubriques concernant l'impression.

4. Sélectionnez la rubrique de deuxième niveau étiquetée **Documents.**

Cet objet est mis en surbrillance.

5. Sélectionnez le bouton Afficher.

Une fenêtre Aide de Windows s'affiche. Elle contient des informations sur l'impression des documents.

6. Sélectionnez le bouton Rubriques d'aide.

La fenêtre Rubriques d'aide : Aide de Windows revient à l'écran.

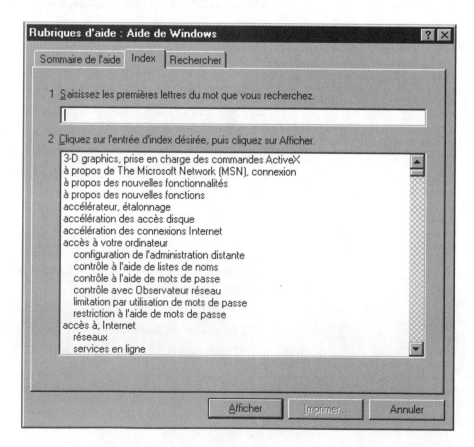

FIGURE 2.19
L'INDEX D'AIDE DE WINDOWS.

LA FONCTION RECHERCHER

À VOTRE CLAVIER !

Suivez les instructions ci-dessous pour apprendre à utiliser la fonction Rechercher d'Aide de Windows.

1. Assurez-vous d'avoir sur le Bureau l'onglet Sommaire de l'aide de la fenêtre Rubriques d'aide : Aide de Windows.

2. Sélectionnez l'onglet Rechercher.

La première fois que vous utilisez cette fonction, l'Assistant création de recherche apparaît (*voir figure 2.20*). Cette boîte de dialogue vous permet de déterminer la taille relative de la liste de recherche de Windows. Choisissez une option parmi les trois suivantes : *Minimise la taille de la base de données* (recommandé) crée une liste brève et utilise moins d'espace disque ; *Maximise les capacités de recherche* utilise plus d'espace disque, mais permet une recherche exhaustive ; *Personnalise les capacités de recherche* permet de créer une liste encore plus petite que celle de l'option Minimise... selon vos critères personnels.

3. Sélectionnez Suivant.

La boîte de dialogue de la création de la liste apparaît.

4. Cliquez sur Terminer.

Attendez tandis que Windows 95 crée la liste contenant les mots de vos fichiers d'aide. L'opération terminée, Windows affiche l'onglet Rechercher.

5. Tapez **95**.

Les caractères apparaissent dans la zone de texte 1 et une liste de rubriques s'affiche dans la zone numéro 3.

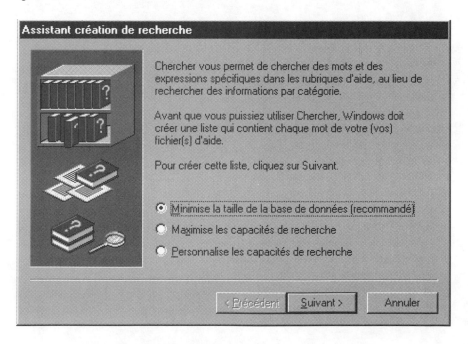

FIGURE 2.20
L'ASSISTANT CRÉATION DE RECHERCHE.

6. Sélectionnez la rubrique Connexion à un autre ordinateur du réseau.

Cette rubrique est mise en surbrillance.

7. Cliquez sur Afficher.

Une fenêtre Aide de Windows apparaît : elle contient des informations sur le sujet choisi.

8. Cliquez sur le bouton Fermer.

9. Si vous désirez terminer cette session de travail, cliquez sur le bouton Démarrer sur la barre des tâches, sélectionnez l'option Arrêter dans le menu déroulant, le bouton Oui dans la boîte de dialogue Arrêt de Windows puis éteignez votre ordinateur lorsque vous voyez apparaître le message indiquant que vous pouvez le faire en toute sécurité. N'oubliez pas d'éteindre l'interrupteur du moniteur le cas échéant. Ou encore, laissez votre ordinateur en marche et effectuez les exercices de fin de chapitre.

R É S U M É   D E   L A   L E Ç O N   E T   E X E R C I C E S

À la fin de cette leçon, vous devriez avoir acquis les connaissances suivantes.

TRAVAILLER AVEC DES FENÊTRES

■ Identifier les éléments d'une fenêtre, comme la barre de titre et la barre des menus.

DÉPLACER DES FENÊTRES ET EN MODIFIER LA TAILLE

■ Déplacer des fenêtres sur le Bureau en cliquant sur la barre de titre et en les faisant glisser jusqu'au nouvel emplacement.

■ Modifier la taille et la forme d'une fenêtre en faisant glisser ses bordures.

ORGANISER PLUSIEURS FENÊTRES AVEC LE MENU DE LA BARRE DES TÂCHES

■ Utiliser l'option Cascade pour afficher les barres de titre de toutes les fenêtres ouvertes.

■ Utiliser l'option Mosaïque pour afficher toutes les fenêtres ouvertes simultanément.

ORGANISER LES ICÔNES DU BUREAU

■ Faire glisser des icônes vers d'autres emplacements dans une fenêtre ou sur le Bureau.

■ Disposer soigneusement les icônes dans une fenêtre ou sur le Bureau en cliquant sur le bouton droit de la souris et en utilisant l'option Réorganiser les icônes.

UTILISER LES BARRES DE DÉFILEMENT

■ Utiliser les barres de défilement pour afficher les parties non visibles du contenu d'une fenêtre.

OBTENIR DE L'AIDE À L'ÉCRAN

■ Trouver de l'aide sur n'importe quel sujet concernant Windows 95 en passant par l'option Aide du menu Démarrer.

■ Cliquer, dans une fenêtre d'aide, sur des termes concernant le fonctionnement de Windows 95 pour afficher leurs définitions.

N O U V E A U X   T E R M E S   À   R E T E N I R

À la fin de cette leçon, vous devriez connaître la signification des termes suivants :

agrandir	barre des menus	fenêtre inactive	réduire
aide en ligne	barre de titre	grande icône	restaurer
ascenseur	bascule (à)	icône du menu Système	saut
barre de défilement	bouton de défilement	icône Système	terme du glossaire
barre de défilement horizontale	cascade	menu Système	
barre de défilement verticale	dimensionner	mosaïque	
	fenêtre active	petite icône	

ASSOCIATIONS

Associez à chacun des termes de la colonne de gauche une définition de la colonne de droite.

TERME

1. Cascade
2. icône du menu Système
3. fenêtre de document
4. bouton Agrandir
5. barre des menus
6. bouton Réduire
7. fenêtre active
8. barre de défilement
9. Mosaïque
10. barre de titre

DÉFINITION

a. Élément standard des fenêtres placé à l'extrême droite de la barre de titre, et qui permet de réduire une fenêtre à l'état d'icône sur le Bureau ou de bouton sur la barre des tâches.

b. Commande de Windows 95 qui réorganise les fenêtres ouvertes sur le Bureau de telle façon qu'elles soient toutes visibles et occupent des portions égales de l'écran.

c. La fenêtre que vous êtes en train d'utiliser, celle dont la barre de titre est colorée.

d. Élément standard des fenêtres d'application, généralement placé dans le haut de la fenêtre, sous la barre de titre, et qui contient des noms de menus déroulants.

e. Élément standard des fenêtres qui permet d'afficher les portions cachées du contenu d'une fenêtre, verticalement ou horizontalement.

f. Élément standard des fenêtres situé au haut de chaque fenêtre, qui contient des icônes ou des boutons et des caractères, et qui sert à contrôler la taille et l'emplacement de la fenêtre.

g. Élément standard des fenêtres placé à l'extrême droite des barres de titre, et qui permet d'afficher une fenêtre en mode pleine page.

h. Type particulier de fenêtre qui affiche le travail que vous êtes en train de faire dans la fenêtre d'une application.

i. Élément standard des fenêtres placé à l'extrême gauche des barres de titre, et qui affiche un menu dont les options permettent de contrôler la taille, la position et la fermeture de la fenêtre.

j. Commande de Windows qui empile toutes les fenêtres ouvertes sur le Bureau et place la fenêtre active sur le dessus de la pile.

PHRASES À COMPLÉTER

Complétez chacune des phrases suivantes.

1. Tout le travail que vous effectuez sous Windows 95 se fait à l'intérieur d'un/une _____.

2. Vous pouvez vous servir de _____ pour faire apparaître l'information cachée qui existe sous la dernière ligne visible au bas de la fenêtre d'un document.

3. Un/une _____ est un élément de l'écran que vous pouvez glisser pour faire apparaître l'information cachée d'une fenêtre ou d'une liste. Cet élément indique aussi la position approximative de l'information visible à l'écran dans une fenêtre ou une liste.

4. Vous cliquez sur _____ pour mettre une fenêtre en mode plein écran.

5. La commande _____ empile les fenêtres ouvertes en en laissant de petites portions apparentes.

6. Sous Windows 95, vous pouvez cliquer sur les _____ des fenêtres Aide de Windows pour afficher leurs définitions.

7. Un/une _____ est une option qui s'active et se désactive tour à tour chaque fois que vous la sélectionnez.

8. Lorsque vous cliquez sur un nom de _____ dans une fenêtre d'application, un menu déroulant apparaît.

9. Lorsque vous désirez conserver une application active mais faire disparaître sa fenêtre du Bureau pour travailler avec une autre application, vous pouvez transformer sa fenêtre en bouton en cliquant sur _____.

10. Sur la barre de titre d'une fenêtre en mode plein écran, _____ permet de redonner à la fenêtre la taille qu'elle avait avant d'être agrandie à son maximum.

QUESTIONS À RÉPONSE BRÈVE

Répondez par un court texte aux questions ci-dessous.

1. Dressez la liste d'au moins cinq objets ou éléments communs aux fenêtres d'application et de document.

2. Qu'est-ce qui différencie les options Agrandir, Réduire et Restaurer ?

3. Nommez trois types de pointeur qui vous permettent de modifier la dimension d'une fenêtre et décrivez-les brièvement.

4. Décrivez en quelques mots les avantages et les inconvénients des commandes Cascade et Mosaïque.

5. Décrivez quatre façons d'utiliser une barre de défilement pour faire défiler l'information.

6. À quoi sert l'aide en ligne ?

7. Qu'est-ce qu'un saut ?

8. Pour quelle raison certaines fenêtres sont-elles dépourvues de bouton Restaurer ?

9. Lorsque plusieurs fenêtres sont ouvertes en même temps, comment reconnaissez-vous la fenêtre active ?

10. Qu'est-ce qu'une commande à bascule ?

TRAVAUX PRATIQUES

Effectuez les opérations demandées.

1. Ouvrez la fenêtre Poste de travail. Ouvrez la fenêtre Panneau de configuration, activez la fenêtre Poste de travail et ouvrez la fenêtre du dossier Imprimantes. Placez le pointeur sur un endroit vide de la barre des tâches (pas sur un bouton ni sur l'horloge) et cliquez sur le bouton droit de la souris pour afficher le menu de raccourcis. Sélectionnez Cascade. Activez chacune des fenêtres à tour de rôle en cliquant sur n'importe quelle portion de fenêtre. Utilisez le menu de raccourcis de la barre des tâches deux autres fois en choisissant les options Mosaïque verticale et Mosaïque horizontale. À chaque nouvelle organisation de fenêtres, exercez-vous à sélectionner les fenêtres ouvertes. Fermez toutes les fenêtres.

2. Sélectionnez Aide dans le menu déroulant Démarrer de la barre des tâches pour charger le système d'aide de Windows 95. Ouvrez la rubrique Conseils et astuces, puis la rubrique de deuxième niveau Pour gérer votre ordinateur et finalement Défragmentation régulière des fichiers stockés sur votre disque dur. Est-ce que cette fenêtre Aide de Windows contient un terme du glossaire ? Si oui, quel est ce terme ? Affichez sa définition et lisez-la.

3. Utilisez l'onglet Rechercher de la fenêtre Rubriques d'aide : Aide de Windows pour essayer de trouver les termes suivants : « sceller », « dossier parent » et « lien ». Combien en avez-vous trouvé ? Si vous en avez trouvé, affichez l'information qui leur est associée et lisez-la. Fermez la fenêtre Aide de Windows.

4. Double-cliquez sur l'icône Poste de travail. Utilisez la technique du glisser-déplacer pour modifier la taille de la fenêtre de telle façon qu'elle occupe environ la moitié de la surface du Bureau horizontalement. Cliquez sur le bouton Agrandir de la fenêtre Poste de travail puis cliquez sur le bouton Restaurer. Fermez la fenêtre Poste de travail.

5. Double-cliquez sur l'icône Corbeille. Utilisez la technique du glisser-déplacer pour déplacer la fenêtre et l'amener dans le coin inférieur droit du Bureau. Sélectionnez le menu Système et choisissez l'option Fermeture. Si vous avez terminé votre session de travail, arrêtez le système d'exploitation Windows 95 et éteignez votre ordinateur.

À la découverte de votre ordinateur

OBJECTIFS

À la fin de cette leçon, vous pourrez :

- reconnaître les unités de stockage reliées à votre ordinateur ;
- distinguer les différents types de fichiers : fichiers système, fichiers de programme et de document ;
- explorer le contenu des disques ;
- utiliser le Panneau de configuration pour consulter les informations concernant les ressources matérielles de votre ordinateur ;
- développer et comprimer l'affichage des périphériques et de leurs propriétés ;
- consulter les paramètres de votre imprimante et les possibilités qu'elle offre.

À la fin d'une session de travail, si le projet sur lequel vous travaillez n'est pas terminé, vous devez enregistrer les informations déjà entrées de façon à pouvoir compléter votre travail par la suite. Votre ordinateur stocke ces informations dans des fichiers sur disque. Les fichiers contiennent les données dont le système d'exploitation, le logiciel d'application et vous-même avez besoin pour effectuer n'importe quelle tâche. Les systèmes informatiques modernes recèlent des centaines, voire des milliers de fichiers. Windows 95, à lui seul, en contient plus de 200. Il est important de savoir organiser ce grand nombre de fichiers afin de travailler efficacement.

Le but de cette leçon est justement de vous familiariser avec l'organisation des fichiers. Vous apprendrez à rechercher les fichiers stockés dans votre ordinateur et à en afficher le contenu. Examinons comment votre système informatique organise et affiche l'information.

OUVRIR LA FENÊTRE POSTE DE TRAVAIL

fichier : ensemble d'informations structuré et stocké sur disque sous un nom spécifique.

Un **fichier** est un ensemble d'informations structuré, stocké sur disque sous un nom particulier qui vous permet de le retrouver. L'icône Poste de travail fournit de l'information sur les périphériques et les fichiers qui composent votre système informatique. Vous ouvrirez cette icône pour examiner les unités de stockage ainsi que les paramètres de votre imprimante ou d'autres appareils reliés à votre ordinateur. En double-cliquant sur cette icône, une fenêtre semblable à celle présentée à la figure 3.1 apparaît. Étant donné que l'information affichée dans cette fenêtre est propre à chaque ordinateur, votre fenêtre Poste de travail affiche probablement des icônes différentes de celles présentées ici.

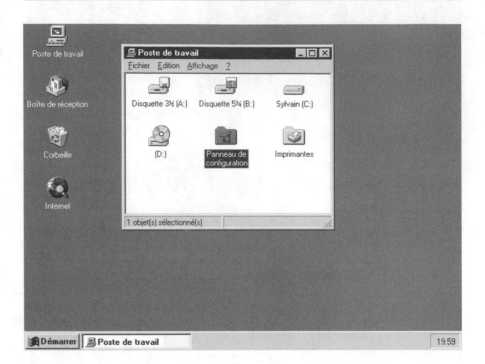

FIGURE 3.1
LA FENÊTRE POSTE DE TRAVAIL.

LES PÉRIPHÉRIQUES DE STOCKAGE

La fenêtre Poste de travail affiche une icône pour chacun des périphériques de stockage reliés à votre ordinateur. Chaque icône est désignée par une lettre suivie d'un deux-points située sous l'icône. Le tableau 3.1 contient la liste des périphériques de stockage les plus courants accompagnés des icônes qui les représentent.

En général, l'unité de disquette, située en haut ou à gauche sur le devant du boîtier de votre ordinateur, est désignée par la lettre A suivie d'un deux-points (A:). Si vous avez une deuxième unité de disquette, elle est probablement appelée B:. Votre unité de disque dur principale est C:. Les autres périphériques de stockage, comme les unités de disque dur, les unités de cartouches de bandes magnétiques et les lecteurs de cédérom, possèdent également leur lettre d'identification. Si vous avez accès à des périphériques de stockage via un réseau, ils seront aussi représentés par des icônes et des lettres.

TABLEAU 3.1
LES ICÔNES DES PÉRIPHÉRIQUES DE STOCKAGE

ICÔNE		TYPE DE PÉRIPHÉRIQUE
Disquette 3½ (A:)	Disquette 5¼ (B:)	*unité de disquette, pour les formats 5 1/4 po ou 3 1/4 po (13 cm ou 9 cm)*
Sylvain (C:)		*unité de disque dur*
(D:)		*lecteur de cédérom*

LES FICHIERS

fichier système : fichier qui contient des informations nécessaires au bon fonctionnement de l'ordinateur.

fichier de programme : fichier des applications qui vous servent à réaliser des tâches utiles.

fichier de document : fichier où sont enregistrés les données des travaux que vous effectuez à l'aide de votre ordinateur.

icône de fichier : petite image représentant un type spécifique de fichier à l'écran.

Il existe trois types de fichier : les fichiers système, les fichiers de programme et les fichiers de document. Les **fichiers système** sont les fichiers qui constituent votre système d'exploitation Windows 95. Les **fichiers de programme** sont ceux des logiciels d'application dont vous vous servez pour accomplir du travail utile avec votre ordinateur. Les **fichiers de document** (ou fichiers de données) correspondent aux travaux que vous réalisez à l'aide de votre ordinateur. Chaque type de fichier possède son **icône de fichier** caractéristique.

Le tableau 3.2 présente quelques icônes de fichier que vous verrez à l'écran.

TABLEAU 3.2
LES ICÔNES DE FICHIER

ICÔNE	TYPE DE FICHIER
Programmes	*fichier système*
Wordpad	*fichier de programme d'application*
Ringin	*fichier de document sonore*
	fichier de document de texte
	fichier de document graphique

LES FENÊTRES DE FICHIER

fenêtre d'application : cadre sur le Bureau contenant les menus et le(s) document(s) d'une application.

fenêtre de document : cadre dans une fenêtre d'application servant à afficher un document sur lequel vous pouvez travailler.

Il existe deux types de fenêtres : les fenêtres d'application et les fenêtres de document. Une **fenêtre d'application** apparaît lorsque vous demandez l'exécution d'un programme. Les **fenêtres de document** vous permettent d'effectuer des travaux distincts dans la même fenêtre d'application. Par exemple, vous ouvrez une fenêtre d'application d'un programme traitement de texte pour taper une lettre. Si vous désirez rédiger plusieurs lettres simultanément, vous n'avez qu'à ouvrir une fenêtre pour chaque document.

LES DOSSIERS

dossier : regroupement de fichiers et de sous-dossiers.

Les disques contiennent des fichiers et des dossiers. Un **dossier** est un peu comme un tiroir de classeur où vous pouvez ranger des fichiers. Un disque dur bien organisé contient plusieurs dossiers. Chaque logiciel d'application crée un ou plusieurs dossiers spécifiquement pour son usage.

Les icônes de dossier du système d'exploitation Windows 95 sont quelque peu différentes de ce qu'elles étaient dans les versions précédentes. Quelques-unes, par exemple les icônes Imprimantes et Panneau de configuration, vous indiquent qu'il ne s'agit pas de dossiers ordinaires mais de dossiers du système d'exploitation.

répertoire : terme utilisé auparavant pour dossier.

sous-répertoire : terme utilisé auparavant pour sous-dossier.

sous-dossier : dossier contenu dans un autre dossier.

Dans les versions précédentes de Windows, les dossiers étaient appelés **répertoires.** Les dossiers à l'intérieur des dossiers s'appelaient **sous-répertoires.** Dans Windows 95, ces dossiers emboîtés s'appellent **sous-dossiers.**

CONSULTER LE CONTENU DE VOTRE DISQUE DUR

À VOTRE CLAVIER !

Suivez les instructions ci-dessous pour apprendre à ouvrir la fenêtre Poste de travail et à consulter le contenu de votre disque dur.

1. Démarrez le système d'exploitation Windows 95.

2. Double-cliquez sur l'icône Poste de travail.

   La fenêtre Poste de travail apparaît.

3. Double-cliquez sur l'icône du disque C:.

   Une fenêtre affichant le contenu de votre disque C:, comme celle de la figure 3.2, apparaît.

REMARQUE

La fenêtre de votre disque C:, nommé ici Sylvain (C:), contient certainement des éléments différents.

4. Si nécessaire, faites défiler le contenu de la fenêtre jusqu'à ce que vous puissiez apercevoir le dossier Windows.

5. Ouvrez le dossier Windows.

   La fenêtre du dossier Windows apparaît sur le Bureau, par-dessus les autres fenêtres ouvertes. Elle contient les fichiers du système d'exploitation Windows 95. Votre dossier Windows peut afficher d'autres objets que ceux présentés à la figure 3.3.

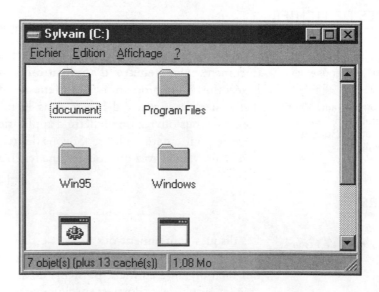

FIGURE 3.2
LA FENÊTRE DU DISQUE SYLVAIN (C:).

FIGURE 3.3
LE DOSSIER WINDOWS.

6. Agrandissez la fenêtre du dossier Windows. Remarquez la différence entre les icônes des dossiers et celles des divers fichiers.

7. Ouvrez le dossier Help.

Le dossier Help contient les fichiers qui permettent de créer le système d'aide que vous avez utilisé à la leçon 2. Votre dossier Help peut afficher d'autres objets que ceux présentés à la figure 3.4.

8. Observez la barre des tâches.

Elle contient un bouton pour chacune des fenêtres ouvertes.

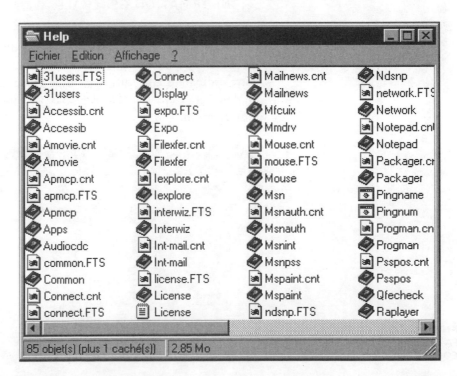

FIGURE 3.4
LE DOSSIER HELP.

9. Affichez le menu de raccourcis de la barre des tâches. (Placez le pointeur de la souris sur n'importe quel endroit vide de la barre des tâches et cliquez sur le bouton droit de la souris.)

   Le menu de la barre des tâches apparaît.

10. Choisissez Réduire toutes les fenêtres.

    Toutes les fenêtres ouvertes prennent la forme de boutons sur la barre des tâches. Le Bureau ne contient plus de fenêtres. Vous pouvez cliquer sur un bouton de la barre des tâches pour rouvrir une fenêtre en particulier.

11. Cliquez sur le bouton étiqueté Poste de travail sur la barre des tâches.

    La fenêtre Poste de travail réapparaît, de la même taille, à l'écran.

EXAMINER LES PROPRIÉTÉS DU SYSTÈME

propriétés du système : paramètres qui affectent l'ensemble des opérations de votre ordinateur et de ses périphériques.

fichier de configuration : fichier qui contient les paramètres de la configuration d'un système.

La figure 3.5 présente la fenêtre Panneau de configuration. Vous aurez, un peu plus loin dans ce manuel, l'occasion d'en apprendre davantage sur les programmes de cette fenêtre. Pour l'instant, nous allons nous contenter de poursuivre l'examen de votre système informatique en étudiant les **propriétés du système** ou, en d'autres termes, les paramètres de configuration du système, qui sont emmagasinées dans le **fichier de configuration.**

LA BOÎTE DE DIALOGUE PROPRIÉTÉS SYSTÈME

En double-cliquant sur l'icône Système de la fenêtre Panneau de configuration, vous affichez la boîte de dialogue Propriétés Système, tel qu'illustré à la figure 3.6. Cette boîte de dialogue possède quatre onglets : Général, Gestionnaire de périphériques, Profils matériels et Performances. Vous n'avez qu'à cliquer sur un des onglets pour accéder à l'information désirée.

INFORMATION GÉNÉRALE

L'onglet Général affiche les informations suivantes : la version du système d'exploitation Windows utilisée lors du démarrage de votre ordinateur, la quantité de mémoire vive et le type de processeur (UCT) installés dans votre ordinateur ainsi que le nom de l'utilisateur enregistré pour cette copie du logiciel. Cette page n'offre pas d'options, elle ne fait qu'afficher de l'information.

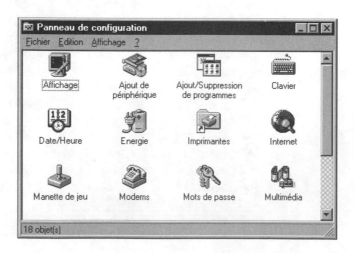

FIGURE 3.5
LA FENÊTRE PANNEAU DE CONFIGURATION.

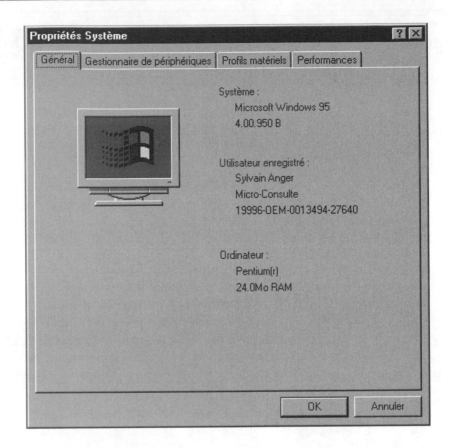

FIGURE 3.6
LA BOÎTE DE DIALOGUE
PROPRIÉTÉS SYSTÈME.

LES OPTIONS DE GESTIONNAIRE DE PÉRIPHÉRIQUES

La page Gestionnaire de périphériques contient de l'information sur l'ordinateur et sur ses périphériques (*voir figure 3.7*). Le système d'exploitation Windows doit connaître des informations précises sur l'équipement d'entrée, de sortie, de stockage et de traitement, de façon à pouvoir gérer efficacement le matériel qui constitue votre système informatique.

Les périphériques reliés à votre ordinateur apparaissent sous forme d'arborescence.

Une **arborescence** est une liste structurée dont les éléments affichent ou cachent leurs contenus selon la demande. Au sommet de l'arborescence se trouve l'ordinateur lui-même ; en dessous, un peu en retrait, sont alignées les différentes catégories de périphériques. Les petits carrés à la gauche de la ligne contiennent un signe plus (+) ou moins (–). Un signe plus indique un niveau **comprimé,** ce qui signifie que cette catégorie contient des périphériques qui ne sont pas affichés. Pour les afficher, il suffit de cliquer sur le plus (+) ou de double-cliquer sur la ligne. Quand tous les éléments d'une catégorie sont visibles, le petit carré qui la précède affiche un signe moins (–) ; on dit alors que le niveau est **développé.**

Dans ce manuel, nous ne verrons pas en détail tout ce qui touche les périphériques ; mais rien ne vous empêche d'utiliser Gestionnaire de périphériques pour consulter des informations sur n'importe quel périphérique. Pour y arriver, vous devez sélectionner un périphérique dans la liste, puis cliquer sur le bouton Propriétés au bas de la page affichée.

arborescence : liste hiérarchique qui ressemble aux branches (ou aux racines) d'un arbre.

comprimé : qualifie un niveau d'une liste hiérarchique — indiqué par le symbole plus (+) dans la boîte carrée à la gauche de la ligne correspondant à ce niveau — dont les éléments ne sont pas visibles à l'écran. *Voir* **développé.**

développé : qualifie un niveau d'une liste hiérarchique — indiqué par le symbole moins (–) à la gauche de la ligne correspondant à ce niveau — dont les éléments sont visibles à l'écran. *Voir* **comprimé.**

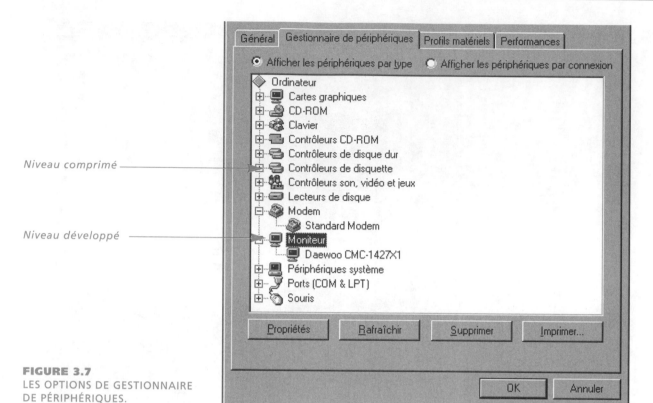

Niveau comprimé

Niveau développé

FIGURE 3.7
LES OPTIONS DE GESTIONNAIRE
DE PÉRIPHÉRIQUES.

branchez et utilisez : caractéristique de Windows 95 qui rend le système d'exploitation capable de créer automatiquement une configuration appropriée lors de l'installation d'un périphérique, de telle façon que l'utilisateur n'ait pas à fournir lui-même tous les détails sur cet appareil.

modem : périphérique qui permet la communication entre deux ordinateurs via les lignes téléphoniques en transformant le signal numérique émis par un ordinateur en un signal analogique et vice versa.

LES OPTIONS D'INSTALLATION DE PÉRIPHÉRIQUES

Windows 95 est conçu pour trouver la majorité des paramètres du matériel de votre système informatique automatiquement, c'est-à-dire sans que vous ayez à intervenir. Cette nouvelle caractéristique de Windows s'appelle **branchez et utilisez** ; autrement dit, il suffit de brancher un périphérique à un ordinateur puis de l'allumer pour l'installer. Le système d'exploitation Windows 95 règle les paramètres de telle façon que, pour l'utilisateur, le périphérique fonctionne illico.

Des compagnies comme Compaq, Intel, Microsoft et Phoenix Technologies offrent des produits compatibles avec la caractéristique branchez et utilisez des ordinateurs IBM et compatibles. Le fabricant place en fait les instructions et les données dont Windows a besoin directement dans les circuits d'un périphérique de telle manière que celui-ci puisse être installé automatiquement. Si vous installez un périphérique qui ne répond pas à cette norme, vous devrez fournir vous-même à Windows les informations propres à cet appareil ou utiliser le logiciel fourni par le fabricant.

Un **modem** est un périphérique qui vous permet de communiquer avec un autre ordinateur via les lignes téléphoniques. Dans la boîte de dialogue des options de Modem illustrée à la figure 3.8, la configuration du modem a été établie par Windows 95 et le matériel. Les conflits potentiels entre l'utilisation de la mémoire et les applications sont éliminés avant que l'installation soit faite. Un utilisateur plus aguerri peut entrer des paramètres différents manuellement, s'il le désire.

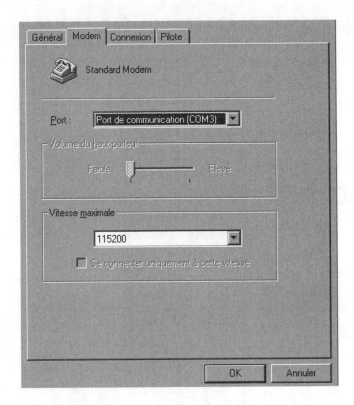

FIGURE 3.8
LA BOÎTE DE DIALOGUE DES
OPTIONS DE MODEM.

assistant : guide automatisé de
Windows 95 qui assiste un utilisateur au cours de certaines opérations en présentant des options
parmi lesquelles l'utilisateur peut
choisir.

matériel d'héritage : périphérique
qui, sous Windows 95, peut
requérir de l'utilisateur un réglage
manuel des paramètres ou l'utilisation d'un logiciel pour son installation. *Voir* **branchez et utilisez.**

L'icône Ajout de périphérique de la fenêtre Panneau de configuration
vous permet d'installer de nouveaux périphériques à votre système informatique. Cette icône ouvre la boîte de dialogue Assistant ajout de nouveau
matériel (*voir figure 3.9*). Un **assistant** est un processus automatisé qui vous
guide à travers des opérations avec lesquelles vous n'êtes pas familier. Le
matériel branchez et utilisez s'installe avec peu ou pas d'intervention de
votre part. Les périphériques moins récents, qui ne répondent pas aux
normes branchez et utilisez, sont appelés **matériel d'héritage.** Si c'est le cas
d'un périphérique que vous désirez installer, vous devrez probablement
fournir à Windows des détails sur ce dernier ou utiliser le logiciel fourni par
le fabricant.

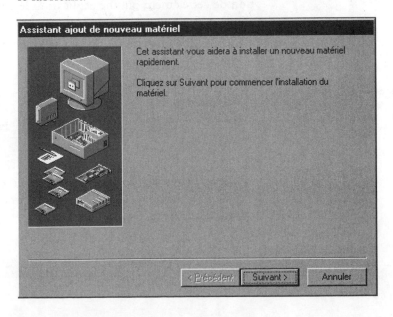

FIGURE 3.9
LA BOÎTE DE DIALOGUE
ASSISTANT AJOUT DE NOUVEAU
MATÉRIEL.

CONSULTER LES PARAMÈTRES DE PROPRIÉTÉS SYSTÈME

Vous avez déjà appris comment accéder à la boîte de dialogue Propriétés Système à partir de l'icône Poste de travail. Les instructions ci-dessous vous montrent comment utiliser le menu Démarrer pour ouvrir cette boîte de dialogue et consulter les paramètres établis.

La boîte de dialogue Propriétés Système peut contenir des options que vous ne comprendrez pas ; les instructions suivantes vous permettront d'apprendre comment obtenir de l'aide en ligne.

ATTENTION !

Votre but est d'observer les paramètres, non de les modifier. Si vous changez les propriétés du système de façon inappropriée, vous risquez que votre système ne fonctionne plus aussi bien ou pas du tout.

À VOTRE CLAVIER !

1. Cliquez sur le bouton Démarrer de la barre des tâches.

   Le menu de la barre des tâches apparaît.

2. Pointez Paramètres.

   Le menu Paramètres se déroule.

3. Cliquez sur Panneau de configuration.

   La fenêtre Panneau de configuration apparaît sur le Bureau.

4. Double-cliquez sur l'icône Système.

   La boîte de dialogue Propriétés Système apparaît.

5. Cliquez sur l'onglet Général.

   Votre écran devrait ressembler à celui de la figure 3.6.

6. Cliquez sur le bouton Aide représenté par un point d'interrogation qui se trouve à la droite de la barre de titre de la boîte de dialogue Propriétés Système, à côté du bouton Fermer.

   Le pointeur de la souris se transforme en pointeur d'aide : une flèche accompagnée d'un point d'interrogation. Si vous cliquez sur un élément dans la fenêtre à l'écran avec un pointeur d'aide, vous obtiendrez la définition de cet élément ou une explication le concernant. Vous quittez l'aide en cliquant de nouveau.

7. Cliquez n'importe où sur la rubrique Utilisateur enregistré.

   Un encart d'aide s'affiche, tel qu'illustré à la figure 3.10.

REMARQUE

Si l'encart n'apparaît pas, c'est que vous n'avez pas bien cliqué sur Utilisateur enregistré. Cliquez de nouveau sur le bouton Aide, puis sur Utilisateur enregistré.

8. Servez-vous du pointeur d'aide pour obtenir des renseignements sur d'autres éléments de la page Général de la boîte de dialogue Propriétés Système.

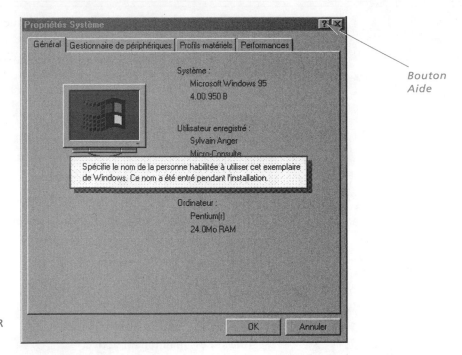

*Bouton
Aide*

FIGURE 3.10
L'ENCART D'AIDE DE UTILISATEUR
ENREGISTRÉ.

9. Cliquez sur l'onglet Gestionnaire de périphériques.

Les options de Gestionnaire de périphériques s'affichent, comme à la figure 3.7.

10. Cliquez sur le symbole plus (+) à la gauche de la ligne de l'arborescence étiquetée Périphériques système.

Comme le montre la figure 3.11, une liste de périphériques apparaît : le niveau Périphériques système est développé. (La liste affichée sur votre écran peut être différente de celle de la figure 3.11.)

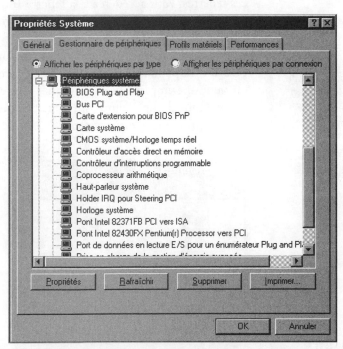

FIGURE 3.11
LE NIVEAU PÉRIPHÉRIQUES
SYSTÈME DÉVELOPPÉ DANS
L'ARBORESCENCE DE
L'ORDINATEUR.

11. Cliquez sur le signe moins (–) à la gauche de l'icône Périphériques système.

    Les éléments de Périphériques système ne sont plus affichés.

12. Cliquez sur l'onglet Performances.

    Les options de Performances apparaissent dans la boîte de dialogue Propriétés Système.

13. Cliquez sur le bouton Aide, puis sur la rubrique Mémoire virtuelle. (Ne pas confondre la rubrique et le bouton du même nom.)

    L'encart d'aide sur la mémoire virtuelle apparaît.

14. Cliquez de nouveau pour faire disparaître l'encart d'aide.

15. Cliquez sur le bouton Mémoire virtuelle au bas de la boîte de dialogue.

    La boîte de dialogue Mémoire virtuelle apparaît.

16. Cliquez sur le bouton Fermer de la boîte de dialogue Mémoire virtuelle.

    La boîte de dialogue est retirée du Bureau.

17. Fermez la boîte de dialogue Propriétés Système.

    La boîte de dialogue est retirée du Bureau. La fenêtre Panneau de configuration est maintenant active.

18. Fermez la fenêtre Panneau de configuration.

    Le Bureau ne contient plus de fenêtre.

UTILISER LE DOSSIER IMPRIMANTES

pilote d'imprimante : programme qui gère le fonctionnement d'un modèle spécifique d'imprimante ; représenté par une icône de périphérique sous Windows 95.

Windows 95 place souvent une même icône à plusieurs endroits afin que vous puissiez y accéder facilement. Ainsi, vous pouvez atteindre le dossier Imprimantes à partir de la fenêtre Poste de travail ou de la fenêtre Panneau de configuration. En double-cliquant sur l'icône Imprimantes de l'une de ces fenêtres, vous accéderez à la fenêtre Imprimantes (*voir figure 3.12*). Dans cette fenêtre, vous pouvez sélectionner et paramétrer l'imprimante à laquelle vous voulez envoyer vos documents. La fenêtre Imprimantes contient une icône pour chacun des pilotes d'imprimante installés sur votre système. Un **pilote d'imprimante** est un fichier contenant un programme qui contrôle ou gère une imprimante spécifique. Cette fenêtre contient également une icône Ajout d'imprimante qui vous permet d'ajouter (d'installer) une nouvelle imprimante à votre système.

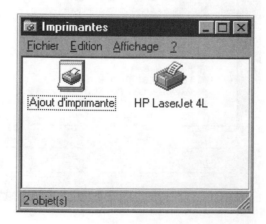

FIGURE 3.12
LA FENÊTRE IMPRIMANTES.

Lorsque vous double-cliquez sur l'icône d'une imprimante, une fenêtre d'état apparaît portant le nom du modèle de l'imprimante en question sur sa barre de titre (*voir figure 3.13*). Si vous avez demandé l'impression d'un ou de plusieurs documents, leur nom et des renseignements les concernant y seront affichés.

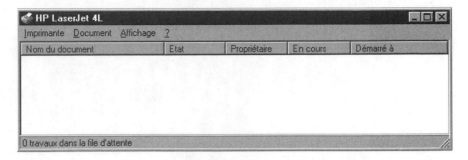

FIGURE 3.13
LA FENÊTRE D'ÉTAT D'UNE
IMPRIMANTE, ICI LE MODÈLE
HP LASERJET 4L.

On peut modifier les paramètres d'une imprimante en utilisant sa boîte de dialogue Propriétés. Il existe deux méthodes pour accéder à cette boîte de dialogue. Vous pouvez sélectionner l'icône de périphérique de l'imprimante dans la fenêtre Imprimantes, puis sélectionner Propriétés dans le menu Fichier. Ou bien, vous pouvez ouvrir la fenêtre d'état de l'imprimante, sélectionner le menu Imprimantes, sur la barre des menus, puis sélectionner Propriétés. Le nom de l'imprimante apparaît sur la barre de titre de la boîte de dialogue Propriétés. Les figures 3.14 et 3.15 présentent les boîtes de dialogue Propriétés d'une imprimante laser et d'une imprimante matricielle.

Vous aurez l'occasion d'en apprendre beaucoup plus sur le contrôle des imprimantes dans une autre leçon.

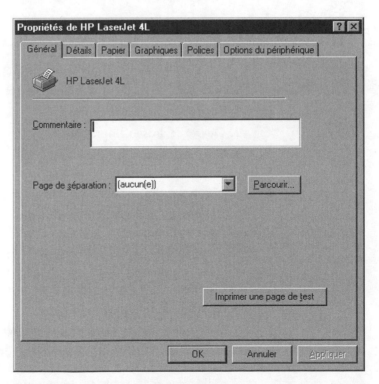

FIGURE 3.14
LA BOÎTE DE DIALOGUE
PROPRIÉTÉS DE HP LASERJET 4L.

FIGURE 3.15
LA BOÎTE DE DIALOGUE
PROPRIÉTÉS DE EPSON FX-85,
UNE IMPRIMANTE MATRICIELLE.

CONSULTER LES PARAMÈTRES D'UNE IMPRIMANTE

À VOTRE CLAVIER !

Suivez les instructions ci-dessous pour ouvrir la fenêtre Imprimantes et consulter les paramètres de l'imprimante reliée à votre système.

1. Ouvrez l'icône Poste de travail.
2. Ouvrez le dossier Imprimantes.
3. Cliquez une fois sur l'icône de périphérique représentant l'imprimante reliée à votre système pour la surligner.
4. Choisissez Propriétés dans le menu Fichier.

   La boîte de dialogue Propriétés apparaît. Notez que le nom du modèle de votre imprimante se trouve sur la barre de titre.
5. Cliquez sur chacun des onglets de la boîte de dialogue Propriétés de votre imprimante pour consulter les informations disponibles. Utilisez le pointeur d'aide pour mieux comprendre les rubriques affichées.
6. Fermez la boîte de dialogue Propriétés.
7. Sélectionnez le bouton Fermer de la fenêtre Poste de travail.
8. Si vous désirez terminer votre session de travail sur ordinateur dès maintenant, suivez les instructions de votre laboratoire ou éteignez votre ordinateur en suivant les instructions fournies à la leçon 1 ; sinon, faites les exercices de fin de chapitre.

RÉSUMÉ DE LA LEÇON ET EXERCICES

À la fin de cette leçon, vous devriez avoir acquis les connaissances suivantes.

OUVRIR LA FENÊTRE POSTE DE TRAVAIL

■ Identifier les objets contenus dans votre système informatique, incluant les fichiers, les périphériques et les icônes.

■ Utiliser l'icône Poste de travail pour vous renseigner sur les périphériques de stockage et les autres objets de votre système informatique.

■ Afficher les dossiers et les fichiers enregistrés sur le disque dur de votre ordinateur.

EXAMINER LES PROPRIÉTÉS DU SYSTÈME

■ Consulter les propriétés des périphériques de votre système.

UTILISER LE DOSSIER IMPRIMANTES

■ Consulter les paramètres de l'imprimante (ou des imprimantes) reliée(s) à votre système.

NOUVEAUX TERMES À RETENIR

À la fin de cette leçon, vous devriez connaître la signification des termes suivants.

arborescence	fenêtre de document	fichier système	répertoire
assistant	fenêtre d'application	icône de fichier	sous-répertoire
branchez et utilisez	fichier	matériel d'héritage	sous-dossier
comprimé	fichier de configuration	modem	
développé	fichier de document	pilote d'imprimante	
dossier	fichier de programme	propriétés du système	

ASSOCIATIONS

Associez à chacun des termes de la colonne de gauche une définition de la colonne de droite.

TERME

1. fichier de document

2. icône de disque

3. icône de fichier

4. dossier

5. matériel d'héritage

6. développé

7. branchez et utilisez

8. fichier de programme

9. pilote d'imprimante

10. assistant

DÉFINITION

a. Périphériques moins récents que Windows 95 ne peut pas installer automatiquement.

b. Élément qu'on pourrait comparer à un tiroir de classeur, qui contient des fichiers ou d'autres dossiers.

c. Logiciel qui gère le fonctionnement de votre imprimante.

d. État de la branche d'une arborescence de périphériques marquée (–) et qui affiche ses composantes.

e. Icône représentant une unité de stockage qui permet d'ouvrir une fenêtre dans laquelle sont affichés les noms de fichiers et de dossiers contenus dans cette unité.

f. Fichier contenant les instructions nécessaires au bon fonctionnement d'un logiciel.

g. Processus automatique qui vous guide à travers une série d'étapes complexes.

h. Caractéristique de Windows 95 qui vous permet d'installer de nouveaux périphériques sans avoir à intervenir, puisque le système d'exploitation reconnaît automatiquement les particularités du nouveau matériel relié au système et procède lui-même à l'installation.

i. Image à l'écran qui représente une collection d'informations stockées sous un nom particulier sur disque.

j. Ensemble d'informations que vous créez durant une session de travail avec un logiciel d'application, puis que vous enregistrez sur disque sous un nom précis.

PHRASES À COMPLÉTER

Complétez chacune des phrases suivantes.

1. Si vous cliquez sur le symbole (+) dans la structure arborescente des périphériques fournie par le Gestionnaire de périphériques, ce niveau sera _____.

2. Un/une _____ est un ensemble d'informations stocké sur disque sous un nom particulier.

3. Le disque _____ est le disque dur principal de votre ordinateur.

4. Les propriétés du système sont, en d'autres termes, les paramètres de _____.

5. Si vous utilisez un logiciel de traitement de texte pour taper un mémo, le texte qui compose ce mémo est enregistré dans un/une _____ sur le disque.

6. Un symbole moins (–) dans la structure arborescente des périphériques fournie par le Gestionnaire de périphériques représente un objet qui est _____.

7. Un/une _____ est un périphérique qui permet la communication entre ordinateurs via les lignes téléphoniques.

8. On appelle _____ les périphériques moins récents qui ne sont pas compatibles avec la caractéristique branchez et utilisez.

9. Le/la _____ vous permet d'obtenir une brève définition ou explication sur un élément à l'écran.

10. Le/la _____ est un fichier de programme qui contrôle ou gère une imprimante spécifique.

QUESTIONS À RÉPONSE BRÈVE

Répondez par un court texte aux questions ci-dessous.

1. Comment utilisez-vous le système d'aide en ligne de Windows 95 ?

2. Qu'adviendrait-il si les disques de votre ordinateur ne contenaient que des fichiers et aucun dossier ?

3. Énumérez les trois principales catégories de fichiers et expliquez le rôle de chacune d'elles.

4. Pourquoi Windows 95 contient-il des fichiers de configuration ?

5. Qu'est-ce qu'un sous-dossier ?

6. Pourquoi chaque imprimante a-t-elle besoin d'un pilote d'imprimante ?

7. Une arborescence contient des boîtes de dialogue. Comment utilisez-vous cette structure ?

8. Comment pourriez-vous vous renseigner sur la version du système d'exploitation Windows 95 que vous utilisez ?

TRAVAUX PRATIQUES

Effectuez les opérations demandées.

1. Affichez la page correspondant à l'onglet Gestionnaire de périphériques de la boîte de dialogue Propriétés Système. Cliquez sur + de la rubrique Clavier. Double-cliquez sur l'icône du pilote d'imprimante pour consulter ses propriétés. Servez-vous de l'aide en ligne pour mieux comprendre les informations affichées. (Ne modifiez pas les paramètres.) Fermez toutes les fenêtres ouvertes.

2. Supposons que vous puissiez vous acheter un lecteur de cédérom adapté à la caractéristique branchez et utilisez de Windows 95. Énumérez chronologiquement les étapes que vous prévoyez devoir franchir pour installer correctement cet appareil. Soyez précis.

3. Affichez la boîte de dialogue des options de Gestionnaire de périphériques. Sélectionnez la case d'option Afficher les périphériques par connexion. Cliquez sur le bouton Imprimer pour faire apparaître la boîte de dialogue Impression. Assurez-vous que l'imprimante branchée à votre système est allumée, qu'elle a du papier et qu'elle est prête à imprimer. Cliquez sur OK.

Remarque *Si la configuration de l'imprimante par défaut est erronée, sélectionnez le bouton Configurer, puis choisissez l'imprimante appropriée. Redemandez l'impression.*

Après l'impression du résumé du système, fermez toutes les fenêtres ouvertes sur le Bureau.

4. Affichez la boîte de dialogue des options de Gestionnaire de périphériques. Sélectionnez la case d'option Afficher les périphériques par connexion, puis double-cliquez sur la ligne du périphérique Clavier dans la liste. Sélectionnez Propriétés. Consultez les informations disponibles sur votre clavier en sélectionnant, l'un après l'autre, les onglets Pilote et Ressources. Cliquez sur le bouton Imprimer dans chaque page. Fermez toutes les fenêtres ouvertes.

5. Ouvrez la boîte de dialogue Propriétés Système et cliquez sur l'onglet Performances pour consulter l'état des performances de votre système. Servez-vous de l'aide en ligne afin de mieux comprendre les notions affichées : Mémoire, Ressources système, Système de fichier, Mémoire virtuelle, Compression de disque et Cartes PC(PCMCIA). Cliquez sur le bouton Annuler pour fermer la boîte de dialogue sans enregistrer aucune modification.

Lorsque vous avez terminé, fermez toutes les fenêtres ouvertes, arrêtez le système d'exploitation Windows 95 et éteignez votre ordinateur.

L'organisation des disques

OBJECTIFS

À la fin de cette leçon, vous pourrez :

- utiliser l'Explorateur Windows pour consulter et modifier la structure d'un disque ;
- modifier l'apparence de la fenêtre Explorateur ;
- formater un disque afin de le préparer à enregistrer de l'information ;
- créer des dossiers et des sous-dossiers sur disque ;
- renommer, supprimer, copier et déplacer des fichiers ;
- concevoir des structures de dossiers pour satisfaire différents besoins.

L'information constitue le produit le plus important d'un ordinateur. En tant qu'utilisateur, vous devez être en mesure de trouver l'information stockée dans votre système informatique pour pouvoir la consulter et la modifier. Vous devez aussi pouvoir enregistrer le travail en cours afin de le terminer ou de le réutiliser plus tard. Assurer la protection et la mise à jour des informations exige une organisation minutieuse. Les données doivent être stockées correctement si on veut y avoir accès.

Au cours de la leçon 3, vous avez appris que le fichier est l'élément de base de stockage sur disque ; dans cette leçon, vous utiliserez l'Explorateur Windows pour analyser la structure de votre disque dur, puis vous appliquerez ces nouvelles connaissances en utilisant une disquette vierge pour y créer une structure de dossiers.

UTILISER L'EXPLORATEUR WINDOWS

La fenêtre de l'Explorateur Windows fait penser à la fenêtre Poste de travail : toutes deux permettent de faire des recherches dans le système de stockage (les disques) de l'ordinateur pour consulter son contenu et sa structure. La figure 4.1 présente la fenêtre Explorateur.

Tout comme les autres fenêtres que vous connaissez, la fenêtre Explorateur contient une barre de titre et, juste en dessous, une barre des menus. Le reste de la fenêtre est divisé verticalement en deux **volets :** Tous les dossiers et Contenu.

volet : l'une des portions d'une fenêtre qui est divisée.

LE VOLET TOUS LES DOSSIERS

Le volet gauche de la fenêtre Explorateur s'intitule Tous les dossiers et contient une arborescence de dossiers correspondant à l'organisation hiérarchique des dossiers de votre ordinateur. Sélectionner un élément dans ce volet a pour effet de modifier l'affichage de la barre de titre : le nom de cet

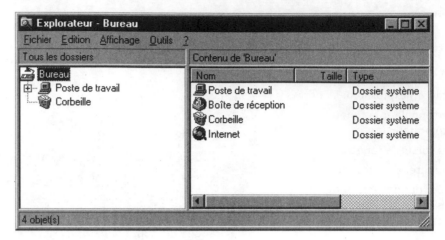

FIGURE 4.1
LA FENÊTRE EXPLORATEUR.

élément s'inscrit à côté du nom de la fenêtre, tel qu'illustré à la figure 4.1 où la barre de titre affiche : Explorateur – Bureau.

La racine (ou la base) de l'arborescence entière de Windows 95 est le Bureau. Lorsque la barre de titre affiche Explorateur – Bureau, l'icône du Bureau apparaît tout en haut du volet Tous les dossiers, et toutes les icônes que Windows 95 place sur le Bureau sont listées en dessous, légèrement en retrait. Étant donné que le rôle de l'Explorateur Windows est d'afficher tous les fichiers auxquels vous avez accès, il est possible que votre écran affiche d'autres icônes, comme Porte-documents ou Voisinage réseau, en plus des différentes unités de disque, du Panneau de configuration et du dossier Imprimantes.

Pour voir le contenu d'un niveau de l'arborescence, il suffit de le développer. La figure 4.2 montre comment le volet Tous les dossiers change lorsque vous développez le niveau du Poste de travail. Les icônes des différentes unités de disque disponibles apparaissent, ainsi que les dossiers Panneau de configuration et Imprimantes.

dossier principal : dossier situé au plus haut niveau de l'arborescence de l'ordinateur, et qui est composé de fichiers et de dossiers non contenus dans d'autres fichiers. Auparavant on parlait de **répertoire racine**.

Chacune des icônes des unités de disque possède la forme de l'unité qu'elle représente. De plus, chacune d'elles correspond à un dossier principal. Un **dossier principal** est un dossier situé au plus haut niveau dans l'arborescence de l'ordinateur ou d'une unité de disque ; il contient des fichiers et des sous-dossiers. Les anciens systèmes d'exploitation utilisaient les expressions répertoire, **répertoire racine** et sous-répertoire pour désigner respectivement dossier, dossier principal et sous-dossier (*voir leçon 3*).

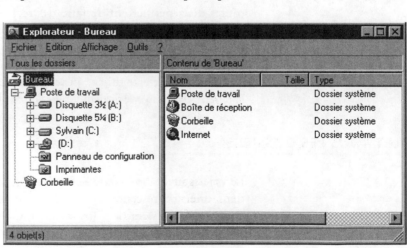

FIGURE 4.2
LA FENÊTRE EXPLORATEUR
AFFICHANT LE NIVEAU DU POSTE
DE TRAVAIL DÉVELOPPÉ.

REMARQUE	Malgré l'existence de cette distinction technique entre dossier et sous-dossier, plusieurs personnes préfèrent utiliser uniquement le terme « dossier », sans faire de distinction de niveau.

La figure 4.3 montre ce que la fenêtre devient quand le niveau C: a été développé dans le volet Tous les dossiers. Observez que certains niveaux de dossier sont précédés d'un symbole plus (+), d'autres ont un symbole moins (–) et certains n'en ont pas du tout. Le symbole plus vous indique que le dossier en question recèle au moins un autre dossier (ou sous-dossier) qui n'est pas visible ; les dossiers munis d'un symbole moins sont développés ; ceux qui ne sont pas accompagnés de l'un de ces symboles sont vides ou ne contiennent que des fichiers.

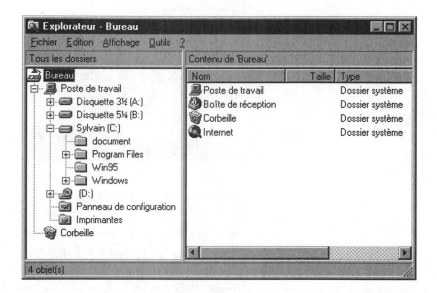

FIGURE 4.3
LA FENÊTRE EXPLORATEUR AFFICHANT LE NIVEAU DU DISQUE C: DÉVELOPPÉ.

LE VOLET CONTENU

Le volet Contenu, du côté droit de la fenêtre Explorateur, affiche le contenu de l'objet sélectionné dans le volet Tous les dossiers. Dans les figures 4.1, 4.2 et 4.3, le volet Contenu reste le même puisque, dans chacun des cas, l'objet sélectionné est le Bureau. Par contre, à la figure 4.4, l'unité de disque dur C: étant sélectionnée dans le volet Tous les dossiers, le volet Contenu affiche, comme son nom l'indique, le contenu du disque C:. Remarquez également le nouveau contenu de la barre de titre qui affiche maintenant : Explorateur – Sylvain (C:).

EXAMINER VOTRE DISQUE DUR

Suivez les instructions de la page suivante pour apprendre à ouvrir la fenêtre Explorateur, à sélectionner divers objets, à développer et à comprimer plusieurs dossiers afin d'observer la structure de votre disque dur. Commencez lorsque votre ordinateur est sous tension et que vous avez démarré Windows 95.

1. Affichez le menu Démarrer.

2. Surlignez Programmes et choisissez l'Explorateur Windows.

   La fenêtre Explorateur apparaît.

3. Agrandissez la fenêtre Explorateur.

4. Ajustez la taille de la fenêtre de telle manière qu'elle ressemble à celle de la figure 4.4.

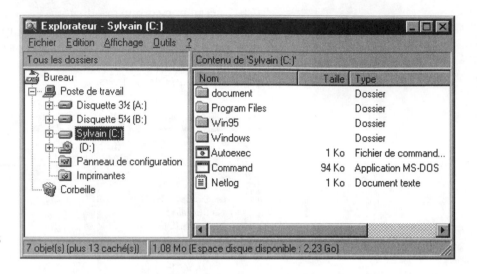

FIGURE 4.4
LA FENÊTRE EXPLORATEUR OÙ LE DISQUE C: EST SÉLECTIONNÉ (REMARQUEZ LES CHANGEMENTS DANS LE VOLET CONTENU).

a. Si le dossier Bureau n'apparaît pas au plus haut niveau affiché, faites glisser l'ascenseur de la barre de défilement jusqu'en haut.

b. Si la barre de description (celle sur laquelle vous pouvez lire Tous les fichiers et Contenu) n'apparaît pas en haut des volets, sélectionnez le menu Affichage puis la commande Options au bas du menu. La boîte de dialogue Options s'affiche (*voir figure 4.5*) et vous permet de cocher la case intitulée Inclure la barre de description (volets de droite et de gauche). Cliquez sur cette case à cocher puis sur OK.

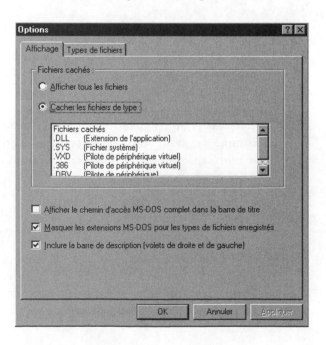

FIGURE 4.5
LA BOÎTE DE DIALOGUE OPTIONS DE LA FENÊTRE EXPLORATEUR.

c. Si l'icône Poste de travail est précédée d'un signe plus (+), cliquez dessus pour développer le contenu de ce niveau.

d. Choisissez l'option Liste dans le menu Affichage pour que les éléments du volet Contenu soient présentés en ordre alphabétique.

5. Double-cliquez sur la ligne correspondant à l'unité de disque C: dans le volet Tous les dossiers si l'icône du disque C: est précédée du symbole (+).

6. Toujours dans le même volet, cliquez sur le dossier Windows.

La barre de titre affiche Explorateur – Windows. Sur la barre de description du volet Contenu, vous pouvez lire Contenu de Windows et, en dessous, les noms des objets du dossier Windows.

7. Cliquez sur le symbole moins (–) précédant l'icône Poste de travail pour comprimer ce niveau de l'arborescence.

Le Poste de travail est sélectionné. La barre de titre affiche : Explorateur – Poste de travail ; les icônes des unités de disque et des divers dossiers apparaissent dans le volet Contenu ; et le symbole (+) a remplacé le moins (–) à la gauche de l'icône Poste de travail.

8. Appuyez sur ⊕.

Le niveau Poste de travail se développe dans le volet Tous les dossiers.

9. Appuyez sur ⊖.

Le niveau Poste de travail se comprime dans le volet Tous les dossiers.

> **REMARQUE**
>
> Vous pouvez vous servir des touches de direction gauche et droite du clavier au lieu de cliquer avec la souris sur les symboles plus et moins pour développer ou comprimer un dossier.

10. Développez le dossier Poste de travail de nouveau.

11. Appuyez sur ⊕ plusieurs fois jusqu'à ce que l'icône du disque C: soit sélectionnée.

Les dossiers et les fichiers du dossier principal (répertoire racine) du disque C: apparaissent dans le volet Contenu.

> **REMARQUE**
>
> Les touches ⊕ et ⊕ du clavier peuvent remplacer la souris quand on veut se déplacer d'un dossier à un autre. Chaque fois que vous appuyez sur ⊕, par exemple, le nom du dossier qui suit celui qui est sélectionné est mis en surbrillance, apparaît sur la barre de titre, et son contenu s'affiche dans le volet Contenu.

12. Développez et comprimez des dossiers dans le volet Tous les dossiers, en vous servant de la souris et du clavier, jusqu'à ce que vous soyez familier avec l'utilisation de l'Explorateur Windows et la structure hiérarchique de votre ordinateur.

CONSEIL

> Lorsque vous travaillez pour la première fois avec un ordinateur utilisant le système d'exploitation Windows 95, l'Explorateur Windows peut vous aider à comprendre rapidement l'organisation de cet ordinateur.

PERSONNALISER LA FENÊTRE EXPLORATEUR

Votre première expérience avec l'Explorateur Windows vous a sensibilisé aux avantages de ce programme. Par contre, l'Explorateur Windows peut devenir encore plus efficace pour vous si vous l'adaptez à vos besoins. Les commandes servant à personnaliser l'Explorateur Windows se trouvent dans le menu Affichage.

LE MENU AFFICHAGE

La figure 4.6 présente le menu Affichage de l'Explorateur. La description des commandes se trouve au tableau 4.1 ci-contre.

MODIFIER L'AFFICHAGE D'UN VOLET DE FENÊTRE

À VOTRE CLAVIER !

Suivez les instructions ci-dessous pour apprendre à modifier plusieurs options d'affichage de l'Explorateur. Observez bien ce qui se produit.

1. Assurez-vous que la fenêtre Explorateur est ouverte à son maximum sur le Bureau et qu'elle est active. Sélectionnez l'icône de l'unité C: dans le volet Tous les dossiers.

2. Regardez bien la fenêtre. Est-ce que la barre d'outils est visible ? Oui ? Alors passez à l'étape 3. Sinon, sélectionnez l'option Barre d'outils dans le menu Affichage.

La barre d'outils de l'Explorateur apparaît. La figure 4.7 indique le nom de chaque bouton de cette barre d'outils.

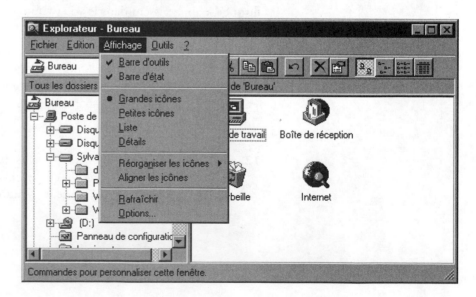

FIGURE 4.6
LE MENU AFFICHAGE DE LA
FENÊTRE EXPLORATEUR.

TABLEAU 4.1
LES COMMANDES DU MENU AFFICHAGE DE L'EXPLORATEUR

OPTION	DESCRIPTION
Barre d'outils	Affiche ou cache, sous la barre des menus, un rang de boutons servant de raccourcis pour des commandes fréquemment utilisées.
Barre d'état	Affiche ou cache une barre au bas de la fenêtre où apparaissent des explications sur les objets ou les commandes sélectionnés.
Grandes icônes	Modifie le volet Contenu. Une grande icône apparaît au-dessus de chaque nom de dossier ou de fichier. Les dossiers puis les fichiers sont classés par ordre alphabétique de gauche à droite. Les objets peuvent être déplacés dans le volet.
Petites icônes	Modifie le volet Contenu. Une petite icône apparaît à la gauche de chaque nom de dossier ou de fichier. Les dossiers puis les fichiers sont classés par ordre alphabétique de gauche à droite. Les objets peuvent être déplacés dans le volet.
Liste	Modifie le volet Contenu. De petites icônes apparaissent à la gauche des noms de dossier et de fichier. Les dossiers puis les fichiers sont classés par ordre alphabétique de haut en bas. Les objets ne peuvent pas être déplacés dans le volet.
Détails	Modifie le volet Contenu. De petites icônes apparaissent à la gauche des noms de dossier et de fichier. Les dossiers puis les fichiers sont classés par ordre alphabétique de haut en bas. À la droite de chaque nom de fichier, Windows affiche la taille (en octets), le type et la date de la dernière modification du fichier.
Réorganiser les icônes	Permet de déterminer l'ordre selon lequel les icônes seront affichées. Les options sont : par nom, par type, par taille, par date, ainsi que Réorganisation automatique (qui aligne les icônes lorsque vous les déplacez).
Aligner les icônes	Aligne les objets en colonnes et/ou en rangs à la fin des déplacements que vous effectuez.
Rafraîchir	Met à jour l'information affichée dans la fenêtre pour refléter les dernières modifications.
Options	Affiche une fenêtre d'options munie de deux onglets. L'onglet Affichage exerce un contrôle sur les fichiers qui seront affichés dans le volet Contenu. L'onglet Types de fichiers fournit une liste de types de fichiers enregistrés, accompagnés de leur icône respective ainsi que des informations sur les types de suffixes d'extension et l'accès aux fichiers.

FIGURE 4.7
LA BARRE D'OUTILS DE LA
FENÊTRE EXPLORATEUR.

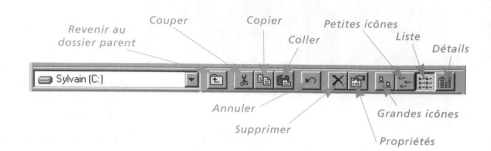

3. Déroulez le menu Affichage pour voir si l'option Barre d'état est accompagnée d'une marque (✓). Si c'est le cas, cliquez à l'extérieur du menu pour le fermer. Sinon, sélectionnez la barre d'état en cliquant dessus.

4. Pointez le menu Affichage puis le sous-menu Réorganiser les icônes et observez les commandes affichées. Si l'option Réorganisation automatique n'est pas cochée, cliquez à l'extérieur du menu pour le fermer sans activer cette option. Dans le cas contraire, cliquez sur cette option pour la désactiver.

Lorsque l'option Réorganisation automatique est cochée, elle est active, et les objets du volet Contenu s'alignent d'eux-mêmes selon une grille invisible chaque fois que vous les déplacez.

5. Pointez le dernier bouton, à l'extrémité droite de la barre d'outils.

Un rectangle étiqueté Détails apparaît un instant. Il s'agit d'une **infobulle.** Le rôle des infobulles est de vous aider à identifier les outils d'une barre d'outils.

infobulle : texte qui apparaît lorsque vous pointez un outil et qui vous fournit de l'information sur cet outil.

6. Avec le bouton gauche de la souris, cliquez et maintenez enfoncé le bouton Détails.

Le bouton Détails prend l'apparence d'un bouton enfoncé et un message s'affiche sur la barre d'état : « Affiche les informations de chaque élément dans la fenêtre. » La barre d'état affiche souvent un message explicatif lorsque vous lancez une commande.

7. Relâchez le bouton de la souris.

affichage en mode détails : option d'affichage des objets du volet Contenu de la fenêtre Explorateur qui donne le nom, la taille, le type, la date et l'heure de la dernière modification des objets dans le volet Contenu.

Le bouton Détails semble toujours enfoncé. Le volet Contenu affiche les données **en mode détails ;** par conséquent, le nom, la taille, le type, la date et l'heure de la dernière modification apparaissent pour chaque objet dans le volet Contenu.

8. Refaites les mêmes opérations qu'aux étapes 6 et 7 mais, cette fois, utilisez le bouton Liste de la barre d'outils.

L'outil Liste affiche les objets du volet Contenu les uns sous les autres en ordre alphabétique et sous forme de petites icônes.

9. Refaites les mêmes opérations qu'aux étapes 6 et 7 mais, cette fois, utilisez le bouton Petites icônes de la barre d'outils.

L'outil Petites icônes affiche les objets du volet Contenu les uns à côté des autres en ordre alphabétique et sous forme de petites icônes.

10. Déplacez, un à un, des objets du volet Contenu : mettez-les dans des endroits libres de ce volet.

L'affichage sous forme de petites icônes vous permet de déplacer, selon votre convenance, des objets à l'intérieur du volet Contenu.

11. Refaites les mêmes opérations qu'aux étapes 6 et 7 mais, cette fois, utilisez le bouton Grandes icônes de la barre d'outils.

L'outil Grandes icônes affiche les objets du volet Contenu les uns à côté des autres en ordre alphabétique et sous forme de grandes icônes.

12. Déplacez, un à un, des objets du volet Contenu : mettez-les dans des endroits libres de ce volet.

L'affichage sous forme de grandes icônes vous permet de déplacer, selon votre convenance, des objets à l'intérieur du volet Contenu.

13. Cliquez sur le bouton Détails pour afficher les informations du volet Contenu en mode détails.

14. Choisissez l'option Réorganiser les icônes dans le menu Affichage.
Le menu Réorganiser les icônes apparaît (*voir figure 4.8*).

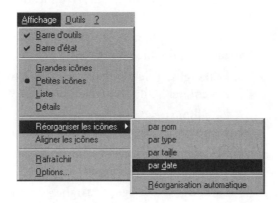

FIGURE 4.8
LE MENU RÉORGANISER LES
ICÔNES.

15. Cliquez sur par date.

La liste du volet Contenu se réorganise : les objets apparaissent en ordre chronologique, du plus récent au plus ancien.

16. Cliquez sur par taille.

La liste du volet Contenu se réorganise : les objets sont classés selon leur taille, du plus petit au plus grand.

17. Cliquez sur par type.

La liste du volet Contenu se réorganise : les objets sont ordonnés selon leur **type** et, pour chaque catégorie (de types), selon l'ordre alphabétique.

> **type** (d'icône ou de fichier) : catégorie d'information ou d'application à laquelle appartient une icône ou un fichier.

18. Cliquez sur par nom.

Le volet Contenu réorganise les icônes selon l'ordre alphabétique de l'ordinateur (le code ASCII) : les nombres précèdent les lettres. Vous pouvez cliquer sur les rubriques en haut des colonnes de détails (Nom, Taille, Type et Modifié) du volet Contenu (sous la barre d'outils) au lieu de vous servir des boutons de la barre d'outils, ou encore utiliser les options du menu Affichage pour modifier l'affichage des icônes du volet Contenu.

LES VOLETS DE FENÊTRE

> **ligne de partage** : ligne divisant une fenêtre en deux volets et qui peut être déplacée pour modifier la largeur des volets.

Une autre façon de personnaliser la fenêtre Explorateur est d'utiliser la **ligne de partage** (celle qui sépare la fenêtre en deux volets). En déplaçant cette ligne, vous modifiez la taille des volets ; l'un s'agrandit, l'autre se rétrécit. D'une part, lorsqu'un objet, le disque C: par exemple, contient plusieurs niveaux de sous-dossiers, vous pouvez les consulter plus aisément en agrandissant le volet Tous les dossiers qu'en utilisant la barre de défilement. D'autre part, si un objet, le dossier Windows par exemple, contient une grande quantité d'objets, vous pourrez en consulter beaucoup plus en agrandissant le volet Contenu.

DIMENSIONNER LES VOLETS DE LA FENÊTRE EXPLORATEUR

Suivez les instructions ci-dessous pour apprendre à utiliser la souris afin de régler la taille des volets Tous les dossiers et Contenu. Vous apprendrez également à ajuster la largeur des colonnes Nom, Taille, Type et Modifié du volet Contenu pour avoir accès à plus d'informations.

À VOTRE CLAVIER !

1. Amenez le pointeur sur la ligne de partage entre les volets Tous les fichiers et Contenu.

Lorsque le pointeur est correctement placé, il se transforme en flèche horizontale à double pointe.

2. Faites glisser le pointeur vers la gauche sur une distance d'environ 2,5 cm, tel qu'illustré à la figure 4.9.

La silhouette de la ligne verticale se déplace en même temps que la souris pour vous permettre d'évaluer constamment la largeur des volets.

3. Relâchez le bouton de la souris lorsque la silhouette de la ligne de partage est à l'endroit désiré.

La ligne de partage « rattrape » sa silhouette et la taille des volets est modifiée (*voir figure 4.10*). Le volet Contenu dispose de plus d'espace d'affichage.

Maintenant, vous allez modifier la taille des colonnes du volet Contenu.

4. Placez le pointeur de la souris sur la ligne de partage verticale entre les rubriques Type et Modifié, tel qu'illustré à la figure 4.11.

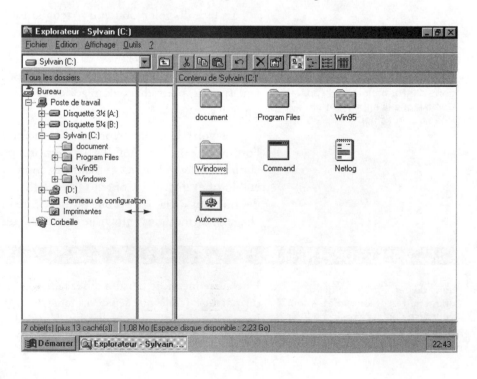

FIGURE 4.9
RÉGLER LA TAILLE DES VOLETS D'UNE FENÊTRE.

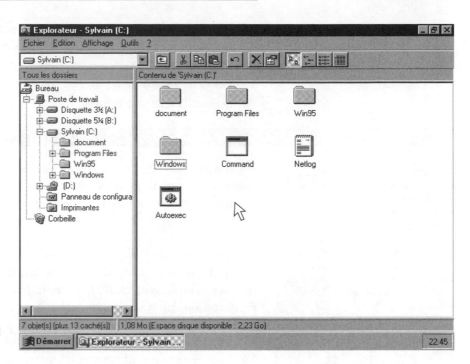

tronqué : qualifie le nom d'un objet qui est trop long pour être affiché au complet.

5. Faites glisser la ligne de partage d'environ 2,5 cm vers la gauche.

Les descriptions de la colonne Type qui sont trop longues pour être affichées au complet sont **tronquées,** c'est-à-dire coupées (*voir figure 4.12*). Lorsque Windows 95 tronque un texte, que ce soit un nom de fichier ou une description de la colonne Type, vous voyez apparaître des points de suspension (...) à la fin de la ligne. Les points de suspension signifient que le texte n'est pas affiché au complet ; il suffit d'élargir la colonne pour lire l'ensemble du texte.

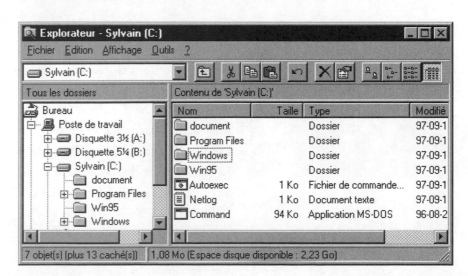

6. Faites glisser la ligne de partage qui sépare les rubriques Type et Modifié vers la droite jusqu'à ce que vous puissiez lire le texte complet des lignes de la colonne Type.

Les descriptions de la colonne Type devraient être affichées au long.

7. Fermez la fenêtre Explorateur.

FORMATER DES DISQUES

formatage : 1. Opération du système d'exploitation qui prépare un disque (ou une disquette) en vue de pouvoir y enregistrer des informations. Si un disque contient des données, le formatage rend ces données inaccessibles. 2. Mise en relief de portions d'un document dans le but de rendre ce dernier plus attrayant et facile à lire.

table d'allocation des fichiers : informations dont se sert le système d'exploitation pour lire et écrire des données sur un disque ; la table d'allocation des fichiers contient aussi des données sur la position de chaque fichier sur le disque, ainsi que sur la façon dont le disque est formaté.

Un disque doit être formaté avant de pouvoir accepter des fichiers et des dossiers. Le **formatage** consiste à effacer les données existantes sur un disque (ou une disquette), puis à inscrire magnétiquement sur la surface du disque des informations nécessaires pour que le système d'exploitation puisse y lire ou y écrire des données. Ces informations comprennent la densité du disque, le nombre d'octets (caractères) dans chaque secteur et la table d'allocation des fichiers. La **table d'allocation des fichiers** contient les noms de tous les fichiers, leur taille, la date de leur création, la date de la dernière modification qui y a été apportée, leur type et leur emplacement sur le disque. Les disques peuvent être formatés plusieurs fois, mais en général on ne les formate qu'à une occasion : avant de les utiliser pour la première fois. Vous pouvez également vous procurer des disquettes préformatées.

Lorsque vous devez formater une disquette, vous sélectionnez l'unité appropriée dans la fenêtre Poste de travail, puis vous sélectionnez la commande Formater du menu contextuel, que l'on affiche en appuyant sur le bouton droit de la souris. Vous devez spécifier, dans la boîte de dialogue Formatage, la densité de la disquette à formater. Les deux types de disquettes, 5 1/4 po et 3 1/2 po (9 cm et 13 cm), peuvent être formatés à double ou à haute densité.

ATTENTION !

Le formatage efface de façon permanente les données inscrites sur un disque. Par conséquent, soyez vigilant quand vous formatez une disquette ; assurez-vous que celle-ci ne contient pas d'information importante que vous voulez conserver.

FORMATER UNE DISQUETTE*

À VOTRE CLAVIER !

Suivez les instructions ci-dessous pour apprendre à formater une disquette.

1. Procurez-vous une disquette vierge non formatée compatible avec l'unité de disquette que vous utiliserez pour l'opération formatage.

2. Insérez la disquette dans l'unité A: (ou B:).

3. Double-cliquez sur l'icône Poste de travail.

La fenêtre Poste de travail apparaît sur le Bureau.

4. Sélectionnez l'icône correspondant à l'unité de disque qui peut recevoir la disquette vierge (A: ou B:).

L'icône est mise en surbrillance.

---

*   Cette disquette vous servira tout au long de votre apprentissage pour faire les exercices proposés. Dans le texte, nous la nommerons disquette d'exercices.

5. Choisissez la commande Formater dans le menu contextuel Fichier.

La boîte de dialogue Formatage apparaît. Notez que la barre de titre de la boîte de dialogue affiche le type et le nom de l'unité de disque choisie (*voir figure 4.13*).

6. Choisissez la capacité de stockage correspondant au type de la disquette que vous avez insérée dans l'unité de disquette. Si la disquette est marquée DD, elle doit être formatée à double densité ; si elle affiche HD, elle peut être formatée à double ou à haute densité.

7. Si nécessaire, sélectionnez la case d'option Complet dans le groupe d'options Type de formatage.

8. Cliquez dans la zone de texte Nom de volume du groupe Autres options.

Un point d'insertion (ou curseur) apparaît dans la zone de texte.

9. Tapez **Sans titre.**

10. Cliquez dans la case à cocher à la gauche de l'option Afficher le résumé une fois terminé, si cette case est vide, pour la sélectionner.

11. Cliquez sur le bouton Démarrer en haut à droite dans la boîte de dialogue Formatage.

Vous pouvez suivre la progression de l'opération Formatage du début à la fin en regardant la case de progression en bas de la boîte de dialogue. Lorsque le formatage est terminé, Windows 95 affiche une fenêtre contenant un rapport détaillé.

REMARQUE

Il peut arriver que Windows 95 ne puisse pas formater une disquette. Dans ce cas, essayez de la formater sur un autre ordinateur. Si le problème persiste, la disquette est probablement défectueuse ; échangez-la au magasin où vous vous l'êtes procurée ou jetez-la. (Vous pouvez aussi la démonter et examiner ses composants.)

12. Fermez toutes les boîtes de dialogue et les fenêtres ouvertes.

FIGURE 4.13
LA BOÎTE DE DIALOGUE
FORMATAGE.

CRÉER DES DOSSIERS ET DES SOUS-DOSSIERS

Une fois formaté, un disque ne contient pas de dossiers ni de fichiers. Sans dossiers, tous les fichiers que vous enregistrerez sur le disque apparaîtront les uns à la suite des autres ; si le disque contient de nombreux fichiers, il peut donc s'avérer difficile de les retrouver. Les dossiers vous permettent d'organiser votre disque en regroupant les fichiers apparentés.

Pour créer un nouveau dossier, sélectionnez la commande Nouveau dans le menu de raccourcis du Bureau ou dans le menu Fichier de l'Explorateur. Cliquez sur l'option Dossier dans le sous-menu qui apparaît, puis entrez le nom du dossier. Comme vous pouvez le constater, c'est très simple. Utilisez des noms significatifs qui décrivent l'ensemble de fichiers que contiendra ce dossier.

REMARQUE	Si vous ne fournissez pas de nom pour un dossier, Windows le fera pour vous. Le premier dossier ainsi créé s'appellera Nouveau dossier ; les autres porteront des numéros : Nouveau dossier (1), Nouveau dossier (2), et ainsi de suite.

dossier parent : dossier qui contient au moins un autre dossier ; autrement dit, dossier qui contient un ou plusieurs sous-dossiers.

Vous pouvez créer un dossier à l'intérieur d'un dossier. Pour ce faire, vous devez ouvrir le dossier qui sera le dossier parent du nouveau dossier. Un **dossier parent** est un dossier qui contient un ou plusieurs autres dossiers. Lorsque le dossier parent est ouvert sur le Bureau ou dans les volets Tous les fichiers ou Contenu de la fenêtre Explorateur, vous pouvez sélectionner la commande Nouveau dans le menu de raccourcis du Bureau ou dans le menu Fichier de l'Explorateur et créer un dossier, tel qu'expliqué plus haut.

ÉLABORER UNE STRUCTURE DE DISQUE

structure de disque : organisation des dossiers et des sous-dossiers que contient un disque.

structure orientée application : organisation des dossiers où les sous-dossiers du dossier d'une application servent à regrouper les fichiers créés à l'aide de l'application en question. *Voir* **structure orientée projet.**

structure orientée projet : organisation des dossiers dans laquelle les fichiers et les dossiers sont regroupés selon des projets spécifiques. *Voir* **structure orientée application.**

structure orientée utilisateur : organisation des dossiers où les fichiers et les dossiers sont regroupés selon les utilisateurs qui partagent l'ordinateur ou le serveur de réseau.

L'élaboration d'une structure de disque utile requiert un peu de planification. Le type de structure que vous établirez dépend du nombre de personnes qui se servent de votre ordinateur et qui partagent les informations sur le disque, ainsi que de la manière dont l'ordinateur est utilisé. L'organisation des dossiers, c'est-à-dire les relations entre les dossiers et les sous-dossiers, s'appelle la **structure de disque.**

Dans une **structure orientée application,** chacun des dossiers de programme contient un ou plusieurs dossiers. Par exemple, si vos fichiers du programme de traitement de texte sont dans un dossier nommé Word, vous pouvez créer des sous-dossiers, comme Mémos, Lettres et ainsi de suite, pour vos documents personnels dans ce même dossier Word. La figure 4.14 présente une structure orientée application.

Une **structure orientée projet** comporte des dossiers distincts pour chacune des tâches que vous accomplissez — sans tenir compte du type de programme dont vous vous servez pour créer ces fichiers. Par exemple, si vous voulez rédiger un bulletin d'informations, vous pourriez accumuler les faits, les anecdotes et les illustrations relatifs à votre sujet de reportage dans le même dossier.

Si vous partagez votre ordinateur avec d'autres personnes, la **structure orientée utilisateur** pourrait s'avérer un bon choix. Dans cette organisation, chaque utilisateur possède un dossier personnel dans lequel il enregistre ses

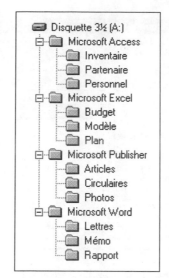

FIGURE 4.14
UNE STRUCTURE ORIENTÉE
APPLICATION.

travaux. À l'intérieur de chacun de ces dossiers, il est possible (et même souhaitable) de créer des sous-dossiers dont la structure est établie en fonction des besoins de l'utilisateur.

Dans plusieurs cas, vous pouvez envisager une combinaison de ces trois structures de disque. Par exemple, les sous-dossiers dans une structure orientée utilisateur peuvent être orientés application ou projet. La figure 4.15 présente trois différents types de structures de disque : a) une structure orientée projet ; b) une structure orientée utilisateur ; et c) une structure combinée (utilisateur-application et utilisateur-projet).

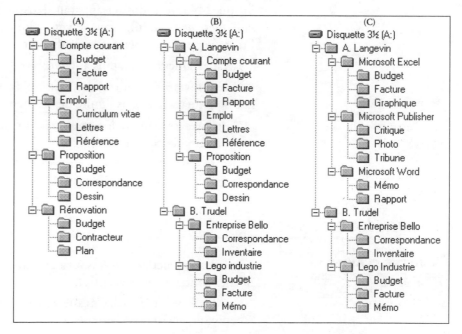

FIGURE 4.15
A) STRUCTURE ORIENTÉE PROJET,
B) STRUCTURE ORIENTÉE
UTILISATEUR ET C) STRUCTURE
COMBINÉE.

CRÉER DES DOSSIERS

À VOTRE CLAVIER !

Suivez les instructions ci-dessous pour apprendre à créer deux dossiers sur la disquette que vous venez de formater.

1. Ouvrez l'Explorateur (sous Programmes dans le menu Démarrer).

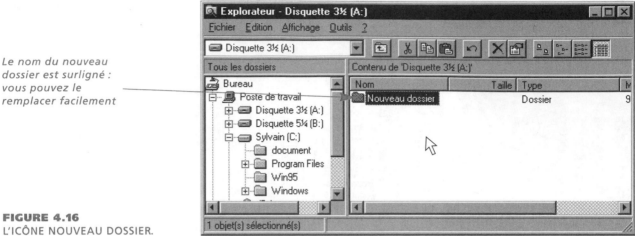

Le nom du nouveau dossier est surligné : vous pouvez le remplacer facilement

FIGURE 4.16
L'ICÔNE NOUVEAU DOSSIER.

2. Si nécessaire, remontez l'ascenseur jusqu'en haut de la barre de défilement du volet Tous les dossiers.

3. Sélectionnez l'icône de périphérique représentant l'unité de disquette dans laquelle se trouve la disquette que vous avez formatée.

4. Choisissez Nouveau dans le menu Fichier.

Le sous-menu Nouveau apparaît, vous permettant de choisir entre Dossier et Raccourci.

5. Choisissez Dossier.

Dans l'unité de disquette sélectionnée, une nouvelle icône de dossier intitulée Nouveau dossier apparaît dans le répertoire racine de la disquette vide (*voir figure 4.16*). Dans le volet Contenu, Nouveau dossier est en surbrillance pour vous permettre de donner un nom à ce dossier.

6. Tapez **Documents,** puis appuyez sur (Retour).

Le nouveau dossier est créé, nommé et placé dans le dossier principal de la disquette insérée dans l'unité de disquette spécifiée auparavant.

7. Refaites les étapes 4 à 6 pour créer un autre dossier ; nommez-le : entrez **Feuilles de calcul.**

Maintenant vous avez deux dossiers dans le dossier principal de votre disquette : Documents et Feuilles de calcul.

CRÉER UN SOUS-DOSSIER

À VOTRE CLAVIER !

Suivez les instructions ci-dessous pour apprendre à créer un sous-dossier (un dossier contenu dans un autre).

1. Dans le volet Tous les dossiers de la fenêtre Explorateur, développez le niveau de l'unité de disquette où se trouve votre disquette.

Les icônes des deux dossiers que vous avez créés précédemment apparaissent dans le volet Tous les dossiers.

2. Sélectionnez le dossier **Documents** dans le volet Tous les dossiers.

Le volet Tous les dossiers affiche une icône de dossier ouvert à la gauche de l'icône du dossier Documents. Il y a trois indices à l'écran vous permettant de savoir que ce dossier est présentement vide.

- Il n'y a pas de symbole plus ou moins à la gauche de l'icône Documents dans le volet Tous les dossiers.
- Le volet Contenu est vide.
- La barre d'état affiche : 0 objet(s) et 0 octet.

3. Choisissez Nouveau puis Dossier dans le menu Fichier.

L'icône Nouveau dossier apparaît dans le volet Contenu ; un symbole plus (+) précède le dossier Documents dans le volet Tous les dossiers ; la barre d'état affiche : 1 objet(s).

4. Entrez **Lettres** et appuyez sur (Retour).

Le nouveau dossier est créé et est placé à l'intérieur du dossier Documents sur la disquette insérée dans l'unité de disquette spécifiée (*voir figure 4.17*).

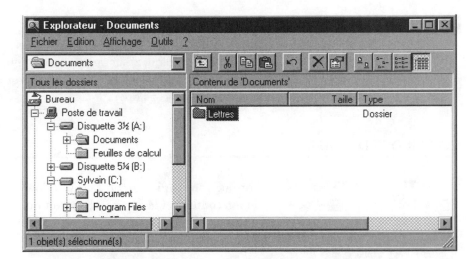

FIGURE 4.17
UN NOUVEAU DOSSIER DANS LA FENÊTRE EXPLORATEUR.

MANIPULER DES DOSSIERS

Après avoir créé un dossier, vous pouvez le déplacer, le copier, le supprimer ou le renommer. Les commandes que vous utilisez pour le faire n'affectent pas seulement ce dossier (et son icône), mais aussi tous les fichiers et sous-dossiers qu'il contient.

DÉPLACER DES DOSSIERS

déplacer : retirer un objet de sa position originale et le placer ailleurs.

Lorsque vous **déplacez** un dossier, Windows 95 place ce dossier ainsi que l'ensemble de son contenu à l'emplacement que vous lui indiquez, puis il supprime le dossier (et son contenu) de la position initiale. Suivez les instructions ci-dessous pour apprendre à faire glisser un dossier d'une position à une autre.

À VOTRE CLAVIER !

1. Assurez-vous que votre disquette est bien insérée dans l'unité de disquette A: (ou B:) et que l'Explorateur, muni de sa barre d'outils, est ouvert sur le Bureau.

2. Sélectionnez le dossier **Documents** de la disquette.

3. Pointez l'icône du dossier **Lettres** dans le volet Contenu.

4. À l'aide du bouton gauche de la souris, faites glisser l'icône du dossier **Lettres** jusqu'à l'icône du dossier **Feuilles de calcul** dans le volet Tous les dossiers. Relâchez le bouton de la souris lorsque le dossier **Feuilles de calcul** est surligné.

Le dossier Lettres passe de son emplacement d'origine (le dossier Documents) au dossier Feuilles de calcul. Observez le volet Contenu, il est vide maintenant puisqu'il affiche encore le contenu du dossier Documents et que celui-ci est vide.

5. Sélectionnez l'icône du dossier **Feuilles de calcul** dans le volet Tous les dossiers.

Le dossier s'ouvre et son contenu s'affiche dans le volet Contenu. Remarquez que ce dossier contient maintenant le dossier que vous venez de déplacer.

ATTENTION !

Il est facile « d'échapper » un objet dans un dossier autre que celui que vous ciblez lorsque vous faites glisser une icône sur le Bureau. Si cela devait vous arriver, cliquez sur le bouton Annuler de la barre d'outils (*voir figure 4.7*) afin que l'objet « échappé » retourne à sa position d'origine, puis recommencez l'opération.

COPIER DES DOSSIERS

À VOTRE CLAVIER !

copier : 1. Stocker temporairement en mémoire vive un double de n'importe quel objet sélectionné (texte, image, fichier ou dossier). 2. Nom de la commande qui exécute cette opération.

copie : n'importe quel objet qui constitue un double d'un original ; dans le cas d'un fichier ou d'un dossier, la copie peut porter un nom différent de l'original selon l'endroit où celui-ci est copié.

Lorsque vous **copiez** un dossier, Windows 95 fait un double de ce dossier et de son contenu et le dépose à l'endroit que vous lui désignez, tout en laissant le dossier original sur place. Suivez les instructions ci-dessous pour apprendre à copier un dossier.

1. Pointez le dossier **Lettres.**
2. Maintenez abaissée la touche Ctrl ; faites glisser, avec la souris, le dossier **Lettres** vers l'icône du dossier **Documents** dans le volet Tous les dossiers ; relâchez le bouton de la souris.

Au moment où vous faites glisser un objet pour le copier ailleurs, le pointeur s'accompagne d'un symbole plus (+) pour indiquer que vous êtes en mode copie. Lorsque vous relâchez le bouton de la souris au-dessus du dossier Documents, le dossier Lettres y est copié.

SUPPRIMER DES DOSSIERS

supprimer : retirer d'un disque n'importe quel élément sélectionné (texte, image, fichier ou dossier). Sous Windows 95, si l'élément supprimé était sur le disque C:, il est envoyé à la Corbeille où il est conservé jusqu'à ce que vous le remettiez en place ou que vous demandiez son effacement irréversible en le supprimant de nouveau dans la Corbeille.

Lorsque vous **supprimez** un dossier du disque C:, Windows 95 le retire de son emplacement d'origine et le place dans la Corbeille (dont l'icône apparaît sur le Bureau). La Corbeille vous permet de supprimer définitivement des objets du disque dur ou de changer d'avis et de les replacer à leur position d'origine. La prochaine leçon vous en fera découvrir davantage sur la Corbeille.

ATTENTION !

Les objets que vous supprimez à partir d'une disquette sont effacés tout de suite. Ils ne passent pas par la Corbeille. Soyez prudent quand vous décidez de supprimer un fichier ou un dossier. Assurez-vous que vous sélectionnez bien celui ou ceux que vous voulez détruire. Évitez d'effacer des dossiers qui n'ont pas été créés par vous ; ils peuvent être nécessaires à quelqu'un d'autre, ou à un logiciel d'application ou de base.

À VOTRE CLAVIER !

Suivez les instructions ci-dessous pour apprendre à supprimer un dossier.

1. Sélectionnez l'icône du dossier **Documents** dans le volet Tous les dossiers.

Le dossier s'ouvre et son contenu s'affiche dans le volet Contenu.

2. Sélectionnez l'icône du dossier **Lettres** dans le volet Tous les dossiers.

L'icône sélectionnée est mise en surbrillance.

3. Appuyez sur la touche (Supprime) (ou (Delete)).

Puisque la suppression permanente se fera immédiatement, sans l'intermédiaire de la Corbeille, la boîte de dialogue Confirmation de la suppression apparaît ; elle vous demande : « Êtes-vous sûr(e) de vouloir supprimer le dossier Lettres et tout ce qu'il contient ? »

4. Sélectionnez Oui (ou appuyez sur (Retour)).

Le dossier sélectionné Lettres est supprimé de son dossier parent, le dossier Documents.

RENOMMER DES DOSSIERS

renommer : changer le nom d'un fichier, d'un dossier ou d'une icône.

Lorsque vous **renommez** un dossier, vous modifiez son nom. La commande Renommer du menu Fichier vous permet de changer le nom d'un dossier en changeant celui de l'icône qui le représente. Il existe une autre méthode : cliquez une fois sur le nom d'une icône, attendez que le nom soit en surbrillance, puis entrez le nouveau nom. Suivez les instructions ci-dessous pour apprendre à utiliser ces deux techniques afin de modifier le nom d'un dossier.

À VOTRE CLAVIER !

1. Sélectionnez l'icône du dossier **Feuilles de calcul** dans le volet Tous les dossiers.

Le dossier s'ouvre et son contenu apparaît dans le volet Contenu.

2. Cliquez sur l'icône du dossier **Lettres** dans le volet Contenu.

L'icône est mise en surbrillance.

3. Choisissez l'option Renommer dans le menu Fichier.

Le nom surligné du dossier et un curseur clignotant apparaissent dans une zone de texte.

4. Entrez **Budget 1995** et appuyez sur (Retour).

Le dossier est renommé.

5. Amenez le pointeur de la souris n'importe où sur le nom surligné du dossier **Budget 1995** dans le volet Contenu et cliquez de nouveau sur le nom du dossier.

Le nom surligné du dossier et un curseur clignotant apparaissent dans une zone de texte.

6. Tapez **Budget 1996** et appuyez sur (Retour).

À la fin de cet exercice, votre disquette doit contenir un dossier Documents et un dossier Feuilles de calcul. Ce dernier contient un sous-dossier intitulé Budget 1996.

7. Si vous désirez interrompre votre session de travail, éteignez votre ordinateur. Sinon, laissez votre ordinateur allumé et faites les exercices de fin de chapitre.

RÉSUMÉ DE LA LEÇON ET EXERCICES

À la fin de cette leçon, vous devriez avoir acquis les connaissances suivantes.

UTILISER L'EXPLORATEUR WINDOWS

■ Faire la différence entre les deux volets de la fenêtre Explorateur : Tous les dossiers et Contenu.

■ Personnaliser l'Explorateur pour consulter le contenu des disques de différentes façons.

■ Développer un dossier en cliquant sur le symbole plus (+) ; comprimer un dossier en cliquant sur le symbole moins (–).

■ Faire glisser la ligne de partage entre les deux volets d'une fenêtre pour modifier leurs tailles relatives.

FORMATER DES DISQUETTES

■ Préparer une disquette à recevoir des données.

CRÉER DES DOSSIERS ET DES SOUS-DOSSIERS

■ Structurer le contenu d'un disque en dossiers et en sous-dossiers pour rendre le stockage des don-nées plus efficace. Créer un dossier principal en sélectionnant l'unité de disque et en choisissant Nouveau puis Dossier dans le menu Fichier. Créer un sous-dossier en surlignant le dossier qui en sera le parent avant d'utiliser l'option Dossier.

MANIPULER DES DOSSIERS

■ Déplacer des dossiers d'un endroit à un autre en utilisant la technique glisser-déplacer.

■ Copier un dossier en entier, incluant ses fichiers et ses sous-dossiers, avec la même méthode : glisser-déplacer.

■ Modifier le nom d'un dossier en utilisant l'option Renommer.

■ Retirer un dossier d'un disque avec la commande Supprimer.

NOUVEAUX TERMES À RETENIR

À la fin de cette leçon, vous devriez connaître la signification des termes suivants.

affichage en mode détails	formatage	structure de disque	supprimer
copie	infobulle	structure orientée application	table d'allocation des fichiers
copier	ligne de partage	structure orientée projet	tronqué
déplacer	renommer	structure orientée utilisateur	type
dossier parent	répertoire racine		volet
dossier principal	sous-dossier		

ASSOCIATIONS

Associez à chacun des termes de la colonne de gauche une définition de la colonne de droite.

TERME

1. copier
2. supprimer
3. volet
4. tronqué
5. formater
6. dossier principal
7. dossier parent
8. structure de disque
9. barre d'état
10. par type

DÉFINITION

a. Processus servant à préparer une disquette vierge à recevoir de l'information.

b. Se dit du nom d'un objet non visible en entier parce qu'il est trop long pour être affiché au complet.

c. Le dossier de plus haut niveau d'un disque (répertoire racine).

d. Organisation des icônes qui affiche les objets classés selon le type puis, pour chaque catégorie (de types), selon l'ordre alphabétique.

e. Créer un double des données enregistrées dans un fichier ou un dossier de telle manière que la version originale demeure là où elle est, et que le double soit ailleurs sur le disque.

f. Retirer un objet d'un disque.

g. Portion d'une fenêtre qui a été divisée.

h. Organisation des dossiers et des sous-dossiers sur un support physique.

i. Dossier qui contient un ou plusieurs dossiers.

j. Zone au bas d'une fenêtre où apparaissent des messages concernant les objets sélectionnés ou les commandes de menu.

PHRASES À COMPLÉTER

Complétez chacune des phrases suivantes.

1. Pendant le formatage d'une disquette, son/sa _____ est placé(e) sur la disquette.

2. Pour voir un maximum d'objets dans une fenêtre sans avoir à utiliser la barre de défilement, et tout en conservant la possibilité de déplacer les objets dans la fenêtre, on choisit l'affichage _____.

3. _____ d'un disque varie d'un ordinateur à un autre selon les préférences de l'utilisateur.

4. _____ est une méthode permettant de faire un double d'un fichier ou d'un dossier.

5. La/le _____ est à la racine de l'arborescence des fichiers de Windows 95.

6. La/le _____ est une bande de boutons outils apparaissant immédiatement sous la barre de menus.

7. Pour développer un dossier comprimé dans le volet Tous les dossiers de l'Explorateur, on appuie sur la touche _____.

8. Le volet _____ de la fenêtre Explorateur affiche les dossiers et les fichiers enregistrés dans le dossier actif (ou ouvert).

9. L'option _____ de la commande Réorganiser les icônes affiche le nom, la taille, le type et la date de chaque objet du volet Contenu.

10. On sélectionne le nom d'un fichier ou d'un dossier, puis on entre un nouveau nom pour le _____.

QUESTIONS À RÉPONSE BRÈVE

Répondez par un court texte aux questions ci-dessous.

1. À supposer que vos travaux impliquent la création de dossiers utilisant différents types de données (texte, graphique et calcul), quelle serait la structure de disque la plus appropriée pour organiser votre travail ? Dites pourquoi.

2. Nommez et décrivez brièvement deux événements qui se produisent durant le formatage d'une disquette vierge.

3. Quelle est la meilleure chose à faire lorsque Windows 95 ne peut procéder au formatage d'une disquette ?

4. Vous connaissez maintenant plusieurs modes d'affichage, dont : grandes icônes, petites icônes, liste et détails. En quoi sont-ils différents ? Expliquez le contexte dans lequel chacun de ces modes est avantageux.

5. Expliquez brièvement les différentes méthodes de personnalisation de la fenêtre Explorateur.

6. Comparez les fenêtres Poste de travail et Explorateur. Dans quelles occasions devriez-vous utiliser l'une et l'autre ?

7. Quelles sont les étapes à suivre pour déplacer un objet ?

8. Quelles sont les étapes à suivre pour copier un objet ?

9. Quelles sont les étapes à suivre pour renommer un objet ?

10. Quelles sont les étapes à suivre pour agrandir le volet Contenu de la fenêtre Explorateur ?

TRAVAUX PRATIQUES

Effectuez les opérations demandées.

1. Si possible, formatez plusieurs disquettes vierges pour enregistrer vos futurs travaux. Assurez-vous de sélectionner la capacité et les options de formatage appropriées.

2. Ouvrez la fenêtre de votre Explorateur Windows et modifiez son apparence de telle manière qu'elle ressemble à celle de la figure 4.18. Puis, apportez-y les ajustements nécessaires pour personnaliser son apparence afin de satisfaire vos besoins.

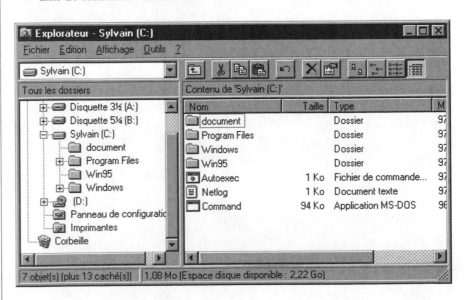

FIGURE 4.18
LA FENÊTRE EXPLORATEUR
PERSONNALISÉE.

3. Créez plusieurs dossiers parents sur une disquette, puis créez des sous-dossiers. Pratiquez les différentes opérations de manipulation de dossier disponibles : copier, déplacer, renommer et supprimer.

4. Sur une disquette formatée mais vide, créez une structure orientée application qui pourrait être utilisée par une petite entreprise. Commencez par créer plusieurs nouveaux dossiers et donnez-leur des noms significatifs. Tenez compte du fait qu'une petite entreprise doit pouvoir se servir : d'un traitement de texte pour la rédaction de lettres, de mémos ou de rapports ; d'un tableur pour préparer des budgets et des analyses de coûts ; d'un système de gestion de bases de données pour gérer le grand livre et le registre du personnel.

5. Sur la disquette que vous avez utilisée au quatrième travail pratique, créez une structure orientée utilisateur. Vous pouvez organiser la structure en fonction d'un seul utilisateur (vous-même) ou de plusieurs. Créez et nommez les dossiers en conséquence.

Lorsque vous avez terminé votre session de travail, arrêtez Windows 95 et éteignez votre ordinateur.

La gestion des fichiers

OBJECTIFS

À la fin de cette leçon, vous pourrez :

- comprendre l'importance de la gestion des données enregistrées sur disque ;
- reconnaître les noms et les types de fichiers à l'intérieur des divers dossiers ;
- reconnaître les types de fichiers et leurs icônes dans l'Explorateur Windows ;
- copier un ou plusieurs fichiers dans un dossier ou sur un disque différents ;
- déplacer un ou plusieurs fichiers d'un dossier à un autre ou d'un disque à un autre ;
- supprimer des fichiers ;
- modifier des noms de fichiers ;
- retrouver des fichiers même si vous ne connaissez pas leur nom en entier ;
- rechercher des fichiers à partir de leur taille, de leur position ou de la date de leur dernière modification.

L a création, la copie, le déplacement, l'édition et la suppression de fichiers : voilà autant de tâches qui font partie de la gestion de vos fichiers, et qui peuvent vous permettre d'être plus productif. Il est essentiel de faire des doubles (ou copies de sauvegarde) de vos fichiers. L'information stockée en un seul endroit peut être accidentellement supprimée ou détruite. Les copies de sauvegarde sont généralement placées ailleurs que près de votre ordinateur, au cas où il arriverait quelque chose aux fichiers originaux ou à votre ordinateur.

L'organisation des fichiers commence avec la structure de disque. Au cours de la leçon précédente, vous avez appris à manipuler les dossiers d'une structure de disque. Maintenant, vous apprendrez à créer et à manipuler des fichiers à l'intérieur des dossiers.

GÉRER DES FICHIERS

gestion de fichiers : ensemble des tâches qui permettent d'organiser et de gérer des disques et des fichiers.

copie de sauvegarde : copie (ou compression) de données, archivée sur un autre médium de stockage ; ces données peuvent alors être récupérées en cas de dommage ou de perte des données originales. On dit aussi copie de sécurité.

La **gestion de vos fichiers** consiste en un ensemble de tâches nécessaires à l'organisation de vos disques et de vos fichiers, et aux soins que vous devez leur apporter. C'est beaucoup plus que la création de fichiers et la suppression de ceux dont vous n'avez plus besoin. Peut-être désirerez-vous partager avec un ami ou un collègue une lettre ou une image que vous aurez créée ? Lorsque vous savez copier des fichiers, vous pouvez facilement en faire des **copies de sauvegarde** sur une disquette ou un autre médium de stockage.

L'information enregistrée en un seul endroit peut être accidentellement supprimée ou détruite. Vous pouvez placer les disquettes des copies de sauvegarde dans un autre endroit que celui où se trouve votre ordinateur, dans le cas où les fichiers originaux seraient endommagés d'une façon ou d'une autre ou que votre ordinateur vous soit volé.

Au cours de cette leçon, vous apprendrez également comment renommer et déplacer des fichiers sur un disque. Vous pouvez vous servir du clavier ou de la souris pour accomplir toutes les tâches de gestion de fichiers – supprimer, copier, renommer et déplacer. Vous pouvez gérer les fichiers individuellement ou en groupe. Des méthodes de recherche vous aident à retrouver les fichiers stockés dans votre système informatique. Les exercices vous permettront d'apprendre à utiliser l'Explorateur Windows pour maîtriser toutes ces techniques.

REMARQUE

La plupart de ces exercices peuvent être réalisés dans la fenêtre Poste de travail ; par contre, l'Explorateur Windows est plus pratique.

CRÉER DES FICHIERS

Stocker convenablement des fichiers signifie placer l'information sur l'unité de disque appropriée, de façon à pouvoir la trouver ultérieurement. Pour stocker efficacement de l'information sous forme de fichiers, vous devez fournir au système d'exploitation les données suivantes :

■ le nom de l'unité de disque où vous voulez placer le fichier ;

■ le nom du dossier où il sera mis ;

■ le nom que vous donnez au fichier ;

■ le type du fichier.

LES NOMS DE FICHIERS

nom de fichier : ensemble des caractères utilisés pour identifier un fichier. Leur nombre est limité à 255 sous Windows 95, et à 8 sous DOS et sous les anciennes versions de Windows.

extension (de nom de fichier) : sous DOS et les anciennes versions de Windows, série de un à trois caractères facultatifs ajoutée au nom d'un fichier pour indiquer le type de données contenues dans ce fichier.

conventions des noms de fichiers (ou syntaxe des noms de fichiers) : règles gouvernant le nombre et le type de caractères qu'il est possible d'utiliser pour nommer des fichiers. Ces règles dépendent du système d'exploitation.

Les noms de fichiers sont composés de deux parties principales : le **nom de fichier,** qui est un nom descriptif dont se sert l'utilisateur pour identifier son fichier de données, et une **extension de nom de fichier,** facultative, qui est ajoutée au nom de fichier pour spécifier le type de données enregistrées dans le fichier. Ces deux parties sont séparées par un point (.). Le système d'exploitation Windows 95 obéit à deux ensembles de règles. Les fichiers créés avec le système d'exploitation MS-DOS (avant la sortie de Windows 95) suivent les **conventions des noms de fichiers** suivantes :

■ Le nom de fichier doit contenir au moins un caractère, mais est limité à huit.

■ Le nom doit commencer par une lettre ou un chiffre.

■ Un point (.) sépare le nom de fichier de son extension.

■ Les noms et les extensions peuvent inclure n'importe quel caractère ainsi que les signes de ponctuation et typographiques suivants :

$ symbole de dollar

_   souligné

-    trait d'union

!   Point d'exclamation

{ }   accolades

( ) parenthèses

^ accent circonflexe

\# dièse

% symbole pour cent

& esperluette

~ tilde

■ Les caractères ci-dessous ne sont pas permis :

espace

\ barre oblique inversée

/ barre oblique

< signe plus petit que

> signe plus grand que

| barre verticale

« » guillemets

[ ] crochets

: deux-points

+ signe plus

= signe d'égalité

; point-virgule

, virgule

? point d'interrogation

* astérisque

. point

■ Les extensions .EXE, .COM, .BAT et .SYS sont réservées aux fichiers de programmes et à ceux qui contiennent des instructions pour les commandes du système d'exploitation.

■ Les noms de fichiers peuvent être, en tout ou en partie, en majuscules ou en minuscules : le résultat sera le même. À titre d'exemple, LETTRE-1.DOC est le même nom de fichier que Lettre-1.doc ou que lettre-1.doc, puisque le système d'exploitation MS-DOS convertit les caractères des noms de fichiers en majuscules.

Avant Windows 95, les restrictions qui touchaient le nombre et le type de caractères des noms de fichiers forçaient les utilisateurs à être très créatifs. Ainsi, un mémo concernant des erreurs de facturation, envoyé à un dénommé J. Smith, pouvait être enregistré dans un fichier portant le nom SMITHERR.MEM.

Le système d'exploitation Windows 95 vous offre une plus grande liberté dans ce domaine. Les noms de fichiers peuvent contenir jusqu'à 255 caractères, incluant les espaces et l'utilisation de plus d'un point (.) ; les seuls caractères interdits sont les suivants :

\ barre oblique inversée

/ barre oblique

< signe plus petit que

> signe plus grand que

| barre verticale

« » guillemets

? point d'interrogation

* astérisque

Vous pouvez encore utiliser des extensions de fichiers, mais, en général, elles ne sont pas affichées par Windows 95. Elles sont plutôt assignées automatiquement par le logiciel d'application avec lequel vous avez créé le fichier.

Windows 95 reconnaît les noms de fichiers obéissant aux deux types de conventions ; ce n'est pas le cas de tous les logiciels d'application. Par conséquent, vous devez vous plier aux anciennes règles (MS-DOS) pour nommer vos fichiers lorsque vous travaillez avec un logiciel d'application conçu et mis en vente avant l'arrivée du système d'exploitation Windows 95 ou si vous échangez des fichiers avec une personne dont le système informatique utilise MS-DOS.

CRÉER UN FICHIER

Vous vous rappelez certainement qu'il existe trois catégories de fichiers : fichier système, fichier de programme et fichier de document. À moins que vous ne soyez un programmeur, les fichiers que vous créerez seront des fichiers de document qui contiendront les travaux réalisés à l'aide de programmes particuliers (surtout des logiciels d'application).

accessoire du Bureau : petit programme intégré au système d'exploitation Windows 95.

Le Bloc-notes est un **accessoire du Bureau,** c'est-à-dire un petit programme intégré à Windows 95. Le Bloc-notes vous permet de créer ou de consulter des documents (des textes) courts et non formatés. Les instructions ci-dessous vous montrent comment créer un fichier avec le Bloc-notes et l'enregistrer sur la disquette d'exercices que vous avez formatée au cours de la leçon précédente. Commencez après avoir allumé votre ordinateur et inséré votre disquette d'exercices dans l'unité de disquette appropriée.

1. Utilisez le menu Démarrer, puis les options Programmes et Accessoires, pour ouvrir le programme Bloc-notes (*voir figure 5.1*).

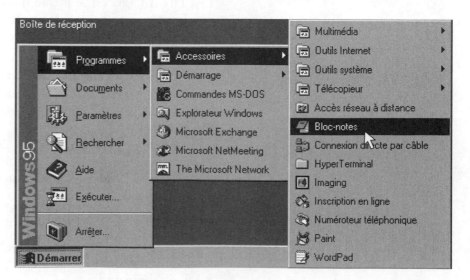

FIGURE 5.1
LE MENU DÉMARRER, ET LES OPTIONS PROGRAMMES ET ACCESSOIRES.

FIGURE 5.2
LA FENÊTRE BLOC-NOTES ET SON
CONTENU : UN DOCUMENT VIDE
(ET NON ENREGISTRÉ).

Le programme Bloc-notes ouvre une fenêtre identique à celle de la figure 5.2.

La barre de titre de la fenêtre affiche : Sans titre – Bloc-notes. (La mention « sans titre » de la barre de titre d'une fenêtre indique que le document qui apparaît à cette fenêtre n'a jamais été enregistré ; il existe dans la mémoire centrale de l'ordinateur, mais son fichier n'a pas été enregistré.)

Le point d'insertion (un curseur clignotant en forme de ligne verticale) indique où apparaîtra le prochain caractère tapé au clavier.

2. Tapez quelques phrases.

Le texte saisi apparaît dans la fenêtre du document Bloc-notes.

3. Choisissez Enregistrer sous dans le menu Fichier.

La boîte de dialogue Enregistrer sous apparaît. Cette boîte de dialogue vous permet de fournir à Windows 95 les informations dont il a besoin pour enregistrer votre fichier, notamment l'emplacement et le nom du fichier. La figure 5.3 indique les zones de liste et de texte de la boîte de dialogue où vous devez entrer ces informations.

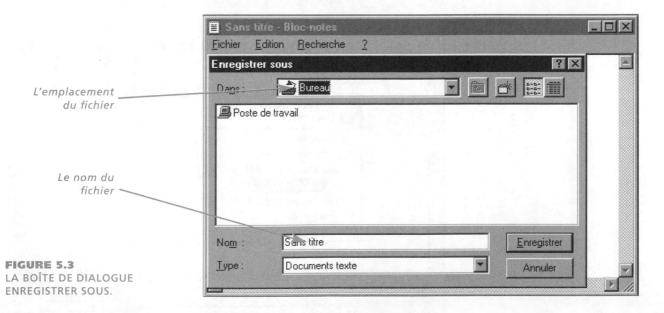

*L'emplacement
du fichier*

*Le nom du
fichier*

FIGURE 5.3
LA BOÎTE DE DIALOGUE
ENREGISTRER SOUS.

4. Cliquez sur le bouton de défilement de la zone de liste étiquetée Dans.

Une liste contenant, entre autres, les unités de stockage reliées à votre ordinateur se déroule. La zone de liste Dans vous permet de déterminer l'emplacement (l'unité de disque) où votre fichier sera enregistré.

5. Cliquez sur l'icône de l'unité de disquette (A: ou B:) qui reçoit votre disquette.

Le nom de l'unité de disquette apparaît dans la zone de liste. Le dossier Documents, ainsi que d'autres dossiers que vous avez peut-être créés, apparaissent dans le volet Contenu situé immédiatement en dessous de la zone de liste.

6. Double-cliquez sur le dossier **Documents.**

Le dossier Documents apparaît dans la zone de liste Dans.

Si vous enregistriez votre fichier maintenant, Windows 95 le placerait dans le dossier Documents sur votre disquette.

7. Cliquez sur le bouton de défilement de la zone de liste Dans.

Un menu semblable à celui de la figure 5.4 se déroule. Ce menu montre l'organisation des fichiers de l'emplacement sélectionné dans la zone de liste Dans.

8. Cliquez à l'extérieur de la zone de liste sans sélectionner quoi que ce soit.

9. Appuyez sur la touche ⓣ Tab deux fois – la première fois, pour déplacer le point d'insertion dans la boîte de contenu ; la seconde, pour atteindre la zone de texte Nom.

L'expression Sans titre est mise en surbrillance dans la zone de texte Nom.

CONSEIL

Dans presque n'importe quelle boîte de dialogue de Windows 95, vous n'avez qu'à appuyer sur la touche ⓣ Tab pour passer d'une option à l'autre de la boîte de dialogue.

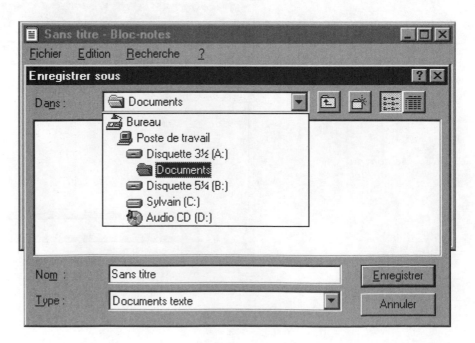

FIGURE 5.4
LA ZONE DE LISTE DANS.

10. Entrez **MonMot.**

MonMot remplace Sans titre dans la zone de texte Nom.

CONSEIL

En dépit de la souplesse qu'offre Windows 95 pour créer des noms de fichiers, il est peut-être préférable d'utiliser des noms de fichiers compatibles avec MS-DOS jusqu'à ce que le système d'exploitation Windows 95 soit plus universel ; sinon vous pourrez rencontrer des difficultés à utiliser vos fichiers sur des ordinateurs ne fonctionnant pas avec Windows 95.

11. Cliquez sur le bouton Enregistrer.

Windows 95 inscrit le document MonMot dans le dossier Documents sur votre disquette. La boîte de dialogue se ferme et la barre de titre du Bloc-notes affiche : MonMot - Bloc-notes.

12. Fermez la fenêtre du Bloc-notes.

13. Ouvrez l'Explorateur Windows et sélectionnez le dossier **Documents** sur votre disquette.

14. Choisissez Détails dans le menu Affichage.

La fenêtre Explorateur devrait alors ressembler à celle de la figure 5.5. Le volet Tous les dossiers affiche l'arborescence de votre système. Le volet Contenu affiche les détails (Nom, Taille, Type et Modifié) du fichier MonMot que vous venez d'enregistrer.

15. Fermez la fenêtre Explorateur.

À la fin de cet exercice, votre disquette d'exercices doit contenir le fichier MonMot dans le dossier Documents.

16. Retirez votre disquette de l'unité de disquette.

TRAVAILLER AVEC LES TYPES DE FICHIERS

La figure 5.3 présente une option de la boîte de dialogue Enregistrer sous que vous n'avez pas modifiée : Type. Le type d'un fichier est une catégorie fonctionnelle – fichier de document, fichier graphique, fichier système, etc. Chacun des fichiers de votre système possède un type. Windows 95 reconnaît 47 types de fichiers différents.

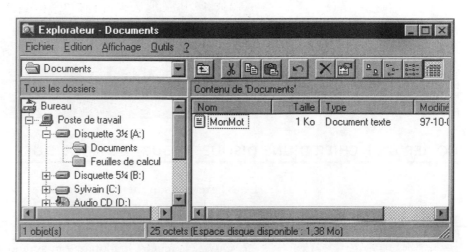

FIGURE 5.5
LA FENÊTRE EXPLORATEUR.

COPIER DES FICHIERS

Les techniques que vous avez utilisées pour copier ou déplacer des dossiers au cours de la leçon précédente s'appliquent aussi à la copie ou au déplacement de fichiers.

- Faire glisser un fichier ou un dossier, d'un disque à un autre, copie cet objet.

- Faire glisser un fichier ou un dossier, d'un dossier à un autre sur le même disque, déplace cet objet.

- Faire glisser un fichier ou un dossier, d'un dossier à un autre sur le même disque, tout en maintenant la touche (Ctrl) abaissée, copie cet objet (on appelle cette technique (Ctrl)-glisser).

COPIER UN FICHIER DANS LE DOSSIER CONTENANT L'ORIGINAL

Il ne peut pas y avoir deux fichiers portant le même nom dans un dossier. Par conséquent, si vous désirez placer la copie d'un fichier dans le même dossier que le fichier original, vous devrez renommer la copie.

Si vous faites glisser un fichier dans un dossier qui contient déjà un fichier ayant le même nom, la boîte de dialogue Confirmation du remplacement du fichier apparaît (*voir figure 5.6*). La taille et la date de la création ou de la dernière modification des deux fichiers s'affichent dans la boîte de dialogue pour vous aider à prendre une décision quant au remplacement du premier fichier par le second. Si vous cliquez sur Oui, le premier fichier est effacé et est remplacé par celui que vous venez de faire glisser.

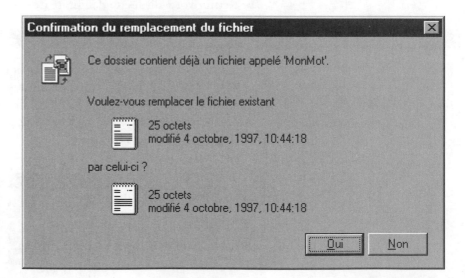

FIGURE 5.6
LA BOÎTE DE DIALOGUE
CONFIRMATION DU
REMPLACEMENT DU FICHIER.

COPIER UN FICHIER D'UNE DISQUETTE SUR LE DISQUE DUR

Dans l'exercice suivant, vous allez copier un fichier de votre disquette d'exercices sur le disque dur de votre appareil.

À VOTRE CLAVIER !

1. Insérez votre disquette d'exercices dans l'unité de disquette appropriée.

2. Ouvrez la fenêtre Explorateur et agrandissez-la au maximum.

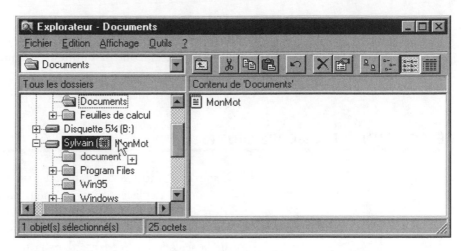

FIGURE 5.7
LE POINTEUR D'OBJET À COPIER.

3. Dans le volet Tous les dossiers, sélectionnez l'unité de disquette (A: ou B:) qui contient votre disquette.

Son contenu s'affiche dans le volet Contenu.

4. Double-cliquez sur le dossier **Documents** du volet Contenu.

5. Faites glisser le fichier **MonMot** jusqu'à l'icône de l'unité de disque C: dans le volet Tous les dossiers. Lorsque l'icône est soulignée, relâchez le bouton de la souris.

Le pointeur se transforme en pointeur d'objet à copier (*voir figure 5.7*). Le fichier est copié, à partir de l'original sur la disquette d'exercices, sur le disque dur (C:)

6. Sélectionnez l'icône de l'unité de disque C:.

Le nom du fichier que vous avez copié apparaît dans le volet Contenu et il est identique au nom du fichier original.

À la fin de cet exercice, votre unité de disque C: doit contenir une copie du fichier MonMot.

COPIER UN AUTRE FICHIER

Suivez les instructions ci-dessous pour apprendre à copier un fichier sur un autre disque.

À VOTRE CLAVIER !

1. Insérez votre disquette d'exercices dans l'unité de disquette appropriée.

2. Ouvrez la fenêtre Explorateur et agrandissez-la au maximum.

3. Dans le volet Tous les dossiers, sélectionnez l'unité de disque C:.

Son contenu s'affiche dans le volet Contenu.

4. Sélectionnez le mode d'affichage Liste du volet Contenu pour voir autant d'objets que possible.

5. Trouvez le fichier **MonMot** dans le volet Contenu. Servez-vous de la barre de défilement si nécessaire.

6. Faites glisser **MonMot** sur l'icône de l'unité de disquette (A: ou B:) où se trouve votre disquette, dans le volet Tous les dossiers. Lorsque l'icône est surlignée, relâchez le bouton de la souris.

La boîte de dialogue Confirmation du remplacement du fichier apparaît (*voir figure 5.6*). Cliquez sur Oui.

Le fichier est copié, et se retrouve à la fois sur le disque dur (C:) et sur la disquette, dans l'unité A: (ou B:).

7. Sélectionnez l'icône de l'unité de disquette où se trouve votre disquette (A: ou B:).

Le nom du fichier que vous avez copié apparaît dans le volet Contenu.

SÉLECTIONNER PLUSIEURS OBJETS

Il est souvent pratique de manipuler un groupe de fichiers. Lorsque vous désirez copier, déplacer ou manipuler plusieurs fichiers, vous pouvez les sélectionner et les manipuler tous ensemble. Cependant, vous savez que, si cliquer sur un fichier a pour effet de le sélectionner, cliquer sur un autre annule la sélection précédente dans la majorité des cas. Les techniques suivantes, qui utilisent le clavier avec la souris, vous permettent de sélectionner plus d'un fichier.

■ Pour sélectionner des noms de fichiers consécutifs, cliquez sur le premier nom, puis pressez et maintenez abaissée la touche (Maj) ((Shift)) du clavier tout en cliquant sur le dernier nom de fichier (on appelle cette technique (Maj)-cliquer). Tous les fichiers listés entre le premier et le dernier seront sélectionnés.

■ Pour sélectionner des fichiers non contigus, cliquez sur un premier fichier, puis pressez et maintenez abaissée la touche (Ctrl) du clavier tout en cliquant sur chacun des autres noms de fichiers que vous désirez (on appelle cette technique (Ctrl)-cliquer). Tous les fichiers sur lesquels vous aurez (Ctrl)-cliqué seront sélectionnés.

COPIER PLUSIEURS FICHIERS SIMULTANÉMENT

Suivez les instructions ci-dessous pour apprendre à copier plusieurs fichiers en une même opération.

1. Insérez votre disquette d'exercices dans l'unité de disquette appropriée.

2. Ouvrez la fenêtre Explorateur et agrandissez-la au maximum.

3. Sélectionnez le dossier **Documents** du volet Tous les dossiers de l'unité de disquette (A: ou B:) qui contient votre disquette.

Son contenu s'affiche dans le volet Contenu.

Pour continuer, il faut d'abord faire trois nouvelles copies de votre fichier **MonMot** dans le même dossier.

4. Maintenez abaissée la touche (Ctrl) du clavier tout en déplaçant le fichier **MonMot** du volet Contenu vers le dossier **Documents** de votre disquette d'exercices du volet Tous les dossiers.

5. Reprenez l'étape 4 pour avoir quatre fichiers sur votre disquette d'exercices.

Les copies de votre fichier portent le même nom, sauf que celui-ci est précédé du mot « Copie » ; dans le cas de copies multiples, un chiffre entre parenthèses suit le mot « Copie » (*voir figure 5.8*).

6. Cliquez sur le fichier **MonMot.**

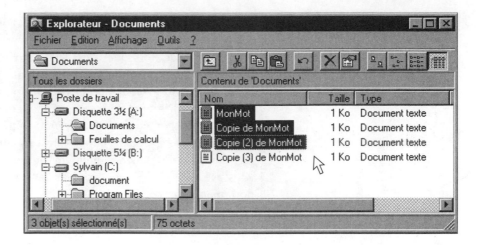

FIGURE 5.8
LA SÉLECTION DE PLUSIEURS
FICHIERS À COPIER.

7. Pressez et maintenez la touche (Maj) du clavier tout en cliquant sur le fichier **Copie (2) de MonMot.**

Tous les fichiers entre MonMot et Copie (2) de MonMot sont sélectionnés (*voir figure 5.8*).

8. Placez le pointeur sur un des fichiers sélectionnés.

9. Maintenez abaissée la touche (Ctrl) du clavier tout en déplaçant les fichiers sélectionnés vers le dossier Feuilles de calcul du volet Tous les dossiers de votre disquette d'exercices.

La boîte de dialogue Copie apparaît pour montrer que la copie est en train de se faire. Chacun des fichiers copiés aura le même nom que le fichier original.

10. Double-cliquez sur le dossier **Feuilles de calcul** du volet Tous les fichiers. La liste des fichiers de ce dossier, incluant les nouveaux fichiers copiés, apparaît dans le volet Contenu.

À la fin de cet exercice, le dossier Documents de votre disquette doit contenir les fichiers suivants : MonMot, Copie de MonMot, Copie (2) de MonMot et Copie (3) de MonMot, tandis que le dossier Feuilles de calcul doit contenir les fichiers suivants : MonMot, Copie de MonMot et Copie (2) de MonMot.

DÉPLACER DES FICHIERS

Il vous arrivera certainement de vouloir déplacer des fichiers d'un dossier à un autre. Par exemple, si vous avez un dossier pour les travaux en cours et un autre pour les travaux terminés, vous voudrez mettre les fichiers sur lesquels vous avez fini de travailler dans le dossier des travaux terminés. Vous pourrez également avoir besoin de récupérer de l'espace sur votre disque dur : sans détruire des fichiers importants (mais rarement utilisés), vous pouvez alors simplement les transférer sur une disquette.

Pour ce faire, vous vous servirez des mêmes méthodes que celles expliquées pour les copies (d'un ou de plusieurs fichiers simultanément). Par contre, rappelez-vous de ne pas utiliser la touche (Ctrl) lorsque vous faites glisser des fichiers d'un dossier à un autre sur le même disque ; sinon, les fichiers seront copiés et non déplacés.

CONSEIL

Les déplacements ou la copie de fichiers d'un dossier ou d'un disque à un autre sont plus aisés lorsque vous avez à l'écran une fenêtre pour chaque dossier ou chaque disque. Double-cliquez sur l'icône Poste de travail du Bureau pour ouvrir la fenêtre voulue et sélectionnez Options dans le menu Affichage. Assurez-vous que la case d'option Parcourir les dossiers avec une fenêtre différente pour chaque dossier est sélectionnée ; cela vous permettra d'afficher une nouvelle fenêtre, chaque fois que vous sélectionnerez un dossier, pour avoir accès à son contenu. Utilisez les différentes techniques de redimensionnement et de déplacement de fenêtres que vous avez apprises pour placer les fenêtres de la façon la plus pratique pour manipuler vos fichiers.

DÉPLACER UN FICHIER DANS UN DOSSIER

À VOTRE CLAVIER !

1. Insérez votre disquette d'exercices dans l'unité de disquette appropriée et ouvrez la fenêtre Explorateur.

2. Sélectionnez le dossier **Documents** de votre disquette d'exercices en cliquant sur son icône dans le volet Tous les dossiers.

3. Faites glisser le fichier **Copie (3) de MonMot** du volet Contenu vers le dossier Feuilles de calcul du volet Tous les dossiers.

4. Sélectionnez le dossier **Feuilles de calcul** de votre disquette d'exercices en cliquant sur son icône dans le volet Tous les dossiers.

Le fichier Copie (3) de MonMot a été déplacé du dossier Documents vers le dossier Feuilles de calcul de la disquette d'exercices.

DÉPLACER UN FICHIER D'UNE UNITÉ DE DISQUE VERS UNE AUTRE

À VOTRE CLAVIER !

Dans l'exercice suivant, vous allez déplacer un fichier d'une unité de disque vers une autre et ce, en utilisant la méthode **glisser-déplacer.**

1. Insérez votre disquette d'exercices dans l'unité appropriée, ouvrez la fenêtre Explorateur et développez le niveau de l'unité de disquette si ce n'est pas déjà fait.

2. Sélectionnez le dossier **Documents** de votre disquette d'exercices en cliquant sur son icône dans le volet Tous les dossiers.

3. Sélectionnez le fichier **Copie (2) de MonMot** dans le volet Contenu en cliquant sur son icône.

4. Placez le curseur sur le fichier sélectionné.

5. Pressez et maintenez abaissé le bouton droit de la souris, et faites glisser l'icône du fichier vers l'unité de disque C: de votre appareil.

6. Relâchez le bouton.

Un menu est affiché.

7. Sélectionnez Transférer ici.

Le fichier sélectionné Copie (2) de MonMot est déplacé : il n'est plus dans le dossier Documents de votre disquette d'exercices, mais sur le disque dur de votre appareil.

SUPPRIMER DES FICHIERS

Il est nécessaire, parfois, de supprimer des fichiers dont vous n'avez plus besoin, car ceux-ci occupent de l'espace sur votre disque : même les disques de grande capacité peuvent être remplis. La suppression d'un fichier élimine les données que celui-ci contient de la surface du disque. Il faut donc être prudent. Si vous vous rendez compte que vous avez supprimé un fichier dont vous avez besoin, vous pourrez peut-être le récupérer si, entre autres, vous agissez promptement. Vous en apprendrez davantage au sujet de la récupération de fichiers supprimés plus loin dans cette leçon.

Il est relativement sans danger d'effacer des fichiers que vous avez vous-même créés et dont vous ne vous servez plus. Par contre, les fichiers stockés sur le disque dur lors de l'installation d'un logiciel sont souvent essentiels au bon fonctionnement de ce dernier. N'effacez aucun fichier dont vous ne reconnaissez ni le nom ni le rôle dans un dossier de programme. Pour éliminer le programme en entier, utilisez la fonction Désinstaller du programme en question, si elle est disponible, ou servez-vous du programme Ajout/Suppression de programmes dans le Panneau de configuration de Windows 95.

ATTENTION !

Avant de supprimer un programme, fouillez dans son dossier pour vous assurer qu'aucun de vos fichiers personnels n'y est enregistré.

Lorsque vous désirez supprimer un fichier d'un dossier, sélectionnez ce fichier et appuyez sur la touche (Suppr) (ou (Delete)). Une boîte de dialogue apparaît, comme à la figure 5.9, pour que vous confirmiez votre intention avant de procéder à l'élimination du fichier sur le disque.

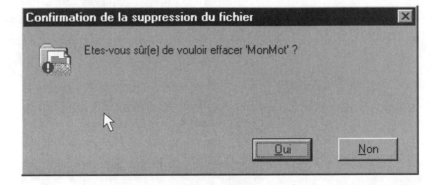

FIGURE 5.9
LA BOÎTE DE DIALOGUE
CONFIRMATION DE LA
SUPPRESSION DU FICHIER.

CONSEIL

Utilisez l'option Sélectionner tout du menu Édition pour sélectionner tous les fichiers du dossier actif. L'option Inverser la sélection annule la sélection en cours et sélectionne tous les autres fichiers du dossier. En d'autres termes, la surbrillance des noms de fichiers est inversée.

DÉTRUIRE PLUSIEURS FICHIERS SIMULTANÉMENT

Dans l'exercice suivant, vous allez détruire en une seule opération plusieurs fichiers sélectionnés.

À VOTRE CLAVIER !

1. Insérez la disquette d'exercices dans l'unité appropriée, ouvrez la fenêtre Explorateur et développez le niveau de l'unité de disquette si ce n'est pas déjà fait.

2. Faites en sorte d'avoir dans le dossier **Documents** de votre disquette d'exercices le fichier **MonMot** et trois copies de ce même fichier. Au besoin, référez-vous aux exercices précédents pour les faire.

3. Sélectionnez le fichier **Copie (2) de MonMot.**

4. Maintenez abaissée la touche (Ctrl) du clavier tout en cliquant sur le fichier **Copie (3) de MonMot,** puis relâchez la touche (Ctrl).

Les fichiers Copie (2) de MonMot et Copie (3) de MonMot sont sélectionnés.

5. Pressez la touche (Suppr) ((Delete)) du clavier.

6. Confirmez la destruction en cliquant sur Oui.

Les fichiers sélectionnés Copie (2) de MonMot et Copie (3) de MonMot sont effacés de votre disquette d'exercices.

RÉCUPÉRER DES FICHIERS SUPPRIMÉS

Supprimer des fichiers qui sont sur une disquette entraîne leur destruction immédiate. Par contre, lorsque vous supprimez un fichier qui est sur votre disque dur, il n'est pas détruit immédiatement : son icône disparaît du dossier et est placée dans la Corbeille, mais le fichier lui-même demeure sur le disque.

L'icône de la Corbeille ressemble à une corbeille à papier. Lorsqu'il n'y a rien dans la Corbeille, son icône représente une corbeille à papier vide. Par contre, si vous supprimez des éléments, l'icône ressemble à une corbeille remplie de feuilles de papier. C'est l'indice que la Corbeille n'est pas vide. (Rassurez-vous, elle n'est pas sur le point de déborder !) Pour récupérer un objet dans la Corbeille, ouvrez-la et, dans la fenêtre de la Corbeille, cliquez sur l'objet désiré, puis choisissez l'option Restaurer du menu Fichier. La figure 5.10 présente la fenêtre de la Corbeille.

Vous pouvez vider la Corbeille rapidement en choisissant l'option Vider la Corbeille dans le menu Fichier. Vous devriez prendre l'habitude de vérifier périodiquement le contenu de votre Corbeille, surtout lorsque la quantité

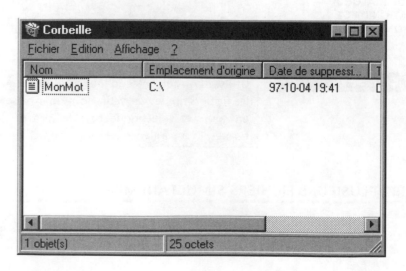

FIGURE 5.10
LA FENÊTRE CORBEILLE.

d'espace libre sur votre disque dur diminue, parce que les fichiers que vous avez supprimés occupent de l'espace sur le disque tant qu'ils sont dans la Corbeille. En les supprimant dans la Corbeille, vous les détruisez définitivement et vous récupérez de l'espace sur votre disque.

RESTAURER UN FICHIER

Dans l'exercice suivant, vous allez copier un fichier sur le disque dur (C:) de votre appareil, l'effacer et le restaurer.

1. Insérez votre disquette d'exercices dans l'unité appropriée, ouvrez la fenêtre Explorateur et développez le niveau de l'unité de disquette si ce n'est pas déjà fait ; sélectionnez le dossier **Documents.**

2. Placez une copie du fichier **MonMot** de votre disquette d'exercices sur le disque dur (C:) de votre appareil. Si une copie de ce fichier existe déjà sur le disque dur, une boîte de Confirmation de remplacement du fichier apparaît : continuez alors en cliquant sur Oui.

3. Sélectionnez l'unité de disque C: dans le volet Tous les dossiers.

4. Cliquez sur le fichier **MonMot** du volet Contenu et abaissez la touche (Suppr) (ou (Delete)).

   La boîte Confirmation de la suppression du fichier apparaît.

5. Cliquez sur Oui.

6. Sélectionnez la Corbeille dans le volet Tous les dossiers.

   Le contenu de la Corbeille apparaît. Remarquez qu'elle contient le fichier MonMot.

> **REMARQUE**
>
> Il est possible de retrouver dans la Corbeille d'autres fichiers en plus de MonMot. Ces fichiers pourraient avoir été déposés par d'autres utilisateurs de votre ordinateur.

7. Cliquez sur le fichier **MonMot** pour le sélectionner.

8. Sélectionnez l'option Restaurer du menu Fichier.

   Le fichier MonMot est renvoyé à son emplacement d'origine sur le disque dur.

RENOMMER DES FICHIERS

Modifier le nom d'un fichier est une opération simple. Vous pouvez réaliser cette tâche avec la commande Renommer du menu Fichier, ou cliquer directement sur le nom du fichier et entrer le nouveau nom. Vous devez quand même faire attention lorsque vous renommez un fichier, tout comme lorsque vous en supprimez un : vous ne devriez renommer que les fichiers que vous avez créés, étant donné que les noms des fichiers de programmes ont une signification précise pour le logiciel qui les utilise. Les renommer risque alors de les rendre inutilisables.

Renommer un fichier s'effectue en deux opérations. Vous sélectionnez le fichier à renommer, puis vous cliquez sur son nom. Le nom du fichier est mis en surbrillance dans une zone de texte où apparaît un petit trait vertical

point d'insertion (ou **curseur**) :
petit trait vertical clignotant qui
indique l'endroit où apparaîtra à
l'écran le prochain caractère tapé
au clavier.

clignotant (*voir figure 5.11*) : c'est le **point d'insertion** ou le **curseur.** Si
vous entrez alors un nouveau nom, celui-ci remplace automatiquement
l'ancien. Par contre, si vous désirez apporter des changements mineurs au
nom du fichier, vous pouvez vous servir des touches ⊙ ou ⊙ pour amener
le point d'insertion à côté d'un caractère en particulier. Le tableau 5.1 contient la liste des touches du clavier que vous pouvez utiliser pour déplacer le
curseur et pour éditer (modifier) le nom d'un fichier.

**TABLEAU 5.1
UTILISATION DU POINT D'INSERTION**

TOUCHE	FONCTION
(←)	*Déplace le point d'insertion d'un caractère ou d'une espace vers la gauche*
(→)	*Déplace le point d'insertion d'un caractère ou d'une espace vers la droite*
(Début) ou (Home)	*Place le point d'insertion à la gauche du premier caractère*
(Fin) ou (End)	*Place le point d'insertion à la droite du dernier caractère*
(Ctrl) + (←)	*Place le point d'insertion au début du mot précédent*
(Ctrl) + (→)	*Place le point d'insertion au début du mot suivant*
(Suppr) ou (Delete)	*Supprime le caractère à la droite du point d'insertion*
(Recul) ou (Backspace)	*Supprime le caractère à la gauche du point d'insertion*
(Ctrl) +(Suppr) ou(Delete)	*Supprime tous les caractères à la droite du point d'insertion*

RENOMMER UN FICHIER DANS L'EXPLORATEUR

À VOTRE CLAVIER !

Dans l'exercice suivant, vous allez sélectionner et renommer un fichier.

1. Assurez-vous que le volet Contenu affiche le contenu du dossier **Documents** de votre disquette d'exercices.

2. Cliquez sur le fichier **MonMot.**

3. Cliquez de nouveau sur ce fichier.

   Un cadre entoure le nom du fichier, et un curseur apparaît à côté du
nom (*voir figure 5.11*).

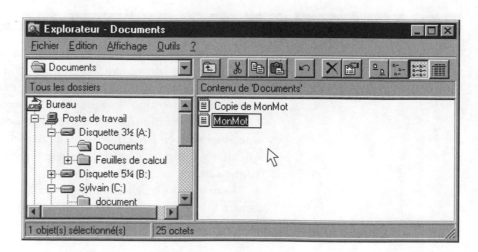

FIGURE 5.11
LE NOM D'UN FICHIER EN
SURBRILLANCE.

| ATTENTION ! | Cliquer deux fois en faisant une pause entre les deux opérations n'est pas la même chose que double-cliquer. |

4. Tapez **NotreMot** et appuyez sur (Enter) ou (Return).

Le nom du fichier MonMot est changé : le fichier s'appelle maintenant NotreMot et il est toujours sélectionné.

RENOMMER UN FICHIER AVEC LA COMMANDE RENOMMER

À VOTRE CLAVIER !

La commande Renommer est une autre façon de changer le nom d'un fichier. Dans l'exercice suivant, vous apprendrez comment l'utiliser.

1. Assurez-vous que le volet Contenu affiche le contenu du dossier **Documents** de votre disquette d'exercices.

2. Sélectionnez le fichier **NotreMot.**

3. Sélectionnez le menu Fichier de la fenêtre Explorateur.

4. Choisissez l'option Renommer.

Un cadre entoure le nom du fichier sélectionné.

5. Tapez **MonMot** et appuyez sur (Enter).

Le nom du fichier NotreMot devient MonMot.

RECHERCHER DES FICHIERS

Rechercher : option de Windows 95 qui permet de localiser un dossier ou un fichier à partir : du réseau, de l'unité de disque ou du dossier où il se trouve ; de la date de création ou de la dernière modification du dossier ou du fichier ; ou encore d'une chaîne de caractères spécifique contenue dans un document.

Les disques durs peuvent contenir des milliers de fichiers dans des dizaines de dossiers. Retrouver un fichier peut s'avérer fastidieux, et prendre beaucoup de temps si vous ne pouvez vous rappeler le nom du fichier ou du dossier dans lequel celui-ci est classé. Heureusement, l'Explorateur Windows offre une fonction, **Rechercher,** qui simplifie la recherche de fichiers. Remarquez que, plus vous en savez sur le nom du fichier, le dossier qui le contient ou la date qui lui est assignée, plus il sera facile à trouver. Vous pouvez quand même retrouver un fichier sans connaître aucune de ces informations ; il suffit de pouvoir fournir un bout de texte contenu dans le fichier.

L'option **Rechercher** se trouve dans le menu Outils de l'Explorateur Windows.

RECHERCHER : L'ONGLET NOM ET EMPLACEMENT

La fenêtre Rechercher contient trois onglets. L'onglet Nom et emplacement effectue une recherche si vous lui fournissez les informations suivantes : le nom du fichier, l'unité de disque où il se trouve et le niveau de dossier du fichier recherché. La figure 5.12 présente la page correspondant à l'onglet Nom et emplacement. Si vous désirez que la recherche couvre toutes les unités de disque, sélectionnez Poste de travail dans la zone de liste Rechercher dans. Afin de limiter la recherche au niveau du dossier principal du disque, assurez-vous que la case à cocher Inclure les sous-dossiers est vide (c'est-à-dire qu'elle ne contient pas de ✓). Pour faire une recherche dans un

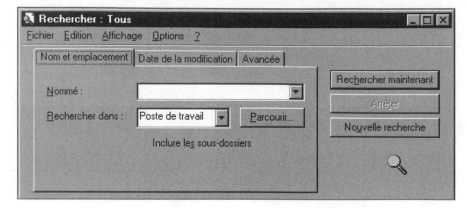

FIGURE 5.12
LA BOÎTE DE DIALOGUE
RECHERCHER : TOUS,
ET LA PAGE DE L'ONGLET
NOM ET EMPLACEMENT.

dossier particulier, entrez son nom dans la zone de liste Rechercher dans ou cliquez sur le bouton Parcourir ; vous pourrez choisir un dossier de départ pour la recherche dans l'arborescence affichée.

Si vous connaissez le nom du fichier que vous cherchez, entrez-le dans la zone de liste Nommé.

UTILISER DES JOKERS

joker (ou caractère de remplacement) : caractère utilisé quand on fait une opération de recherche pour représenter un caractère ou plusieurs caractères consécutifs (appelés chaîne de caractères) inconnus.

Les **jokers** sont des caractères de remplacement qui servent à représenter des caractères inconnus durant les opérations de recherche. Si vous essayez de retrouver un fichier dont vous ne connaissez pas le nom au complet, vous pouvez substituer un ou plusieurs jokers aux caractères inconnus. Windows 95 utilise deux jokers : l'astérisque – ou étoile (*) – et le point d'interrogation (?). L'astérisque remplace un seul caractère ou une chaîne de caractères. Par exemple, la recherche de Lettre* dans la zone de liste Nommé permet de localiser tous les fichiers qui commencent par Lettre, comme Lettre1, Lettre août 96, Lettre Smith, et ainsi de suite. Si vous connaissez le début du nom d'un fichier, vous pouvez chercher celui-ci en tapant tous les caractères que vous connaissez suivis immédiatement de l'astérisque.

Le point d'interrogation représente un seul caractère. Servez-vous-en lorsque vous n'êtes pas sûr d'un caractère au début ou à l'intérieur du nom d'un fichier. Par exemple, si vous cherchez un fichier qui commence par trois caractères dont vous n'êtes pas certain, entrez ? ? ? suivis des caractères que vous connaissez. Par exemple, chercher ? ? ?Mémo pourrait localiser Oct-Mémo, MaxMémo ou 101Mémo, mais pas OctobreMémo ni Maxime Mémo.

FAIRE UNE RECHERCHE EN UTILISANT UN JOKER

Dans les étapes suivantes, vous ferez une recherche de fichier à l'aide d'un caractère de remplacement.

À VOTRE CLAVIER !

1. Assurez-vous que le volet Contenu affiche le contenu du dossier **Feuilles de calcul** de votre disquette d'exercices.
2. Sélectionnez Chercher dans le menu Outils.
3. Choisissez Fichiers ou dossiers.

La boîte de dialogue Rechercher : Tous apparaît (*voir figure 5.12*).

4. Entrez **Cop*.**

5. Cliquez sur le bouton de défilement de Rechercher dans.

6. Sélectionnez l'icône de l'unité de disquette qui contient votre disquette d'exercices.

7. Cliquez sur le bouton Rechercher maintenant.

L'Explorateur recherche tous les noms de fichiers qui débutent par les caractères « Cop » à l'endroit où vous avez demandé la recherche.

Quand la recherche a permis de trouver un ou des fichiers qui respectent le critère de recherche, la liste des fichiers trouvés apparaît au bas de la boîte de dialogue.

8. Cliquez sur le bouton Nouvelle recherche.

Une boîte de message apparaît vous avisant que, si vous cliquez sur OK, la dernière recherche sera effacée (*voir figure 5.13*).

FIGURE 5.13
LA BOÎTE DE MISE EN GARDE DE
RECHERCHER.

FAIRE UNE RECHERCHE QUI INCLUT AUSSI LES SOUS-DOSSIERS

À VOTRE CLAVIER !

Dans l'exercice suivant, vous ferez une recherche qui ne se limite pas au dossier principal. Vous utiliserez aussi le point d'interrogation pour retrouver un fichier donné.

1. Assurez-vous que la boîte de dialogue Rechercher est affichée.

2. Entrez **Mon???** dans la boîte de saisie Nommé.

3. Cliquez sur le bouton de défilement de Rechercher dans.

4. Sélectionnez l'unité de disquette où se trouve votre disquette d'exercices.

5. Assurez-vous que la case Inclure les sous-dossiers n'est pas sélectionnée (c'est-à-dire qu'elle est vide). Si elle est sélectionnée, cliquez sur la case pour désactiver la sélection.

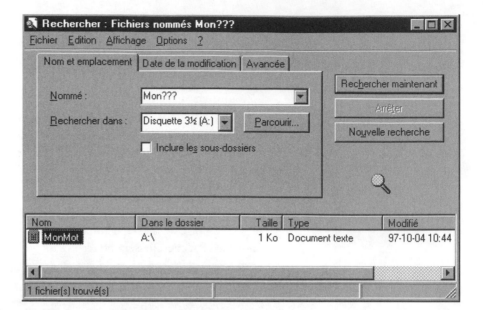

FIGURE 5.14
LE RÉSULTAT D'UNE RECHERCHE
QUI SE LIMITE AU DOSSIER
PRINCIPAL.

6. Cliquez sur le bouton Rechercher maintenant.

Windows 95 recherche tous les noms de fichiers, à l'endroit où vous avez demandé la recherche, qui contiennent les lettres « Mon » suivies de trois caractères. Quand la recherche a permis de trouver un ou des fichiers qui respectent le critère de recherche, la liste des fichiers trouvés apparaît au bas de la boîte de dialogue (*voir figure 5.14*).

7. Cliquez sur la case devant l'option Inclure les sous-dossiers.

8. Cliquez sur le bouton Rechercher maintenant.

Windows 95 recherche tous les noms de fichiers, à l'endroit où vous avez demandé la recherche, qui respectent le critère précisé et les affiche au bas de la boîte (*voir figure 5.15*). Remarquez que la recherche ne s'est pas limitée au dossier principal, mais inclut aussi les sous-dossiers.

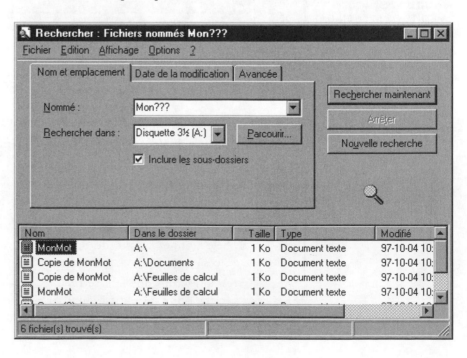

FIGURE 5.15
LE RÉSULTAT D'UNE RECHERCHE
DANS LE DOSSIER PRINCIPAL ET
LES SOUS-DOSSIERS.

9. Cliquez sur Nouvelle recherche et cliquez sur OK pour effacer le contenu de toutes les zones de texte de la boîte de dialogue, ce qui permettrait d'entreprendre une nouvelle recherche.

RECHERCHER : L'ONGLET DATE DE LA MODIFICATION

Même si vous ne vous souvenez pas du nom, de l'emplacement ou du contenu d'un fichier, l'Explorateur Windows peut le retrouver si vous connaissez la date de sa création ou de sa dernière modification, même approximativement. L'onglet Date de la modification affiche une page identique à celle de la figure 5.16. Windows 95 choisit par défaut le bouton Tous et recherche tous les fichiers. Si vous sélectionnez plutôt l'option Rechercher tous les fichiers créés ou modifiés, celle-ci offre trois sous-options permettant d'entrer un intervalle de dates, ou de spécifier le nombre de mois ou de jours écoulés depuis la création ou la dernière modification du fichier recherché.

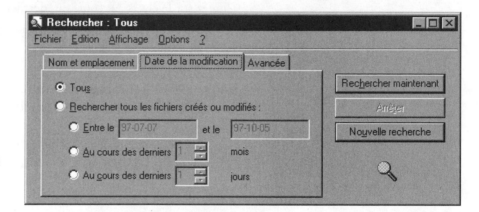

FIGURE 5.16
LA PAGE DE L'ONGLET DATE DE LA MODIFICATION DE LA BOÎTE DE DIALOGUE RECHERCHER : TOUS.

RECHERCHER : L'ONGLET AVANCÉE

Les options de recherche de l'onglet Avancée sont illustrées à la figure 5.17. La zone de liste De type vous permet de chercher un fichier selon son type, comme des documents Word ou Windows. Vous pouvez aussi entrer une chaîne de caractères (des mots ou des phrases) dont vous vous souvenez dans la zone de texte Contenant le texte, comme le nom d'une personne à qui vous

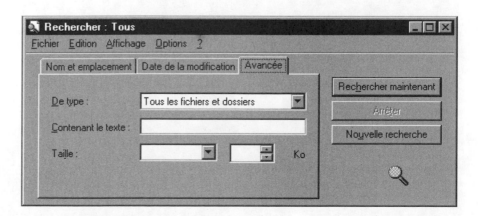

FIGURE 5.17
LA PAGE DE L'ONGLET AVANCÉE DE LA BOÎTE DE DIALOGUE RECHERCHER : TOUS.

avez écrit une lettre. Et finalement, l'option Taille vous permet de fixer des bornes (en kilo-octets) à la taille maximale ou minimale du fichier recherché.

FAIRE UNE RECHERCHE À PARTIR D'UN INTERVALLE DE TEMPS

À VOTRE CLAVIER !

Dans l'exercice suivant, vous utiliserez un intervalle de temps pour retrouver des fichiers.

1. Assurez-vous que le volet Contenu de l'Explorateur affiche le contenu du dossier principal de la disquette d'exercices.

2. Ouvrez la boîte de dialogue Rechercher. Pour ce faire, ouvrez le menu Outils, sélectionnez Chercher et Fichiers ou dossiers.

3. Sélectionnez l'unité de disquette où se trouve votre disquette d'exercices dans la boîte Rechercher dans.

4. Cliquez sur l'onglet Date de la modification.

   Les options relatives à la date de la dernière modification s'affichent.

5. Cliquez sur le choix Au cours des derniers... mois.

6. Cliquez sur la flèche pointant vers le haut pour faire apparaître le chiffre 2 dans la boîte.

7. Cliquez sur le bouton Rechercher maintenant.

   Windows 95 recherche sur votre disquette d'exercices tous les fichiers et dossiers modifiés depuis les deux derniers mois et les affiche au bas de la boîte de dialogue.

8. Fermez la boîte de dialogue Rechercher.

   La boîte de dialogue n'est plus sur le Bureau.

RÉSUMÉ DE LA LEÇON ET EXERCICES

À la fin de cette leçon, vous devriez avoir acquis les connaissances suivantes.

GÉRER DES FICHIERS

Comprendre le rôle des opérations de création, de copie, de déplacement et de suppression de fichiers.

Comprendre l'importance des copies de sauvegarde de vos fichiers.

CRÉER DES FICHIERS

Utiliser la boîte de dialogue Enregistrer sous pour préciser le nom et le type d'un fichier, ainsi que le dossier et le disque où il sera placé.

Connaître les règles Windows 95 et MS-DOS qui gouvernent les noms de fichiers.

TRAVAILLER AVEC LES TYPES DE FICHIERS

Utiliser l'Explorateur Windows pour identifier le type d'un fichier.

COPIER DES FICHIERS

Faire glisser un fichier d'un disque à un autre pour le copier.

(Ctrl)-glisser un fichier d'un dossier à un autre sur le même disque pour le copier.

Sélectionner des fichiers consécutifs en cliquant sur le nom du premier, puis en (Maj)-cliquant sur le dernier de la liste des fichiers désirés.

Sélectionner des fichiers non consécutifs en cliquant sur le premier, puis en (Ctrl)-cliquant sur les autres à tour de rôle.

DÉPLACER DES FICHIERS

Faire glisser un fichier pour le déplacer d'un dossier à un autre sur le même disque.

Faire glisser un fichier avec le bouton droit de la souris, puis choisir l'option Transférer pour le déplacer d'un disque à un autre.

SUPPRIMER DES FICHIERS

■ Comprendre les risques inhérents à la suppression de fichiers.

■ Cliquer sur le fichier à détruire, puis presser la touche (Suppr) ou (Delete). Confirmer la suppression en cliquant sur le bouton Oui de la boîte de dialogue Confirmation de la suppression du fichier.

RÉCUPÉRER DES FICHIERS SUPPRIMÉS

■ Double-cliquer sur l'icône de la Corbeille. Sélectionner les fichiers à récupérer et cliquer sur l'option Restaurer du menu Fichier.

RENOMMER DES FICHIERS

■ Sélectionner le fichier à renommer. Cliquer sur le nom du fichier pour le surligner. Entrer un nouveau nom ou éditer le nom qui apparaît dans la zone de texte à côté ou en dessous de l'icône du fichier.

RECHERCHER DES FICHIERS

■ Dans l'Explorateur Windows, utiliser la commande Rechercher Fichiers ou dossiers du menu Outils.

■ Cliquer sur l'onglet Nom et emplacement de la fenêtre Rechercher pour rechercher un ou des fichiers, et ce, avec la possibilité d'utiliser des caractères de remplacement, dans une unité de disque et ses sous-dossiers au besoin.

■ Cliquer sur l'onglet Date de la modification de la fenêtre Rechercher pour limiter la recherche à un intervalle de dates précis.

■ Utiliser l'onglet Avancée pour faire d'autres types de recherche.

NOUVEAUX TERMES À RETENIR

À la fin de cette leçon, vous devriez connaître la signification des termes suivants.

accessoire du Bureau	conventions des noms de	extension	point d'insertion
caractère de	fichiers	(de nom de fichier)	Rechercher
remplacement	copie de sauvegarde	gestion de fichiers	syntaxe des noms de
chaîne de caractères	curseur	joker	fichiers
		nom de fichier	

ASSOCIATIONS

Associez à chacun des termes de la colonne de gauche une définition de la colonne de droite.

TERME

1. copie de sauvegarde
2. copier
3. supprimer
4. Rechercher
5. point d'insertion
6. déplacer
7. renommer
8. joker
9. extension de nom de fichier
10. nom de fichier

DÉFINITION

a. Modifier le nom d'un fichier.

b. Fonction de Windows 95 qui permet de localiser un fichier, dans tous les dossiers d'un disque, à l'aide des critères fournis par l'utilisateur.

c. Symbole ou caractère de remplacement utilisé pour représenter un caractère ou une chaîne de caractères.

d. Double d'un ensemble de données créé pour être utilisé au cas où le fichier original serait détruit.

e. Retirer complètement un ensemble de données d'un disque.

f. Créer un double des données enregistrées dans un fichier, et placer ce double à un autre endroit sur un disque en conservant le même nom que celui du fichier original ou en utilisant un nom différent.

g. Partie du nom d'un fichier qui, obéissant aux anciennes règles DOS, contient de un à huit caractères qui peuvent constituer un indice du contenu du fichier.

h. Enlever des données de leur emplacement d'origine et les placer ailleurs sur un autre disque.

i. Partie du nom du fichier qui, obéissant aux anciennes règles DOS, contient de un à trois caractères indiquant le type de données enregistrées dans le fichier.

j. Petit trait vertical clignotant, dans une zone de texte ou d'édition, qui peut être positionné pour que l'on puisse insérer, supprimer ou entrer des caractères.

PHRASES À COMPLÉTER

Complétez chacune des phrases suivantes.

1. Un/une _____ est un petit programme intégré à Windows 95.

2. Windows 95 vous permet de copier ou de placer un fichier sur un autre dossier ou un autre disque en le faisant _____.

3. Vous pouvez _____ un fichier pour le retirer de la surface du disque.

4. Lorsque vous _____ un fichier, son nom est modifié, mais les données qu'il contient ne sont pas altérées.

5. Cliquer sur le nom d'un fichier ou d'un dossier sélectionné fait apparaître un/une _____ qui vous permet d'éditer le nom du fichier ou du dossier.

6. Un/une _____ est une copie des données d'un fichier sur un autre disque, faite pour les sauvegarder en cas de perte des données originales.

7. Windows 95 vous permet de _____ un fichier à partir de son nom, de son emplacement ou de la date de sa dernière modification.

8. Le signe _____ est un joker qui représente une chaîne de caractères consécutifs.

9. Le signe _____ est un joker qui représente un seul caractère.

10. Le système d'exploitation Windows 95 offre maintenant la possibilité de créer des _____ en utilisant jusqu'à 255 caractères.

QUESTIONS À RÉPONSE BRÈVE

Répondez par un court texte aux questions ci-dessous.

1. Quel est le nom du programme de Windows 95 dont vous vous servez le plus souvent pour gérer les données stockées sur disque ?

2. À votre avis, pour quelle(s) raison(s) copier est-elle la procédure de gestion de fichiers la plus fréquemment utilisée ?

3. Décrivez une méthode offerte sous Windows 95 pour déplacer un fichier ou un dossier d'un emplacement sur un disque à un autre emplacement sur le même disque.

4. Énumérez les précautions à prendre avant de supprimer un fichier.

5. Supposez que vous ayez oublié le nom d'un fichier sur lequel vous avez travaillé il y a une semaine ou le nom du dossier où ce fichier se trouve. Décrivez comment vous pourriez retrouver ce fichier.

6. De quelles informations le système d'exploitation a-t-il besoin pour enregistrer un fichier ?

7. Quels sont les caractères interdits dans les noms de fichiers sous Windows 95 ?

8. Qu'arrive-t-il si vous faites glisser un fichier dans un dossier qui contient déjà un fichier portant le même nom ?

9. Comment faites-vous pour sélectionner un groupe d'objets consécutifs dans une fenêtre ? et un groupe d'objets non consécutifs ?

10. Que faites-vous si l'objet que vous voulez renommer s'ouvre accidentellement ? Pourquoi cela se produit-il parfois ?

TRAVAUX PRATIQUES

Insérez votre disquette d'exercices dans l'unité A: (ou B:). Effectuez les opérations demandées.

1. Utilisez la fenêtre Explorateur pour créer quatre nouveaux dossiers sur votre disquette d'exercices. Nommez-les **Fichiers-WP, Feuilles de travail, Fichiers-DB** et **Graphiques.** Cliquez sur le bouton Détails, si nécessaire, pour afficher une liste détaillée du contenu de votre disquette. Copiez les fichiers **Copie (2) de MonMot** et **Copie (3) de MonMot** du dossier **Feuilles de calcul** dans le dossier **Fichiers-WP.** Placez les fichiers **MonMot** et **Copie de MonMot** du dossier **Feuilles**

de calcul dans le dossier **Graphiques.** Placez le fichier **Copie (3) de MonMot** du dossier **Feuilles de calcul** dans le dossier **Fichiers-DB.**

2. Ouvrez la fenêtre Explorateur si nécessaire. Ouvrez le dossier **Fichiers-WP** et créez un sous-dossier appelé **Mémos.** Placez les fichiers **Copie (2) de MonMot** et **Copie (3) de MonMot** du dossier Fichiers-WP dans ce nouveau sous-dossier. Développez le niveau représenté par l'icône de l'unité de disquette pour afficher sa structure dans le volet Tous les dossiers.

3. Ouvrez l'accessoire du Bureau Bloc-notes. Rédigez un mémo et enregistrez-le sous le nom **MonMémo** dans le sous-dossier **Mémos** que vous avez créé précédemment.

4. Ouvrez la fenêtre Explorateur si nécessaire. Ouvrez le dossier **Feuilles de calcul.** Sélectionnez le fichier **Copie (2) de MonMot** et renommez-le : appelez-le **Rapport 97.** Placez ce dernier dans le dossier **Mémos.** Ouvrez le dossier **Feuilles de calcul.** Sélectionnez le fichier et renommez-le : appelez-le **Budget 1997.**

5. Ouvrez la fenêtre Explorateur si nécessaire. Utilisez la commande Rechercher du menu Outils pour trouver les fichiers de votre disquette qui se terminent par **97.** Servez-vous du joker approprié pour guider la recherche. Combien de fichiers se terminant par **97** avez-vous trouvés ? Utilisez de nouveau la commande Rechercher pour trouver tous les fichiers modifiées dans les 20 derniers jours. Combien y en a-t-il ?

Lorsque vous avez terminé, arrêtez le système d'exploitation Windows 95 et éteignez votre ordinateur.

Les accessoires de Windows 95

OBJECTIFS

À la fin de cette leçon, vous pourrez :

• identifier les catégories d'accessoires fournis avec Windows 95 ;

• utiliser la Calculatrice pour des opérations simples ;

• créer un document, l'enregistrer, l'ouvrir, l'éditer et choisir parmi les options de type de documents (texte et formaté) en utilisant WordPad ;

• dessiner avec Paint ;

• reconnaître les accessoires de communication utilisés pour envoyer et recevoir de l'information via un réseau, ou par téléphone, ordinateur ou télécopieur ;

• vous amuser avec des jeux.

L es premiers systèmes d'exploitation permettaient sans problème de démarrer l'ordinateur, de gérer les ressources du système, de gérer les fichiers et de lancer l'exécution des logiciels d'application. Les utilisateurs qui devaient taper un document – simple ou complexe – se procuraient un programme de traitement de texte. Les tableurs, les gestionnaires de bases de données, les jeux, les didacticiels et les logiciels de communication étaient vendus séparément. Lorsque le programme satisfaisait la majorité des besoins de l'utilisateur, le montant déboursé (de 100 $ à 500 $) en valait la chandelle. C'était rentable. Par contre, pour une personne qui ne tapait qu'une ou deux lettres par mois, le coût d'un programme de traitement de texte sophistiqué s'avérait trop élevé.

Les fabricants de logiciels ont réduit cet écart en offrant des logiciels peu coûteux (souvent à moins de 100 $). Avec le temps, on a ajouté plusieurs de ces fonctions aux systèmes d'exploitation. La leçon 6 vous présente plusieurs petits programmes d'application fournis avec Windows 95.

INTRODUCTION AUX ACCESSOIRES DE WINDOWS 95

accessoire : programme du système d'exploitation ou autre logiciel qui ajoute des fonctions d'application à Windows 95 comme l'édition, le dessin et les communications.

Les petits programmes d'application s'appellent des **accessoires.** Windows 95 en offre plusieurs catégories. Les tableaux 6.1, 6.2 et 6.3 donnent les noms et les fonctions des accessoires les plus courants.

LES ACCESSOIRES UNIVERSELS

Les accessoires de cette catégorie vont du logiciel « sérieux » (un petit traitement de texte), au logiciel « divertissant » (un jeu) en passant par des logiciels plus « neutres » (un programme de dessin). Le tableau 6.1 contient la liste de quelques-uns de ces programmes et de leurs fonctions.

TABLEAU 6.1
ACCESSOIRES UNIVERSELS

NOM	FONCTION
Porte-documents :	*outil de gestion de fichiers qui permet de synchroniser les fichiers enregistrés sur différents ordinateurs. Vous pouvez brancher les ordinateurs entre eux au moyen de câbles ou de connexions téléphoniques, ou utiliser des disquettes afin de synchroniser des fichiers sur des ordinateurs à distance.*
Calculatrice :	*calculatrice permettant d'effectuer à l'écran des opérations arithmétiques simples et des calculs scientifiques complexes.*
Gestionnaire de Presse-papiers :	*outil servant à consulter, entre autres, le contenu du Presse-papiers de Windows. Le Presse-papiers est une portion de la mémoire centrale qui garde temporairement des données pour que vous puissiez les récupérer ultérieurement. Utilisé par les fonctions Copier, Couper et Coller.*
Bloc-notes :	*programme d'édition de texte utilisé pour créer et consulter de courts documents non formatés.*
Paint :	*programme de dessin utilisé pour créer et modifier des images en noir et blanc ou en couleurs.*
WordPad :	*programme de traitement de texte qui permet de créer des documents formatés, comme des lettres, des mémos ou d'autres textes. WordPad permet aussi de réviser des fichiers texte utilisés par le système d'exploitation.*
Écran de veille :	*ensemble d'images animées qui servent à prévenir l'usure de l'écran de votre moniteur lorsque vous n'utilisez pas un ordinateur pendant un certain temps.*

LES ACCESSOIRES DE COMMUNICATION

Windows 95 fournit plusieurs accessoires d'appoint permettant la transmission (envoi et réception) d'informations numériques entre ordinateurs. Pour faire fonctionner certaines de ces applications, votre ordinateur doit être doté d'un modem. Le tableau 6.2 présente ces accessoires.

TABLEAU 6.2
ACCESSOIRES DE COMMUNICATION

NOM	FONCTION
Accès réseau à distance :	*permet la connexion, via un modem, entre votre ordinateur et un autre ordinateur utilisant Windows 95, pour partager de l'information par lignes téléphoniques.*
Connexion directe par câble :	*permet la connexion, à l'aide d'un câble, entre deux ordinateurs installés à proximité l'un de l'autre. Ne nécessite pas de modem ni de réseau.*
HyperTerminal :	*connecte votre ordinateur à d'autres qui n'utilisent pas forcément Windows 95. Nécessite l'utilisation d'un modem, des lignes téléphoniques et d'un logiciel de communication.*
Numéroteur téléphonique :	*permet d'établir des communications téléphoniques à partir de votre ordinateur en utilisant un modem.*

LES ACCESSOIRES MULTIMÉDIAS

multimédia : terme utilisé pour décrire des documents ou des logiciels qui combinent le son, le texte, les graphiques, l'animation et/ou la vidéo.

Le **multimédia** consiste en la combinaison de sons, de textes, de graphiques, d'animation et/ou de vidéo dans un seul progiciel d'application. Les accessoires de cette catégorie vous permettent de contrôler n'importe quel périphérique multimédia branché à votre ordinateur, comme des lecteurs de cédérom, des haut-parleurs, des magnétoscopes ou des cartes de son. Le tableau 6.3 décrit brièvement ces accessoires d'appoint.

TABLEAU 6.3
ACCESSOIRES MULTIMÉDIAS

NOM	FONCTION
Compression audio :	*comprime (condense) les fichiers audio pour qu'ils prennent moins d'espace sur un disque ; permet de réécouter des fichiers multimédias et d'en enregistrer à l'aide de l'ordinateur.*
Lecteur CD :	*permet d'écouter des disques compacts à partir du lecteur de cédérom connecté à votre ordinateur.*
Lecteur multimédia :	*permet d'écouter et/ou de regarder des fichiers audio, vidéo ou d'animation. Contrôle les périphériques multimédias.*
Magnétophone :	*permet d'enregistrer, de lire et de modifier des fichiers son. Permet d'insérer des fichiers son dans des documents.*
Compression vidéo :	*comprime (condense) les fichiers vidéo pour qu'ils prennent moins d'espace sur un disque ; permet de réécouter des fichiers multimédias et d'en enregistrer à l'aide de l'ordinateur.*
Contrôle du volume :	*permet de contrôler le volume et l'équilibre sonore de la carte de son des haut-parleurs.*

Tenter d'apprendre à se servir des accessoires de Windows 95 dans un livre, c'est un peu comme écouter quelqu'un expliquer comment on doit conduire une voiture. Rien ne vaut la pratique : au cours des prochaines sections, vous apprendrez les fonctions de base de plusieurs accessoires de Windows. Des exercices guidés suivent une brève description de chaque accessoire présenté.

UTILISER LA CALCULATRICE DE WINDOWS 95

L'ordinateur est doté d'un énorme potentiel pour effectuer des calculs précis avec rapidité. Windows 95 peut afficher une petite calculatrice à l'écran. La Calculatrice offre deux options d'affichage : Standard et Scientifique (*voir figure 6.1*). Dans ce manuel, vous utiliserez la Calculatrice standard. Naturellement, si vous devez effectuer des calculs mathématiques de plus haute voltige, vous savez probablement déjà vous servir des fonctions complexes de la Calculatrice scientifique.

ENTRER DES NOMBRES

Vous pouvez entrer des nombres à partir du clavier ou en vous servant de la souris. L'utilisation du pavé numérique situé à la droite de votre clavier vous facilitera cependant la tâche. Avant d'utiliser le pavé numérique, assurez-vous que le verrouillage numérique est activé (sur la plupart des claviers, un

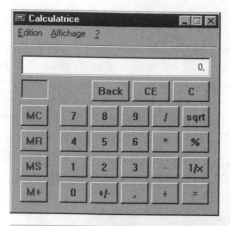

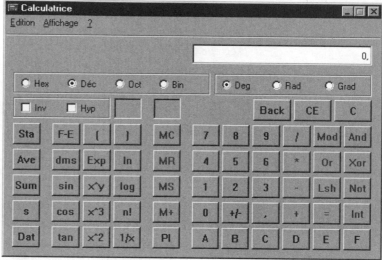

FIGURE 6.1
LA CALCULATRICE : AFFICHAGES STANDARD ET SCIENTIFIQUE.

voyant lumineux est allumé près de la mention Verrouillage numérique ou (Num Lock)) ; si ce n'est pas le cas, appuyez sur la touche correspondante pour annuler l'effet des touches de direction et activer celui des chiffres sur les touches du pavé numérique. Si vous voulez vous servir de la souris, cliquez sur les chiffres et les opérateurs affichés à l'écran.

EFFACER DES NOMBRES

Le bouton Ⓒ efface le calcul en cours et remet la Calculatrice à zéro pour qu'il soit possible d'effectuer un nouveau calcul. Le bouton ⒸⒺ efface le dernier nombre entré afin que vous puissiez entrer le nombre sans avoir à recommencer à zéro. Le bouton (Back) efface le dernier chiffre entré. Le bouton ⓂⒸ efface toute valeur de la mémoire de la Calculatrice.

FAIRE DES OPÉRATIONS MATHÉMATIQUES

Le bouton Ⓙ effectue une division; le bouton ⊛, une multiplication; le bouton ⊖, une soustraction; et le bouton ⊕, une addition. Vous aurez parfois à utiliser le bouton ⊜ pour afficher le résultat d'une opération mathématique.

L'aide en ligne de cette fenêtre vous fournit plus d'information sur les fonctions de la Calculatrice.

SÉLECTIONNER LE TYPE D'AFFICHAGE DE LA CALCULATRICE

À VOTRE CLAVIER !

Suivez les instructions ci-dessous pour apprendre à passer de l'affichage Standard à l'affichage Scientifique de la Calculatrice de Windows 95.

1. Une fois votre ordinateur allumé, démarrez Windows 95.

2. Choisissez Programmes dans le menu Démarrer.

3. Surlignez Accessoires.

   Le menu qui apparaît vous montre les accessoires qui sont disponibles sur votre ordinateur.

4. Sélectionnez Calculatrice.

   La Calculatrice apparaît sur le Bureau en mode d'affichage Standard.

5. Cliquez sur le menu Affichage de la Calculatrice.

   Remarquez la marque à côté de l'option Standard.

6. Cliquez sur Scientifique.

   La fenêtre de la Calculatrice s'agrandit pour contenir toutes les fonctions de la Calculatrice scientifique.

7. Utilisez de nouveau le menu Affichage pour retourner à l'affichage de la Calculatrice standard.

EFFECTUER DES CALCULS MATHÉMATIQUES

À VOTRE CLAVIER !

Suivez les instructions ci-dessous : vous apprendrez à vous servir de la Calculatrice standard pour effectuer des calculs mathématiques.

1. La Calculatrice devrait être en mode Standard.

2. Cliquez sur  ⑧.

3. Cliquez sur ✳.

4. Cliquez sur ⑥.

5. Cliquez sur ⊜.

   Le produit de l'énoncé mathématique 8 × 6 = 48 apparaît dans la case d'affichage de la Calculatrice.

UTILISER LA FONCTION MÉMOIRE DE LA CALCULATRICE

À VOTRE CLAVIER !

Suivez les instructions ci-dessous : vous utiliserez la fonction Mémoire de la Calculatrice pour poursuivre l'opération mathématique en cours.

1. Entrez le nombre 48.

2. Sélectionnez le bouton MS.

   La valeur affichée est mise en mémoire et la lettre « M » apparaît dans la case au-dessus du bouton MC.

3. Cliquez sur ⑤.

4. Cliquez sur le bouton +/− .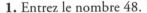

5. Cliquez sur le bouton M+ .

   La valeur affichée (−5) est additionnée à la valeur présentement en mémoire.

6. Cliquez sur (CE).

7. Cliquez sur (MR).

La valeur 43 — le résultat de l'addition de 48 et de −5 dans la mémoire de la Calculatrice — apparaît dans la zone d'affichage.

8. Sélectionnez le bouton (MC).

La mémoire de la Calculatrice est vidée, c'est-à-dire remise à zéro.

9. Cliquez sur le bouton Fermer de la fenêtre de la Calculatrice.

La fenêtre de la Calculatrice disparaît du Bureau.

INTRODUCTION AUX ACCESSOIRES DE TEXTE

éditeur de texte : programme qui crée des fichiers texte.

fichier texte (ou fichier non formaté) : fichier de données contenant des caractères (lettres, chiffres, signes de ponctuation, signes typographiques, espaces et fins de paragraphe) sans formatage (disposition particulière des lignes, des paragraphes ou des pages) ni changement de polices de caractères. *Voir* **fichier formaté.**

logiciel de traitement de texte : logiciel d'application conçu pour la rédaction et l'édition, et permettant d'améliorer la présentation d'un texte.

formatage : 1. Opération du système d'exploitation qui prépare un disque (ou une disquette) pour que l'on puisse y enregistrer des informations. Si un disque contient des données, le formatage rend ces données inaccessibles. 2. Mise en relief de portions d'un document dans le but de rendre ce dernier plus attrayant et facile à lire.

Il existe deux types de logiciels pour la manipulation de textes : les éditeurs et les programmes de traitement de texte. Un **éditeur de texte** crée des fichiers non formatés, c'est-à-dire contenant du texte dont la présentation n'a pas été « améliorée ». Les **fichiers texte,** ou **fichiers non formatés,** comportent presque uniquement les caractères que vous tapez au clavier. L'accessoire Bloc-notes, dont vous vous êtes servi au cours de la leçon précédente, est un éditeur de texte. Lorsque vous enregistrez un document Bloc-notes, ce fichier est de type Texte seulement.

Les fichiers non formatés sont utilisés dans les cas suivants :

■ la création et l'édition de fichiers qui contrôlent les fonctions de démarrage d'un ordinateur ou les paramètres d'un logiciel ;

■ la transmission d'un fichier via un modem. Puisque les fichiers non formatés sont beaucoup plus petits que les fichiers formatés, il est plus rapide, donc moins onéreux, de transmettre des données sous forme de fichiers texte ;

■ le transfert de texte d'un programme à un autre. Cela est souvent nécessaire lorsque vous avez affaire à un logiciel non conçu pour Windows ou DOS, ou encore à des ordinateurs ou à des systèmes d'exploitation non compatibles.

Un **logiciel de traitement de texte** vous permet non seulement de produire des textes, mais de **formater** un document, d'en améliorer l'apparence. L'espacement entre les lignes, la numérotation des pages et le soulignage de certains mots sont des opérations de **formatage** qu'un éditeur de texte ne peut faire dans les fichiers qu'il crée. Les fichiers créés avec des logiciels de traitement de texte peuvent être de deux types : générique (Document texte riche, par exemple) ; ou spécifique (les fichiers Word pour Windows, par exemple).

UTILISER WORDPAD

L'accessoire WordPad est un programme « deux dans un ». Il offre un éditeur de texte ainsi qu'un logiciel de traitement de texte. Lorsque vous créez un document WordPad, le type de fichier que vous choisissez détermine si WordPad agira comme un éditeur ou un logiciel de traitement de texte. La boîte de dialogue Nouveau de la figure 6.2 offre le choix entre trois types de fichier : Document Word 6, Document texte riche (RTF) et Texte seulement.

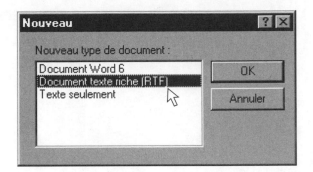

FIGURE 6.2
LA BOÎTE DE DIALOGUE
NOUVEAU DE WORDPAD.

Le format Document Word 6 offre des fonctions de formatage compatibles avec le logiciel de traitement de texte complet de Microsoft. Le Document texte riche (RTF) permet qu'un fichier soit lu (ouvert) par d'autres applications de traitement de texte. Le format Texte seulement crée un document de texte non formaté.

CRÉER UN FICHIER TEXTE

Suivez les instructions ci-dessous et utilisez l'accessoire WordPad de Windows 95 pour créer un fichier texte.

À VOTRE CLAVIER !

1. Insérez votre disquette d'exercices dans l'unité de disquette A: (ou B:).

2. Choisissez Programmes, puis Accessoires dans le menu Démarrer.

3. Choisissez WordPad dans le menu Accessoires.

Le logo et le copyright de WordPad apparaissent brièvement sur le Bureau, puis la fenêtre WordPad s'ouvre (*voir figure 6.3*).

La fenêtre WordPad ressemble à la fenêtre Bloc-notes à trois exceptions près : la barre d'outils est située sous la barre des menus, et elle contient des boutons correspondant à des commandes du programme WordPad fréquemment utilisées ; la **barre de format** est sous la barre d'outils, et elle contient des boutons représentant les commandes de formatage les plus courantes ; la **règle,** située sous la barre de format, est utilisée pour formater des paragraphes de texte.

barre de format : rangée de boutons, située immédiatement sous la barre d'outils d'une fenêtre, offrant des raccourcis pour les commandes de formatage les plus courantes.

règle : zone contenant des boutons et une série de marques numérotées qui indiquent des mesures sur la largeur d'un document et dont on peut se servir pour formater des paragraphes de texte. Elle est située sous la barre de format de WordPad.

4. Comparez la fenêtre WordPad de votre ordinateur avec celle de la figure 6.3. Si la barre d'outils, la barre de format ou la règle ne sont pas affichées à l'écran, faites-les apparaître en les sélectionnant l'une après l'autre dans le menu Affichage.

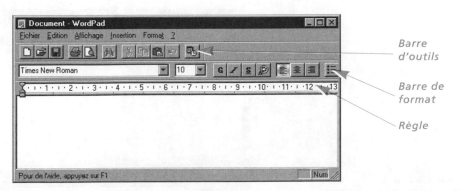

Barre d'outils

Barre de format

Règle

FIGURE 6.3
LA FENÊTRE WORDPAD VIDE.

FIGURE 6.4
LA FENÊTRE WORDPAD AVEC DU
TEXTE.

5. Redimensionnez la fenêtre WordPad de façon à voir la barre d'outils au complet.

Le point d'insertion sous la règle indique l'endroit où le texte apparaîtra lorsque vous appuierez sur des touches du clavier.

6. Saisissez le texte suivant :

Concernant les entrepreneurs
Objet : Coût des travaux
Combien pouvons-nous économiser en réalisant le travail nous-mêmes ?

Votre texte devrait ressembler à celui de la figure 6.4

ENREGISTRER UN FICHIER TEXTE

Suivez les instructions ci-dessous pour apprendre à nommer et à enregistrer sur votre disquette le texte de type Texte seulement que vous avez tapé.

À VOTRE CLAVIER !

1. Cliquez sur le bouton Enregistrer de la barre d'outils.

La boîte de dialogue Enregistrer sous apparaît (*voir figure 6.5*).

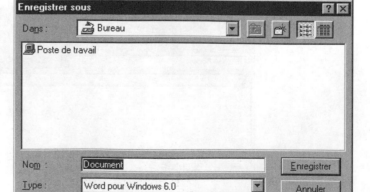

FIGURE 6.5
LA BOÎTE DE DIALOGUE
ENREGISTRER SOUS.

2. Cliquez sur le bouton de défilement de la zone de liste Dans.

La liste déroulante des options de périphériques apparaît.

3. Cliquez sur l'icône de l'unité de disquette correspondant à celle qui contient votre disquette (A: ou B:).

4. Cliquez sur le bouton de défilement de la zone de liste Type.

La liste déroulante des options de types de fichier apparaît.

5. Cliquez sur Texte seulement.

6. Double-cliquez sur le nom de fichier Document dans la zone de texte Nom pour le mettre en surbrillance.

7. Entrez **Une note pour moi-même.**

8. Cliquez sur le bouton Enregistrer.

Le document est enregistré dans un fichier texte appelé « Une note pour moi-même », sur la disquette sélectionnée.

OUVRIR UN NOUVEAU DOCUMENT

Il ne peut y avoir qu'un seul document ouvert à la fois dans WordPad. Suivez les instructions ci-dessous pour apprendre à ouvrir un nouveau document dans la fenêtre WordPad. Ce faisant, vous fermerez le fichier « Une note pour moi-même ».

À VOTRE CLAVIER !

1. Cliquez sur le bouton Nouveau de la barre d'outils de WordPad.

La boîte de dialogue Nouveau apparaît et le type par défaut Document Word 6 est sélectionné.

2. Cliquez sur OK.

Un nouveau document vide remplace le texte contenu dans le fichier que vous avez créé et enregistré.

OUVRIR UN DOCUMENT EXISTANT

Suivez les instructions ci-dessous pour ouvrir le fichier texte « Une note pour moi-même », que vous avez créé et enregistré.

À VOTRE CLAVIER !

1. Cliquez sur le bouton Ouvrir situé sur la barre d'outils de WordPad.

La boîte de dialogue Ouverture s'affiche (*voir figure 6.6*).

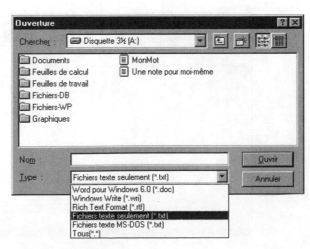

FIGURE 6.6
LA BOÎTE DE DIALOGUE
OUVERTURE ET LA ZONE
DE LISTE TYPE.

2. Choisissez Fichiers texte seulement (*.txt) dans la zone de liste Type.

3. Double-cliquez sur le nom de fichier **Une note pour moi-même.**

Le texte enregistré dans le fichier sélectionné apparaît dans la fenêtre de WordPad.

ÉDITER UN TEXTE EXISTANT

À VOTRE CLAVIER !

Suivez les instructions ci-dessous pour apprendre à modifier un document existant et à enregistrer les changements apportés au texte.

1. Assurez-vous que le texte du document **Une note pour moi-même** apparaît dans la fenêtre WordPad.

2. Double-cliquez sur le mot « Objet » au début de la deuxième ligne du document.

Double-cliquer sur un mot le sélectionne. Le mot et l'espace qui le suit sont mis en surbrillance.

3. Appuyez sur la touche (Supprime).

Le mot sélectionné est supprimé et le reste du texte du paragraphe glisse vers la gauche.

4. Appuyez de nouveau sur la touche (Supprime) pour effacer le deux-points (:) et les espaces qui séparent le mot « Coût » du début de la ligne.

5. Sélectionnez les mots « Concernant les » dans la première ligne du document.

6. Entrez **Demander toutes les soumissions aux.**

REMARQUE

Assurez-vous de laisser une espace entre les mots.

Le nouveau texte remplace l'ancien.

7. Appuyez sur la touche (Fin) (ou (End)) pour placer le curseur à la fin de la ligne et entrez un deux-points (:).

Le document devrait être semblable à celui de la figure 6.7.

8. Cliquez sur le bouton Enregistrer de la barre d'outils de WordPad.

La version modifiée est enregistrée sur la disquette.

FIGURE 6.7
LE DOCUMENT MODIFIÉ.

REMARQUE	Lorsque vous travaillez sur un document, vous devriez l'enregistrer fréquemment (toutes les cinq minutes, par exemple). S'il survient une panne de courant ou un problème logiciel ou matériel qui entraîne un mauvais fonctionnement du programme ou de l'ordinateur, seule l'information que vous n'avez pas encore enregistrée sur disque sera perdue.

IMPRIMER UN DOCUMENT DE TEXTE

Suivez les instructions ci-dessous pour imprimer le texte du document que vous avez créé, modifié et enregistré.

1. Assurez-vous que l'imprimante reliée à votre système est allumée, qu'elle a du papier et que le papier est bien aligné.

2. Sélectionnez le bouton Imprimer sur la barre d'outils de la fenêtre WordPad.

Le texte dans la fenêtre WordPad est envoyé vers l'imprimante. Après un court temps d'attente, celle-ci commence à imprimer. Vérifiez si le texte est bien imprimé.

3. Sélectionnez le bouton Fermer de la fenêtre WordPad.

La fenêtre WordPad disparaît du Bureau.

MODIFIER UN DOCUMENT WORD POUR WINDOWS

fichier formaté : fichier de données contenant des éléments qui améliorent l'apparence du texte, des paragraphes ou d'autres objets dont le rôle est de rendre le document plus attrayant et plus compréhensible. *Voir* **fichier texte.**

saisie au kilomètre (ou retour automatique à la ligne) : caractéristique des logiciels de traitement de texte qui permet le passage automatique à la ligne suivante lorsque le texte que vous entrez atteint la marge de droite ou le côté droit de la fenêtre.

Si vous ne sélectionnez pas d'option, Windows 95 choisit pour vous le type Document Word 6 de WordPad, qui vous offre un petit programme de traitement de texte.

La barre de format vous permet de sélectionner diverses polices de caractères (de même que la taille du caractère) et de varier l'alignement du texte (centrer une ligne, par exemple). La règle sert à fixer les taquets de tabulation et les marges. Ces fonctions vous donnent la possibilité d'améliorer l'apparence d'un texte. Formater un document, nous l'avons dit, c'est, par exemple, changer la police de caractères, aligner des paragraphes ou les mettre en retrait et utiliser d'autres fonctions pour rendre le document plus agréable à lire. Un fichier qui contient ce type de document est un **fichier formaté.**

Dans un fichier formaté, la façon de saisir un texte n'est pas la même que dans le cas d'un fichier texte. Une caractéristique nommée **retour automatique à la ligne** ou **saisie au kilomètre** contrôle l'endroit où les lignes de texte se terminent à l'intérieur des paragraphes. Lorsque vous tapez le texte d'un paragraphe, vous n'avez pas à vous préoccuper de la marge de droite : quand le texte ne peut plus s'insérer dans la ligne courante, il est automatiquement reporté sur la ligne suivante, et vous pouvez continuer à entrer du texte.

REMARQUE	Si vous sélectionnez l'option Document texte riche (RTF), la barre de format et la règle n'apparaissent pas. Par contre, vous pouvez les afficher en les sélectionnant dans le menu Affichage.

UTILISER PAINT

Si une image vaut mille mots, pensez au nombre de pages que vous pouvez épargner en ajoutant des graphiques, par exemple, pour compléter votre texte ! L'accessoire Paint de Windows 95 vous permet de créer et d'éditer des images grâce à plusieurs outils. La figure 6.8 en indique quelques-uns.

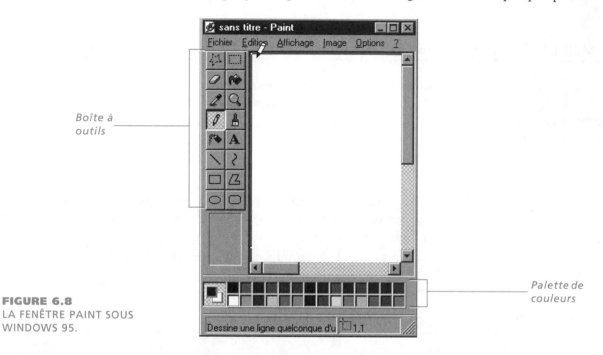

Boîte à outils

Palette de couleurs

FIGURE 6.8
LA FENÊTRE PAINT SOUS WINDOWS 95.

LA BOÎTE À OUTILS DE PAINT

boîte à outils : zone de la fenêtre de l'accessoire Paint de Windows 95 qui contient des icônes représentant les outils qui peuvent être utilisés pour créer des images.

La **boîte à outils** se trouve sur la gauche de la fenêtre Paint. Elle contient les outils dont vous pouvez vous servir pour construire une image. Cliquez sur le bouton correspondant à l'outil que vous désirez utiliser. Le tableau 6.4 explique à quoi correspond chacune des icônes.

Dans le cas de certains outils, l'icône affiche des options, sous la boîte à outils, vous permettant de choisir la forme, la taille et d'autres caractéristiques de l'outil sélectionné.

TABLEAU 6.4
ICÔNES DES OUTILS DE PAINT

ICÔNE	FONCTION
Sélection libre :	*permet de sélectionner une portion du dessin de forme irrégulière pour la copie, le déplacement ou la modification.*
Sélectionner :	*permet de sélectionner une portion du dessin de forme rectangulaire pour la copie, le déplacement ou la modification.*
Gomme/Gomme une couleur :	*efface une portion du dessin.*
Remplir avec une couleur :	*remplit une zone fermée avec la couleur sélectionnée.*
Prendre une couleur :	*sélectionne une couleur dans la palette de couleurs.*

🔍	*Loupe :*	*sert à examiner ou à exécuter un travail précis dans une portion d'un dessin.*
✏️	*Pinceau :*	*permet de dessiner une ligne ou une forme d'un trait mince à main levée.*
🖌️	*Brosse :*	*permet de peindre à main levée des formes et des lignes ayant l'épaisseur de trait sélectionnée.*
🎨	*Aérographe :*	*vaporise sur le dessin un nuage circulaire de la couleur sélectionnée.*
A	*Texte :*	*permet d'ajouter directement à votre dessin du texte de styles et de tailles différents.*
╲	*Tracer une ligne :*	*dessine une ligne droite de la longueur désirée.*
∫	*Courbe :*	*dessine une ligne courbe de la longueur désirée.*
▭	*Rectangle :*	*crée un rectangle ou un carré vide, de la couleur et de l'épaisseur de trait qui ont été sélectionnées.*
◿	*Polygone :*	*crée une figure à plusieurs côtés de la couleur et de l'épaisseur de trait qui ont été sélectionnées.*
⬭	*Ellipse :*	*crée un ovale vide de la couleur et de l'épaisseur de trait qui ont été sélectionnées.*
▢	*Rectangle arrondi :*	*crée un rectangle ou un carré arrondi vide de la couleur et de l'épaisseur de trait qui ont été sélectionnées.*

UN CHOIX DE COULEURS

palette de couleurs : zone située au bas de la fenêtre Paint, et qui contient un ensemble de couleurs affichées dans de petits carrés que vous pouvez sélectionner afin d'ajouter de la couleur à un document.

La **palette de couleurs** est située au bas de la fenêtre Paint. Elle contient une série de carrés de couleurs différentes. Cliquez sur une des pastilles de couleur pour sélectionner une teinte. Vous pouvez aussi sélectionner une couleur à partir du dessin en vous servant de l'icône Loupe et en cliquant sur la couleur désirée.

TRAVAILLER AVEC PAINT

Suivez les instructions ci-dessous : vous apprendrez à utiliser l'accessoire Paint pour créer, éditer et enregistrer une image dans un fichier.

À VOTRE CLAVIER !

1. Sélectionnez Programmes, puis Accessoires dans le menu Démarrer.
2. Cliquez sur Paint.

   La fenêtre Paint apparaît sur le Bureau. L'outil Pinceau est sélectionné.
3. Pointez l'outil Ellipse.

   Une infobulle s'affiche près du pointeur et la description du rôle de cet outil apparaît sur la barre d'état.
4. Pointez les divers outils pour lire leur nom et leur description.
5. Sélectionnez l'outil Pinceau et placez le pointeur dans le coin supérieur gauche de la fenêtre Paint, comme à la figure 6.8.

pixel (ou point graphique) : la plus petite zone ou le point de plus petite taille que vous pouvez afficher à l'écran ; ce sont les pixels qui, assemblés, forment les caractères et les images. Le mot « pixel » vient de l'anglais *pix* (pour *pictures*) et *el(ement)*.

Le pointeur prend la forme d'un crayon, votre outil de dessin pour l'instant. L'indicateur de position au bas de l'écran affiche 1,1. Ces chiffres correspondent au nombre de pixels à partir du coin supérieur gauche de la zone de saisie. Ici, le pointeur est à un **pixel** à droite et à un pixel en dessous du coin supérieur gauche.

6. Agrandissez la fenêtre Paint.

7. Sans cliquer sur le bouton de la souris, promenez le pointeur sur l'écran.

Remarquez les changements dans la zone de l'indicateur de position. Ce dernier reflète à tout moment la position du pointeur.

8. Faites glisser le pointeur dans la fenêtre en maintenant abaissé le bouton gauche de la souris.

L'outil Pinceau crée une ligne à main levée.

9. Choisissez l'option Sélectionner tout dans le menu Edition.

L'option Sélectionner tout sélectionne tous les pixels de votre fenêtre afin de vous permettre de les copier, de les déplacer, de les effacer ou de les modifier.

10. Appuyez sur (Supprime).

L'écran se vide.

11. Servez-vous de l'outil Pinceau pour écrire votre nom.

Le résultat ne sera probablement pas de la plus grande qualité : il est difficile d'écrire avec une souris.

12. Cliquez sur la pastille rouge de la palette de couleurs.

Les prochaines lignes que vous dessinerez seront en rouge.

13. Cliquez sur l'outil Tracer une ligne.

L'outil Tracer une ligne est sélectionné, et les options qui apparaissent sous la boîte à outils vous permettent de choisir l'épaisseur du trait.

14. Amenez le pointeur dans la zone de saisie.

Le pointeur épouse la forme d'une croix.

15. Cliquez sur la ligne du bas, dans la série d'options d'épaisseur de ligne, pour choisir le trait le plus épais.

16. Amenez le pointeur sous le premier caractère de votre prénom.

17. Faites glisser la souris pour souligner votre prénom, puis votre nom d'un trait épais.

Votre document devrait ressembler à celui de la figure 6.9.

18. Cliquez sur l'outil Sélectionner.

19. Placez le pointeur au-dessus et à la gauche de votre nom. Appuyez sur le bouton gauche de la souris et maintenez-le abaissé tout en amenant le pointeur vers le bas et la droite afin de couvrir votre nom en entier.

Un rectangle de sélection, comme celui de la figure 6.10, apparaît et s'agrandit au fur et à mesure que vous déplacez la souris.

20. Pointez à l'intérieur du rectangle de sélection.

Le pointeur se transforme en une double flèche à quatre pointes. Ce pointeur signifie que vous pouvez déplacer le rectangle n'importe où dans la fenêtre.

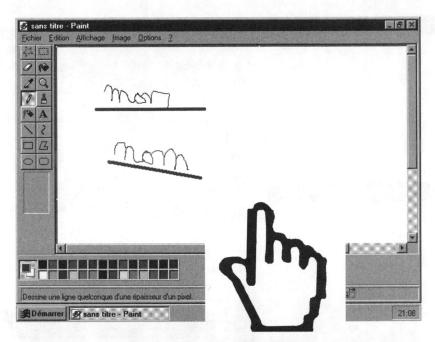

FIGURE 6.9
LE DESSIN DE VOTRE NOM.

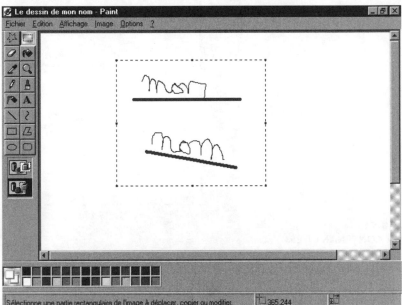

FIGURE 6.10
LE RECTANGLE DE SÉLECTION.

21. Faites glisser le rectangle au centre de la fenêtre (ou ailleurs, si vous avez dessiné au centre).

Le dessin contenu dans le rectangle de sélection se déplace en suivant le mouvement de la souris.

REMPLIR UNE ZONE FERMÉE

Suivez les instructions ci-dessous : vous apprendrez à utiliser l'outil Remplir avec une couleur pour colorier d'un coup des zones fermées d'un dessin.

À VOTRE CLAVIER !

1. Sélectionnez l'outil Remplir avec une couleur.

Le pointeur prend la forme d'un pot dont la peinture s'échappe. Le point actif du pointeur est au bout de la peinture qui coule (à gauche).

ATTENTION !

Avant de cliquer sur un quelconque élément, assurez-vous que la pointe (la dernière goutte de peinture qui coule) du pointeur est à l'intérieur de la zone à colorier, sinon ce sera soit le trait, soit l'arrière-plan qui changera de couleur.

2. Cliquez sur une des zones fermées de votre nom, comme un « o » ou un « d ».

La zone fermée est coloriée en rouge, la couleur sélectionnée dans un exercice précédent.

REMARQUE

Si c'est plutôt l'arrière-plan qui change de couleur, sélectionnez l'option Annuler du menu Édition et essayez de nouveau.

3. Choisissez une couleur différente et remplissez une autre zone fermée.

4. Remplissez les autres zones fermées, s'il en reste, avec une couleur différente pour chaque zone (*voir figure 6.11*).

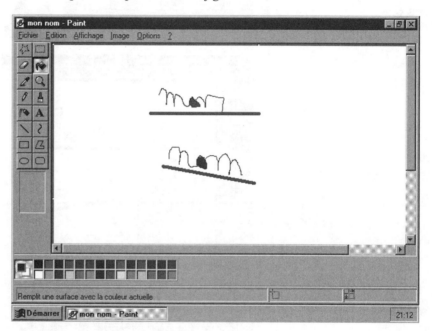

FIGURE 6.11
LE DESSIN CONTENANT DES ZONES FERMÉES QUI ONT ÉTÉ COLORIÉES.

ENREGISTRER ET IMPRIMER UN DESSIN

À VOTRE CLAVIER !

Suivez les instructions ci-dessous pour apprendre à nommer, à enregistrer et à imprimer un dessin. Puis, vous fermerez la fenêtre Paint.

1. Choisissez l'option Enregistrer dans le menu Fichier de la fenêtre Paint.

La boîte de dialogue Enregistrer sous apparaît.

REMARQUE

Si vous tentez d'enregistrer un document sans titre, Windows 95 affiche la boîte de dialogue Enregistrer sous pour vous permettre d'indiquer le nom et l'emplacement du fichier.

2. Assurez-vous que la boîte de dialogue Enregistrer sous affiche l'unité de disquette où se trouve votre disquette d'exercices.

3. Cliquez dans la zone de texte Nom et entrez **Le dessin de mon nom.**

4. Cliquez sur le bouton Enregistrer.

Le document graphique est enregistré et stocké dans un fichier sous le nom « Le dessin de mon nom ».

5. Assurez-vous que l'imprimante reliée à votre système informatique est allumée, prête à imprimer, qu'elle a du papier et que celui-ci est bien aligné.

6. Choisissez l'option Imprimer dans le menu Fichier.

La boîte de dialogue Impression apparaît.

7. Cliquez sur OK.

L'image est envoyée à l'imprimante. L'impression commence peu de temps après.

8. Fermez la fenêtre Paint.

COMPRENDRE LES ACCESSOIRES DE COMMUNICATION

courrier électronique : information échangée entre ordinateurs par les lignes téléphoniques ou des connexions réseau.

Les accessoires de communication intégrés à Windows 95 vous permettent de transmettre et de recevoir du **courrier électronique** ou des télécopies, c'est-à-dire d'échanger des informations entre votre ordinateur et :

- un autre ordinateur sur le même réseau ;
- un autre ordinateur via un modem ;
- un périphérique de télécopie ;
- un système de téléphonie « intelligent » (ou système de messagerie vocale).

Très peu d'utilisateurs installent la totalité des accessoires de communication de Windows 95. Ceux qui sont branchés à un réseau pourraient se contenter d'installer les accessoires propres au réseau. Les utilisateurs qui ne font pas partie d'un réseau pourraient installer seulement les accessoires liés aux fonctions modem et/ou télécopieur. Un employé de bureau qui possède un ordinateur portable et un ordinateur de table pourrait installer des accessoires permettant de coordonner les fichiers des deux ordinateurs. Pour de plus amples informations concernant ces divers accessoires, référez-vous à l'aide en ligne de Windows 95.

JOUER AUX JEUX DE WINDOWS 95

Windows 95 installe trois jeux dans le menu Jeux du menu Accessoires : Démineur, La Dame de Pique et Solitaire. Si vous êtes relié à un réseau ou que vous possédiez une version de Windows plus récente, vous trouverez peut-être d'autres jeux. Dans certaines circonstances, ces jeux peuvent constituer un divertissement agréable ou vous permettre de faire une pause et de vous détendre pendant une session de travail.

Voici deux suggestions sur l'utilisation des jeux d'ordinateur :

- Certains jeux peuvent entraîner une dépendance. Prévoyez un temps limité pour l'utilisation des jeux de façon à ne pas nuire à votre travail.
- Plusieurs employeurs et enseignants désapprouvent le jeu pendant les heures de travail ou d'études sur les ordinateurs du bureau ou de l'école. Vérifiez auprès de votre superviseur ou de votre enseignant à quel moment l'utilisation de jeux est permise.

138 **Introduction à Windows 95**

LEÇON **6** LES ACCESSOIRES DE WINDOWS 95

RÉSUMÉ DE LA LEÇON ET EXERCICES

À la fin de cette leçon, vous devriez avoir acquis les connaissances suivantes.

INTRODUCTION AUX ACCESSOIRES DE WINDOWS 95

■ Identifier les accessoires appartenant aux différentes catégories : les accessoires universels, les accessoires de communication et les accessoires multimédias.

UTILISER LA CALCULATRICE DE WINDOWS 95

■ Faire la distinction entre les modes d'affichage Standard et Scientifique de la Calculatrice.

■ Utiliser l'accessoire Calculatrice pour effectuer des opérations mathématiques élémentaires en mode Standard.

INTRODUCTION AUX ACCESSOIRES DE TEXTE

■ Faire la différence entre deux catégories de programmes de manipulation de texte : les éditeurs de texte, qui produisent des fichiers non formatés, et les logiciels de traitement de texte, qui produisent des fichiers formatés.

UTILISER WORDPAD

■ Créer des fichiers texte avec WordPad en cliquant sur le bouton Nouveau et en sélectionnant l'option Texte seulement.

■ Créer des fichiers formatés avec WordPad en cliquant sur le bouton Nouveau et en sélectionnant l'option Document Word 6.

UTILISER PAINT

■ Sélectionner les outils et les options pour créer, modifier, enregistrer et imprimer un dessin réalisé avec Paint.

COMPRENDRE LES ACCESSOIRES DE COMMUNICATION

■ Reconnaître les accessoires qui vous permettent de transmettre (c'est-à-dire d'envoyer et de recevoir) de l'information en vous servant de votre ordinateur.

JOUER AUX JEUX DE WINDOWS 95

■ Utiliser les jeux de Windows 95 pour vous distraire durant une pause.

NOUVEAUX TERMES À RETENIR

À la fin de cette leçon, vous devriez connaître la signification des termes suivants.

accessoire	fichier formaté	logiciel ou programme de traitement de texte	point graphique
barre de format	fichier non formaté		règle
boîte à outils	fichier texte	multimédia	retour automatique à la ligne
courrier électronique	formatage	palette	
éditeur de texte		pixel	saisie au kilomètre

ASSOCIATIONS

Associez à chacun des termes de la colonne de gauche une définition de la colonne de droite.

TERME

1. accessoires
2. palette de couleurs
3. courrier électronique
4. fichier formaté
5. pixel
6. boîte à outils
7. saisie au kilomètre
8. fichier non formaté

DÉFINITION

a. Caractéristique des programmes de traitement de texte qui leur permet d'effectuer le retour automatique à la ligne lorsque le curseur atteint la marge de droite.

b. Fichier contenant un document constitué de texte dont la disposition ne présente aucune caractéristique particulière.

c. Dans l'accessoire Paint, zone où se trouvent divers outils de dessin que vous pouvez sélectionner.

d. Fonction qui permet l'échange d'information écrite, entre ordinateurs dotés d'un modem, par les lignes téléphoniques.

e. Un point d'image sur l'écran d'un ordinateur.

f. Programmes auxiliaires permettant la réalisation de tâches spécifiques intégrés à Windows 95.

g. Dans l'accessoire Paint, zone où se trouvent diverses couleurs que vous pouvez sélectionner pour dessiner ou colorier vos dessins.

h. Fichier contenant des documents dans lesquels est stocké du texte accompagné de caractéristiques de formatage, comme les polices de caractères, l'alignement, etc.

PHRASES À COMPLÉTER

Complétez chacune des phrases suivantes.

1. La/le _____ est une caractéristique des programmes de traitement de texte qui vous permet d'entrer le texte sans avoir à appuyer sur la touche (Retour) à la fin de chaque ligne.

2. La boîte d'outils de l'accessoire _____ de Windows 95 vous permet de sélectionner divers outils de dessin.

3. L'accessoire WordPad vous permet de créer, de consulter et d'éditer aussi bien des fichiers qui ne contiennent que du texte que des fichiers _____.

4. Vous pouvez utiliser l'accessoire _____ pour trouver la racine carrée d'un nombre.

5. _____ est l'accessoire de Windows 95 qui fonctionne comme un logiciel de traitement de texte.

6. Lorsque le travail sur ordinateur devient trop stressant, vous pouvez vous détendre avec un/une _____.

7. Vous pouvez choisir parmi la variété de couleurs de la/du _____ lorsque vous créez ou modifiez un dessin avec l'accessoire Paint.

8. La/le _____ fait référence à la combinaison de texte, de graphiques, de sons et parfois aussi d'animations dans un même logiciel.

9. Vous devez utiliser un ou plusieurs accessoires de _____ pour envoyer du courrier électronique à un autre ordinateur.

10. Les _____ sont de petits programmes d'application fournis avec le système d'exploitation Windows 95.

Répondez par un court texte aux questions ci-dessous.

1. Pour quelle(s) raison(s) les systèmes d'exploitation intègrent-ils souvent des accessoires ?

2. Faites la différence entre un éditeur de texte et un programme de traitement de texte.

3. De quels types de fichiers peuvent être les documents WordPad ? Comment sélectionnez-vous celui que vous désirez ?

4. Faites la différence entre la barre d'outils, la barre de format et la règle de WordPad.

5. Comment pouvez-vous afficher ou cacher les trois éléments mentionnés à la question précédente ?

6. Quel accessoire de Windows 95 utiliseriez-vous pour créer un logo devant servir d'en-tête sur du papier à lettres ?

7. Comment peut-on sélectionner une portion d'un document Paint ? À quoi cela sert-il ?

8. En Paint, comment faites-vous pour modifier l'épaisseur du trait que vous vous apprêtez à dessiner ? Comment en changez-vous la couleur ?

9. En Paint, pourquoi l'outil Remplir avec une couleur modifie-t-il parfois la couleur de l'arrière-plan lorsque vous tentez de colorier une zone fermée de votre dessin ? Comment faites-vous pour remédier à ce problème ?

10. Les accessoires de communication de Windows 95 permettent à votre ordinateur de transmettre de l'information à d'autres appareils et d'en recevoir. Quels appareils voudriez-vous rejoindre à partir de votre système informatique ? Dites pourquoi. (Votre réponse peut être hypothétique ou réelle.)

Insérez votre disquette d'exercices dans l'unité A: (ou B:). Effectuez les opérations demandées.

1. Démarrez WordPad dans le menu Accessoires. Saisissez le texte de la figure 6.12 et enregistrez-le sous le nom Dépenses en choisissant le type Texte seulement dans la fenêtre Enregistrer sous.

2. Utilisez la Calculatrice pour trouver les réponses aux problèmes arithmétiques suivants :

   a. 4521 + 865 + 975 + 36 =
   b. 86,29 − 75,68 =
   c. 754 891,562 / 829,67 =
   d. 126,75 * 94,38 / 69 =

3. Ouvrez la fenêtre de l'accessoire Paint de Windows. Servez-vous des différents outils pour créer un dessin de votre cru. Expérimentez les diverses formes, options et couleurs pour créer un dessin original.

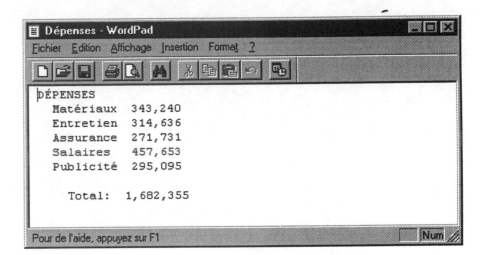

FIGURE 6.12
TEXTE À SAISIR POUR L'ÉTAPE 1
DES TRAVAUX PRATIQUES.

4. Démarrez Paint dans le menu Accessoires. Dessinez une étoile et enregistrez-la sur votre disquette d'exercices sous le nom **Étoile.**

5. Ouvrez l'accessoire WordPad. Écrivez un mot à un(e) ami(e) en utilisant les diverses options de formatage. Expérimentez le plus de fonctions possible. Enregistrez ce document dans un fichier portant le nom de votre ami(e) dans le dossier principal de votre disquette d'exercices. Imprimez le document, puis fermez la fenêtre de WordPad.

Lorsque vous avez terminé votre session de travail, arrêtez le système d'exploitation Windows 95 et éteignez votre ordinateur.

Gérer les fonctions d'impression

OBJECTIFS

À la fin de cette leçon, vous pourrez :

- gérer la file d'attente et suspendre des tâches d'impression ;
- consulter et sélectionner différentes polices de caractères et choisir celle(s) qui conviennent à ce que vous voulez imprimer ;
- imprimer un document avec les différentes tailles de papier que peut recevoir votre imprimante ;
- changer l'orientation de l'impression : portrait ou paysage ;
- choisir la résolution qui convient pour le type de document que vous imprimez.

I l fut un temps où on croyait que les ordinateurs nous feraient entrer dans une société sans papier. Cette époque viendra peut-être un jour, mais en attendant, les ordinateurs d'aujourd'hui produisent encore de grandes quantités de sorties papier. Que vous réalisiez des prospectus, des lettres, des brochures ou des cartes de vœux, la qualité de vos imprimés dépend de votre système d'exploitation, du logiciel d'application, du choix du design et de votre imprimante.

Au cours de la leçon 3, vous avez exploré certaines des propriétés de l'imprimante reliée à votre système informatique. Vous avez double-cliqué sur l'icône du dossier Imprimantes dans la fenêtre Poste de travail. Cette leçon vous apprendra à gérer les sorties papier de votre ordinateur en réglant différents paramètres de l'imprimante et en vous servant de différents contrôles.

GÉRER VOTRE IMPRIMANTE

spoule : de l'anglais *Simultaneous Peripheral Operation On-Line,* ou *spool.* Désynchronisation de l'impression. Processus qui inscrit des tâches d'impression dans une file d'attente de telle façon que l'impression puisse s'effectuer en même temps que l'ordinateur exécute une autre tâche. On appelle **spouleur** l'outil qui permet ce type de travail.

sortie papier (ou **imprimé**) : information, stockée sous une forme « électronique » sur un médium de stockage, qui a été imprimée sur du papier.

L'information concernant la ou les imprimantes reliées à votre système a été enregistrée au moment de l'installation de Windows 95.

Lorsqu'une application achemine une requête d'impression d'un document, une copie « électronique » de ce dernier est stockée temporairement sur le disque dur, puis acheminée vers l'imprimante. Ce procédé de traitement différé s'appelle **spoule** et vous permet de travailler sur un autre projet pendant que l'ordinateur imprime votre **sortie papier.**

Sans **spouleur,** vous auriez à attendre que l'imprimante ait terminé avant d'exécuter une autre tâche sur votre ordinateur. Cette attente pourrait être longue, étant donné que les données sont transmises à l'imprimante beaucoup plus lentement qu'elles peuvent être traitées par l'ordinateur.

UTILISER LE SPOULEUR

file d'attente : zone de stockage temporaire, en mémoire vive ou sur disque, pour les données devant être transmises à l'imprimante.

purger : annuler toutes les tâches d'impression dans une file d'attente. *Syn. :* éliminer, supprimer.

Le spouleur vous permet de gérer les tâches de votre imprimante même après avoir envoyé la commande d'impression à partir de la fenêtre d'une d'application. Chacune des requêtes d'impression est placée dans la file d'attente du spouleur. La **file d'attente** est une liste comprenant toutes les tâches d'impression qui attendent d'être acheminées vers une imprimante spécifique.

Vous pouvez annuler ou suspendre une tâche d'impression dans la file d'attente. Par exemple, si vous envoyez trois documents dans la file d'attente, ils n'ont pas forcément à être imprimés selon l'ordre d'envoi. Vous pouvez sélectionner une tâche d'impression et l'annuler ou la suspendre avant qu'elle soit transmise à l'imprimante. Ainsi, un long document n'a pas à mobiliser l'imprimante ; si vous devez imprimer immédiatement une note de service, vous pouvez suspendre l'impression du document dans la file d'attente, imprimer la note de service, puis reprendre l'impression du long document. Vous pouvez également vider d'un coup toute la file d'attente en la **purgeant.**

ORGANISER UNE FILE D'ATTENTE

Suivez les instructions ci-dessous pour apprendre à ouvrir la fenêtre (file d'attente) de l'imprimante reliée à votre système. Commencez les exercices après avoir démarré Windows 95 sur votre ordinateur et inséré votre disquette d'exercices dans l'unité de disquette appropriée.

À VOTRE CLAVIER !

1. Choisissez Paramètres dans le menu Démarrer.

2. Choisissez le dossier Imprimantes.

3. Double-cliquez sur l'icône de périphérique qui porte le nom de l'imprimante reliée à votre ordinateur.

   La fenêtre de l'imprimante sélectionnée apparaît.

4. Réduisez la fenêtre de cette imprimante.

   Votre file d'attente est réduite à un bouton, mais elle est encore accessible sur la barre des tâches.

5. Fermez la fenêtre Imprimantes.

LANCER WORDPAD ET IMPRIMER UN DOCUMENT

Suivez les instructions ci-dessous pour apprendre à lancer l'exécution du programme accessoire WordPad, ouvrir un document et imprimer son contenu.

À VOTRE CLAVIER !

1. Choisissez Programmes puis Accessoires dans le menu Démarrer.

2. Ouvrez l'accessoire WordPad.

3. Cliquez sur le bouton Ouvrir de la barre d'outils.

4. Sélectionnez, si nécessaire, l'unité de disquette correspondant à celle où se trouve votre disquette d'exercices, puis ouvrez le fichier **MonMot.** Assurez-vous d'avoir choisi le type Fichiers texte seulement (*.txt) au préalable.

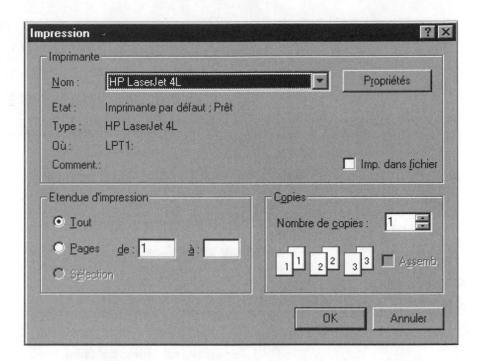

FIGURE 7.1
LA BOÎTE DE DIALOGUE
IMPRESSION.

5. Cliquez sur le bouton de votre imprimante sur la barre des tâches.

   La fenêtre de la file d'attente (de votre imprimante) s'ouvre par-dessus celle de WordPad.

6. Placez la fenêtre WordPad et celle de votre imprimante en mosaïque. (Cliquez sur un endroit vide de la barre des tâches avec le bouton droit de la souris et choisissez Mosaïque horizontale dans le menu de raccourcis.)

7. Activez la fenêtre de WordPad.

8. Choisissez Imprimer dans le menu Fichier.

   La boîte de dialogue Impression apparaît (*voir figure 7.1*).

9. Cliquez sur OK.

   Le document est envoyé à l'imprimante. Une fenêtre contenant un message s'affiche un court moment tandis que les données sont mises en attente : on y indique le document dans la file d'attente et l'imprimante à laquelle il sera transmis.

10. Continuez à travailler en exécutant les instructions qui suivent sans attendre la fin de l'impression de votre document.

SUSPENDRE UNE TÂCHE D'IMPRESSION

Suivez les instructions ci-dessous pour apprendre à suspendre la tâche d'impression que vous venez de transmettre à l'imprimante.

À VOTRE CLAVIER !

1. Observez la fenêtre de l'imprimante. La tâche d'impression que vous venez d'envoyer s'affiche dans la file d'attente, telle qu'illustrée à la figure 7.2.

2. Cliquez sur le menu Imprimante et choisissez Suspendre l'impression.

   La tâche d'impression MonMot est suspendue, tel qu'indiqué dans la file d'attente. (Vous apprendrez bientôt comment reprendre l'impression.)

REMARQUE

Il est possible de ne pas voir le message d'impression sur un ordinateur rapide ; si c'est le cas, reprenez les étapes 8 et 9 de l'exercice précédent.

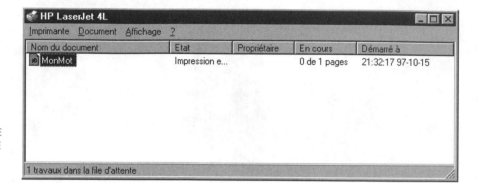

FIGURE 7.2
LA FENÊTRE D'UNE IMPRIMANTE
HP LASERJET 4L AFFICHANT UNE
TÂCHE D'IMPRESSION DANS LA
FILE D'ATTENTE.

OUVRIR ET IMPRIMER UN AUTRE DOCUMENT

À VOTRE CLAVIER !

Suivez les instructions ci-dessous pour retourner dans la fenêtre WordPad, ouvrir un autre document et l'imprimer.

1. Cliquez sur la fenêtre WordPad pour l'activer.

2. Cliquez sur le bouton Ouvrir.

La boîte de dialogue Ouverture apparaît.

3. Double-cliquez sur le fichier **Une note pour moi-même.** Assurez-vous d'avoir choisi le type Fichiers texte seulement (*.txt) au préalable.

Le document stocké dans le fichier « Une note pour moi-même » remplace, dans la fenêtre WordPad, le document MonMot.

4. Cliquez sur le bouton Imprimer.

Le document « Une note pour moi-même » est immédiatement envoyé dans la file d'attente.

ANNULER UNE TÂCHE D'IMPRESSION

À VOTRE CLAVIER !

Pour annuler une tâche d'impression, vous supprimez son nom dans la file d'attente. Suivez les instructions ci-dessous pour sélectionner et supprimer une tâche d'impression.

1. Cliquez sur la deuxième tâche d'impression de la file d'attente.

Elle est mise en surbrillance.

2. Choisissez Annuler l'impression dans le menu Document.

La tâche d'impression sélectionnée est annulée.

REPRENDRE L'IMPRESSION

À VOTRE CLAVIER !

Suivez les instructions ci-dessous pour activer la fenêtre de l'imprimante et reprendre une tâche d'impression suspendue.

1. Cliquez sur la fenêtre de l'imprimante pour l'activer.

LEÇON 7 GÉRER LES FONCTIONS D'IMPRESSION**Introduction à 147
Windows 95**

2. Cliquez sur la première tâche d'impression pour la sélectionner.

La tâche d'impression sélectionnée est mise en surbrillance.

3. Choisissez Suspendre l'impression dans le menu Imprimante.

L'imprimante reprend l'impression du document qui a été sélectionné (MonMot).

SÉLECTIONNER ET UTILISER DES POLICES DE CARACTÈRES

police de caractères : assortiment complet de caractères partageant un œil spécifique.

œil : ce qui particularise le dessin des caractères d'une même police et leur donne une apparence semblable.

empattement : petit segment droit ou courbe situé aux bouts du trait principal qui forme une lettre.

police de caractères avec empattements : police dont les caractères sont tracés avec des empattements, ce qui facilite la lecture. On utilise ces caractères surtout pour le texte.

police de caractères sans empattements : police dont les caractères sont tracés sans empattements. On utilise généralement ces caractères pour les titres ou la visualisation de texte à l'écran.

style : attribut qui permet de modifier l'apparence des caractères d'une police de caractères, sans en modifier l'œil ; par exemple : gras, italique, souligné.

graisse : attribut affectant l'épaisseur des traits des caractères ainsi que la chasse (l'espacement) entre ces derniers.

corps : taille des caractères imprimés.

point : unité de mesure égale à $1/72$ de pouce, utilisée pour exprimer la hauteur des caractères et d'autres éléments imprimés sur papier.

L'apparence d'un texte imprimé peut être grandement améliorée en variant le type des caractères utilisés. Les premières imprimantes n'offraient, en général, qu'un seul type de caractères. Par la suite, il est devenu possible de varier, par des ajouts au matériel et l'utilisation de différentes cartouches, le type de caractères imprimés. De nos jours, avec la plupart des imprimantes — qu'elles soient matricielles, à jet d'encre ou laser —, on peut imprimer un document en changeant de police, de style, etc., sans avoir à toucher au matériel ; le logiciel peut, selon les instructions qu'on lui donne, faire ces changements.

Les documents affichés à l'écran des tout premiers ordinateurs personnels ne reflétaient qu'approximativement l'apparence que ceux-ci avaient une fois imprimés. Par contre, depuis la venue des interfaces graphiques dotées de la caractéristique tel écran, tel écrit, les documents sont identiques à l'écran et une fois imprimés.

Une police de caractères détermine, en partie, l'apparence d'un texte imprimé. Une **police de caractères** est un assortiment complet de caractères qui partagent un œil spécifique.

L'**œil** est ce qui particularise le dessin des caractères d'une même police. Par exemple, l'œil des caractères de la police Times New Roman est très différent de celui de la police de caractères Helvetica, comme vous pouvez le constater à la figure 7.3. En fait, ces deux exemples illustrent deux grandes catégories d'œils de caractères : avec et sans empattements.

Les traits qui forment les caractères d'une **police de caractères avec empattements,** comme le Times New Roman, sont ornés d'**empattements,** c'est-à-dire de petits segments droits ou courbes à leurs extrémités. Le texte que vous avez présentement sous les yeux est un autre exemple de police de caractères avec empattements. De façon générale, les polices de caractères avec empattements conviennent bien au texte puisque les petites lignes droites et courbes facilitent la lecture en aidant votre œil à glisser le long de la ligne au cours de la lecture. Les **polices de caractères sans empattements,** quant à elles, ont une allure plus carrée et conviennent mieux aux titres où la facilité de lecture n'est pas aussi essentielle. La figure 7.3 présente quelques polices de caractères avec ou sans empattements.

Le **style** désigne différents attributs servant à varier l'apparence des caractères — gras, italique, souligné. La **graisse** — l'épaisseur des caractères et l'espacement entre eux, c'est-à-dire la chasse — a aussi un effet sur leur apparence. Les caractères dont les traits sont plus épais et/ou dont l'espacement est réduit donnent l'impression d'être plus lourds, alors que ceux dont les traits sont plus minces et/ou dont l'espacement est plus large donnent une impression de légèreté : le texte semble plus aéré.

Le **corps** — c'est-à-dire la taille — est une autre caractéristique des caractères. L'unité de mesure la plus couramment utilisée est le **point,** égal à

Avec empattements

Courier

Bookman

Times New Roman

Sans empattements

Arial

Helvetica

Avant-Garde

FIGURE 7.3
POLICES DE CARACTÈRES AVEC ET SANS EMPATTEMENTS.

un soixante-douzième ($^1/_{72}$) de pouce, et qui sert à exprimer des mesures verticales. Une ligne de caractères imprimée dans une police de caractères de 12 points (12 pts) occupe approximativement un sixième ($^1/_6$) de pouce verticalement, puisque $^{12}/_{72}$ est égal à $^1/_6$. Dans la majorité des cas, le corps d'un texte est de 10 ou de 12 points. Les titres sont plus grands, entre 14 et 72 points ou plus. Notez que un pouce (1 po) correspond à 24,5 millimètres.

Une police de caractères, au sens strict du terme, est caractérisée par l'œil, le corps, la graisse et le style de ses caractères ainsi que par l'espacement entre les caractères. Par exemple, Courier 12, Times New Roman Bold 10 et Helvetica Condensed Italic 36 sont trois polices de caractères. Par contre, on utilise couramment le nom seul d'une police pour faire référence à l'ensemble des variantes de cette police ; on parlera donc des polices Courier, Times New Roman et Helvetica.

UTILISER LES POLICES DE CARACTÈRES D'UNE IMPRIMANTE

police de caractères de taille variable : police dont les caractères peuvent être imprimés dans différentes tailles.

Les imprimantes offrent deux types de polices de caractères : des polices de taille variable, et des polices en mode point, dont les caractères ont une taille qui ne peut être modifiée. Les caractères des **polices de caractères de taille variable** peuvent être imprimés dans une gamme de tailles. Ainsi, l'utilisateur peut sélectionner la taille — en nombre de points — de la police à partir de l'application avec laquelle il travaille. Windows 95 offre plusieurs polices TrueType (c'est le nom d'un fabricant) dont la taille peut varier. (Ces polices sont identifiées par l'icône TT, au-dessus ou à la gauche de leur nom, dans l'environnement Windows 95.) Les interfaces graphiques, permettant d'afficher des documents en mode tel écran, tel écrit, représentent un environnement idéal pour les polices de caractères TrueType. Bitstream, Speedo et Postscript sont trois autres fabricants de polices de caractères de taille variable pour les interfaces tel écran, tel écrit.

police de caractères en mode point : police dont les caractères sont composés d'une matrice de points qui en régit la forme et la taille.

Les **polices de caractères en mode point** sont normalement intégrées aux circuits d'une imprimante. Chaque caractère est composé d'une matrice de points qui lui est spécifique ; par conséquent, les caractères de ce type de police n'ont qu'une seule taille. Lorsque vous sélectionnez une police en mode point appartenant à un logiciel d'application, Windows 95 essaie de trouver une police similaire pour afficher les caractères à l'écran.

AFFICHER ET IMPRIMER DES ÉCHANTILLONS DE POLICES DE CARACTÈRES

Suivez les instructions ci-dessous pour afficher les noms des polices disponibles dans votre système, puis faire imprimer un échantillon des polices sélectionnées.

À VOTRE CLAVIER !

1. Choisissez Paramètres dans le menu Démarrer.

    Un menu déroulant apparaît.

2. Choisissez le dossier Panneau de configuration.

3. Au besoin, faites défiler la fenêtre Panneau de configuration pour trouver le dossier Polices.

4. Double-cliquez sur le dossier Polices.

    La fenêtre Fonts apparaît (*voir figure 7.4*). Chaque police est stockée dans un fichier indépendant et est représentée par sa propre icône. Les icônes des polices TrueType affichent les lettres TT en bleu sur leurs icônes de fichier ; les polices en mode point, un A rouge.

REMARQUE

Les polices de caractères peuvent être personnalisées. Votre ordinateur possède probablement un ensemble de polices différent de celui de la figure 7.4.

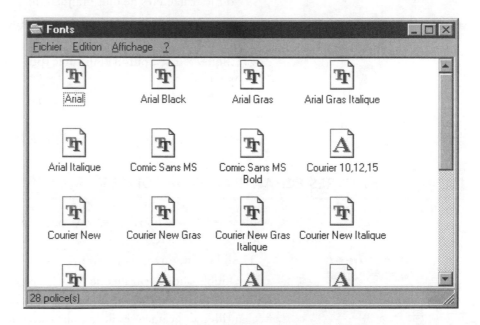

FIGURE 7.4
LA FENÊTRE FONTS (LE MOT ANGLAIS *FONT* SIGNIFIE «POLICE DE CARACTÈRES»).

5. Double-cliquez sur l'icône Arial.

La fenêtre Arial Normal (TrueType) apparaît. Elle affiche un échantillon des caractères de cette police (*voir figure 7.5*).

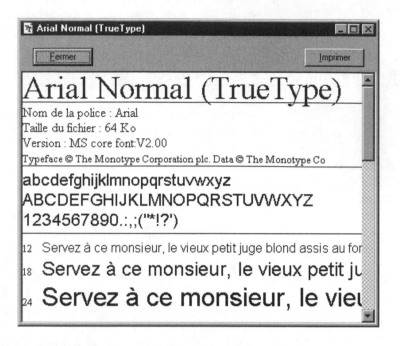

FIGURE 7.5
LA FENÊTRE ARIAL NORMAL
(TRUETYPE).

REMARQUE

Si la police Arial (TrueType) n'est pas disponible sur votre système, sélectionnez une autre police sans empattements, comme Helvetica ou MS Sans Serif.

6. Faites défiler l'information de la fenêtre Arial Normal (TrueType) pour voir les caractères de plus grande taille.

Des caractères de plus grande taille (de 12 à 72 points) sont affichés dans la fenêtre.

7. Cliquez sur le bouton Imprimer (puis sur OK si une boîte de dialogue apparaît).

Les échantillons de la police Arial sont envoyés à l'imprimante et imprimés.

8. Fermez la fenêtre Arial Normal (TrueType).

IMPRIMER D'AUTRES ÉCHANTILLONS DE POLICES

Suivez les instructions ci-dessous pour imprimer deux autres exemples de polices de caractères.

À VOTRE CLAVIER !

1. Au besoin, ouvrez la fenêtre Fonts.

2. Double-cliquez sur l'icône Courier New.

La fenêtre Courier New Normal (TrueType) apparaît. Elle affiche un échantillon des caractères de la police sélectionnée.

REMARQUE Si la police Courier New n'est pas disponible sur votre système, sélectionnez une autre police avec empattements, comme Times New Roman, Courier ou Bookman.

3. Cliquez sur Imprimer.

Les échantillons de la police sont envoyés à l'imprimante et imprimés.

4. Fermez la fenêtre.

5. Ouvrez une fenêtre qui affiche des échantillons des caractères d'une police de votre choix. Imprimez l'échantillon, puis fermez la fenêtre.

6. Fermez la fenêtre Fonts et la fenêtre Panneau de configuration.

ÉTABLIR LES PARAMÈTRES RELATIFS AU PAPIER

Quand on veut imprimer un document, en plus de choisir une police de caractères, il faut régler les paramètres de l'onglet Papier qui contrôlent, entre autres, la taille du papier, sa source et son orientation.

ALIMENTER L'IMPRIMANTE

L'apparence de ce que vous imprimez peut varier beaucoup selon l'imprimante et la sorte de papier utilisé. Habituellement, les imprimantes matricielles utilisent du papier entraîné par ergots (papier muni de trous sur les côtés permettant aux picots d'entraînement de l'imprimante de faire avancer le papier) ou du papier fourni manuellement à l'imprimante, une feuille à la fois.

Les imprimantes laser et à jet d'encre utilisent des feuilles de papier séparées rangées dans un bac à papier. Certains bacs n'acceptent qu'une seule grandeur de papier; d'autres en acceptent plusieurs. Si votre imprimante supporte plusieurs bacs à papier simultanément, vous pourrez imprimer des documents comportant des feuilles de différentes tailles; sinon, vous devrez changer de bac ou alimenter l'imprimante manuellement.

La zone de liste Source de papier de l'onglet Papier de la boîte de dialogue Propriétés d'une imprimante vous permet de sélectionner la provenance du papier à utiliser.

LA TAILLE DU PAPIER

Ce ne sont pas tous les documents qui sont imprimés sur du papier 8 $^1/_2$ sur 11 pouces (21,59 cm × 27,94 cm). La majorité des imprimantes acceptent différentes grandeurs de papier. L'onglet Papier de la boîte de dialogue Propriétés de votre imprimante affiche la liste des tailles de papier qu'il est possible d'utiliser. La figure 7.6 présente les options Taille du papier. Des tailles de papier, parmi les plus fréquemment utilisées, sont énumérées au tableau 7.1.

L'ORIENTATION DU PAPIER

L'orientation est la façon dont on fait la mise en pages d'un document par rapport aux dimensions du papier. Vous pouvez imprimer vos documents

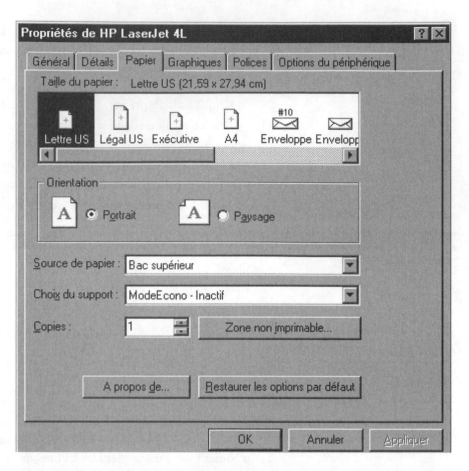

FIGURE 7.6
QUELQUES OPTIONS DE LA BOÎTE
DE DIALOGUE PROPRIÉTÉS D'UNE
IMPRIMANTE.

orientation portrait : option de
mise en pages selon laquelle le
texte ou d'autres types de données sont imprimés dans le sens de
la hauteur du papier.

orientation paysage : option de
mise en pages selon laquelle le
texte ou d'autres types de données sont imprimés dans le sens de
la largeur du papier.

selon deux orientations. L'**orientation portrait** correspond à l'orientation
qui nous paraît « normale » : le texte et les graphiques sont imprimés dans le
sens de la hauteur du papier : par exemple, 8 $\frac{1}{2}$ sur 11 pouces (21,59 cm $\times$
27,94 cm). Dans le cas de l'**orientation paysage,** l'impression se fait dans le
sens de la largeur du papier : par exemple, 11 sur 8 $\frac{1}{2}$ pouces (27,94 cm $\times$
21,59 cm). La figure 7.7 illustre les deux types d'orientation.

TABLEAU 7.1
TAILLES DU PAPIER

TAILLE (LARGEUR SUR LONGUEUR)	DESCRIPTION
8 $\frac{1}{2}$ sur 11 pouces (21,59 cm $\times$ 27,94 cm)	Lettre US. La plus répandue des tailles de papier.
8 $\frac{1}{2}$ sur 14 pouces (21,59 cm $\times$ 35,56 cm)	Légal US. Plus long que le papier lettre.
7 $\frac{1}{2}$ sur 10 $\frac{1}{2}$ pouces (10,48 cm $\times$ 24,13 cm)	Exécutive. Un peu plus étroit et plus court que le papier lettre.
3 $\frac{7}{8}$ sur 8 $\frac{7}{8}$ pouces (10,48 cm $\times$ 24,13 cm)	Enveloppe (#10).

RÉGLER LA TAILLE DU PAPIER ET SON ORIENTATION

Suivez les instructions ci-dessous pour essayer différents paramètres de l'onglet Papier.

1. Ouvrez le dossier Imprimantes dans le sous-menu Paramètres du menu Démarrer.

   La fenêtre Imprimantes apparaît.

2. Cliquez sur l'icône portant le nom de votre imprimante.

3. Choisissez Propriétés dans le menu Fichier.

   La fenêtre Propriétés apparaît ; elle comprend plusieurs onglets. (Notez que la fenêtre Propriétés qui s'affiche à votre écran est probablement différente de celle présentée à la figure 7.6.)

4. Cliquez sur l'onglet Papier (s'il est disponible dans cette page, sinon examinez le contenu des onglets affichés et sélectionnez un bouton ou une option nommé Configurer ou Setup ou encore Paramètres).

   Les différents paramètres relatifs au papier s'affichent ; votre écran devrait ressembler (à peu de choses près) à celui de la figure 7.6. Sur cet écran, la première option est Taille du papier.

5. Utilisez la barre de défilement pour consulter les différents choix qu'offre l'option Taille du papier.

   Cliquer sur une icône représentant une taille de papier définit ce choix comme étant la valeur par défaut de la taille du papier. Ne la modifiez pas.

6. Choisissez ensuite l'orientation en cliquant sur la case d'option Paysage.

7. Sélectionnez OK.

   Vous venez de modifier l'orientation par défaut, qui est Paysage. Le prochain document qui sera imprimé le sera selon l'orientation paysage.

8. Fermez la fenêtre Propriétés de l'imprimante.

IMPRIMER UN DOCUMENT

Suivez les instructions ci-dessous pour apprendre à glisser-déplacer l'icône d'un document sur l'icône de votre imprimante afin de l'imprimer.

1. Ouvrez le dossier Imprimantes dans le sous-menu Paramètres du menu Démarrer.

2. Double-cliquez sur la fenêtre Poste de travail pour l'ouvrir.

3. Double-cliquez sur l'icône représentant l'unité de disquette où se trouve votre disquette d'exercices pour voir le contenu de cette dernière.

4. Placez les fenêtres ouvertes en mosaïque verticale.

5. Au besoin, faites défiler le contenu de la fenêtre de votre disquette jusqu'à ce que vous trouviez l'icône du fichier **MonMot.**

6. Faites glisser l'icône du fichier **MonMot** sur l'icône de l'imprimante reliée à votre ordinateur. Relâchez le bouton de la souris lorsque l'icône du fichier est sur l'icône de l'imprimante.

   Le contenu du fichier est envoyé à l'imprimante. Cette opération peut demander quelques instants : le fichier est envoyé dans la file d'attente et, de là, à l'imprimante. L'image s'imprime dans le sens de la largeur du papier, selon l'orientation paysage (si votre imprimante le permet).

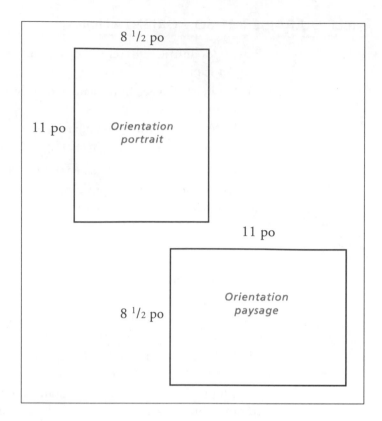

FIGURE 7.7
ORIENTATIONS PORTRAIT ET
PAYSAGE.

MODIFIER DE NOUVEAU LE PARAMÈTRE ORIENTATION

À VOTRE CLAVIER !

résolution : mesure de la précision (et donc de la qualité) de l'image, qui s'applique aux imprimantes et aux moniteurs d'ordinateur, exprimée en nombre de points par pouce.

Suivez les instructions ci-dessous pour remettre le paramètre Orientation à sa valeur initiale : Portrait.

1. Si nécessaire, sélectionnez (surlignez) l'icône de l'imprimante reliée à votre système.
2. Choisissez Propriétés dans le menu Fichier.
   La fenêtre Propriétés de l'imprimante apparaît sur le Bureau.
3. Au besoin, cliquez sur l'onglet Papier.
4. Cliquez sur la case d'option Portrait.
5. Cliquez sur OK.
6. Fermez toutes les fenêtres ouvertes.

RÉGLER LA RÉSOLUTION

qualité brouillon : la plus faible résolution, utilisée pour imprimer rapidement un premier jet d'un document.

qualité courrier : résolution élevée, donc qualité supérieure d'impression, utilisée pour imprimer la version finale d'un document.

Presque toutes les imprimantes produisent des textes et des images en imprimant une série de points qui, assemblés, forment les caractères, les dessins, etc. Plus il y a de points imprimés dans une portion donnée de la page, plus la **résolution** sera élevée. Plusieurs imprimantes offrent différentes résolutions. En règle générale, plus la résolution est élevée, plus l'imprimé sera clair, net et précis — et plus il sera long à imprimer ; l'impression à haute résolution utilise aussi plus d'encre. La résolution la plus faible est appelée **qualité brouillon ;** la plus élevée, **qualité courrier.** Vous devriez imprimer en mode brouillon lorsque la qualité de l'imprimé n'est pas importante ou que vous désirez obtenir rapidement une copie papier pour corriger les épreuves ou éditer le document. Servez-vous de la qualité courrier pour créer des imprimés soignés et plus faciles à lire.

La résolution est mesurée en points par pouce. Parfois, la résolution — celle d'une imprimante matricielle, par exemple — est exprimée par deux nombres correspondant au nombre de points imprimés horizontalement et verticalement dans un pouce carré. Ainsi, une résolution de 180 sur 180 signifie que 180 points peuvent être imprimés horizontalement et verticalement dans un pouce. Dans le cas des imprimantes laser, entre autres, la résolution est exprimée à l'aide d'un seul nombre représentant le nombre de points par pouce.

MODIFIER LA RÉSOLUTION

Suivez les instructions ci-dessous pour imprimer deux documents en choisissant des résolutions différentes.

REMARQUE

Cet exercice ne peut être réalisé qu'avec une imprimante offrant au moins deux niveaux de résolution.

À VOTRE CLAVIER !

1. Ouvrez la fenêtre Imprimantes.

2. Sélectionnez l'icône correspondant à votre imprimante.

3. Choisissez Propriétés dans le menu Fichier.

La boîte de dialogue Propriétés de l'imprimante apparaît.

4. Cliquez sur l'onglet Graphiques.

Si votre imprimante est de type matriciel, l'onglet Graphiques offrira des options semblables à celles de la figure 7.8. S'il s'agit d'une imprimante laser, votre écran affichera plutôt une image semblable à celle de la figure 7.9.

FIGURE 7.8
L'ONGLET GRAPHIQUES D'UNE
IMPRIMANTE MATRICIELLE
STANDARD.

FIGURE 7.9
L'ONGLET GRAPHIQUES D'UNE
IMPRIMANTE LASER STANDARD.

5. Si votre imprimante est de type matriciel, sélectionnez l'option 120 × 144 (ou une valeur similaire) pour régler le paramètre Résolution. Si votre imprimante est de type laser, assurez-vous que le paramètre Résolution est fixé à 300 points par pouce.

6. Si vous avez une imprimante laser, sautez à l'étape 8. Si vous possédez une imprimante matricielle, sélectionnez l'onglet Options du périphérique et réglez le paramètre Qualité d'impression à Brouillon (ou tout autre terme indiquant une faible résolution).

7. Sélectionnez OK.

8. Faites en sorte que la fenêtre Imprimantes et celle de l'unité de disquette dans laquelle se trouve votre disquette d'exercices soient toutes deux bien visibles à l'écran.

9. Faites glisser l'icône du fichier **MonMot** sur l'icône représentant votre imprimante. Relâchez le bouton de la souris lorsque l'icône est en surbrillance.

Le fichier sélectionné est transmis à l'imprimante.

10. Si votre imprimante est de type matriciel, ouvrez de nouveau la boîte de dialogue Propriétés et établissez la résolution à 240 × 144. Imprimez le fichier **MonMot** une deuxième fois et comparez les résultats.

REMARQUE

Si vous utilisez une imprimante laser dont la résolution est de 600 points par pouce, remettez la résolution à 600.

11. Fermez toutes les fenêtres ouvertes.

RÉSUMÉ DE LA LEÇON ET EXERCICES

À la fin de cette leçon, vous devriez avoir acquis les connaissances suivantes.

GÉRER VOTRE IMPRIMANTE

■ Envoyer un document WordPad à votre imprimante.

■ Lancer, suspendre et reprendre l'impression de documents.

SÉLECTIONNER ET UTILISER DES POLICES DE CARACTÈRES

■ Déterminer et afficher les différentes polices disponibles dans votre système et afficher des échantillons de leurs caractères dans la fenêtre Fonts.

ÉTABLIR LES PARAMÈTRES RELATIFS AU PAPIER

■ Selon le type d'imprimés à produire, préciser la taille du papier utilisé et l'orientation des pages dans la boîte de dialogue Propriétés de votre imprimante.

RÉGLER LA RÉSOLUTION

■ Choisir le mode brouillon ou courrier dans la boîte de dialogue Propriétés de votre imprimante.

NOUVEAUX TERMES À RETENIR

À la fin de cette leçon, vous devriez connaître la signification des termes suivants.

apparence	œil	police de caractères sans empattements	qualité brouillon
attribut	orientation paysage	police de caractères de taille variable	qualité courrier
corps	orientation portrait		résolution
empattement	point	police de caractères en mode point	sortie papier
file d'attente	police de caractères		spoule
graisse	police de caractères avec empattements	purger	spouleur
imprimé			style

ASSOCIATIONS

Associez à chacun des termes de la colonne de gauche une définition de la colonne de droite.

TERME

1. qualité brouillon
2. police de caractères
3. orientation paysage
4. point
5. orientation portrait
6. file d'attente
7. spouleur
8. résolution
9. police de caractères de taille variable
10. œil

DÉFINITION

a. Orientation d'impression qui permet d'imprimer dans le sens de la largeur du papier.

b. Outil qui permet de stocker les données à imprimer dans un fichier spécial sur le disque dur avant de les envoyer à l'imprimante, pendant que l'ordinateur réalise d'autres tâches.

c. Qualité graphique des images imprimées déterminée par le nombre de points par pouce, qui constituent l'image.

d. Ensemble des caractères ayant un œil spécifique.

e. Impression de faible qualité.

f. Police de caractères qui peut être imprimée dans diverses grandeurs.

g. Ce qui particularise le dessin des caractères d'une même police et leur donne une apparence semblable.

h. Unité de mesure des caractères imprimés, qui équivaut à $1/72$ de pouce.

i. Orientation d'impression qui permet d'imprimer dans le sens de la longueur du papier.

j. Zone spéciale qui stocke temporairement les tâches d'impression et où vous pouvez les manipuler avant qu'elles soient envoyées à l'imprimante.

PHRASES À COMPLÉTER

Complétez chacune des phrases suivantes.

1. Vous pouvez rédiger une note de service avec un logiciel de traitement de texte pendant qu'un chiffrier électronique est imprimé par l'imprimante reliée au système, grâce à/au _____ de Windows 95.

2. _____ est une technique permettant de vider, d'un coup, toute la file d'attente.

3. L'ensemble des caractères apparaissant en Helvetica Bold Italic 12 points est un exemple d'un/une _____.

4. En règle générale, les polices de caractères _____ conviennent mieux au texte, car elles aident votre œil à glisser sur les lignes de caractères durant la lecture.

5. Pour augmenter la taille d'une police de caractères, il faut _____ le nombre de points.

6. En qualité courrier, la résolution est _____ qu'en qualité brouillon.

7. Les polices de caractères en mode point sont généralement intégrées à une imprimante _____.

8. Orientation _____ signifie que le texte et les graphiques sont imprimés sur le sens de la longueur du papier.

9. Un caractère en gras a un/une _____ supérieur(e) à un caractère régulier.

10. On appelle _____ le résultat du travail d'une imprimante.

QUESTIONS À RÉPONSE BRÈVE

Répondez par un court texte aux questions ci-dessous.

1. Énumérez et expliquez les caractéristiques d'une police de caractères.

2. Quels sont les avantages d'utiliser un spouleur quand vient le temps de transmettre des données à une imprimante ?

3. Décrivez brièvement une situation où il serait préférable d'imprimer en qualité brouillon, ainsi qu'une situation requérant une impression de qualité courrier.

4. Quel type de police de caractères (avec ou sans empattements) est-il préférable d'utiliser pour des grands titres ? Dites pourquoi.

5. Décrivez brièvement la procédure à suivre pour annuler une tâche d'impression.

6. Dans quel(s) cas pourriez-vous désirer annuler une tâche d'impression ?

7. Faites la distinction entre les polices de caractères en mode point et celles de taille variable.

8. Comment fait-on pour afficher et imprimer des échantillons de polices de caractères ?

9. Comment faites-vous pour afficher les variantes d'une police de caractères ?

10. Quelle est la différence entre l'orientation portrait et l'orientation paysage ? Quelles sont les étapes à suivre pour modifier l'orientation par défaut ?

TRAVAUX PRATIQUES

Insérez votre disquette d'exercices dans l'unité de disquette A: (ou B:). Effectuez les opérations demandées.

1. Ouvrez le programme accessoire WordPad, puis ouvrez le fichier **MonMot.** Utilisez les commandes ou les boutons appropriés pour transmettre ce document à l'imprimante. Ensuite, ouvrez la fenêtre de l'imprimante reliée à votre système, puis suspendez l'impression de **MonMot.** Maintenant, retournez à la fenêtre WordPad et ouvrez le document enregistré dans le fichier **Une note pour moi-même.** Envoyez ce document à l'imprimante. Activez la fenêtre Imprimante. Annulez l'impression du document du fichier **Une note pour moi-même** et reprenez l'impression du document du fichier **MonMot.** Fermez toutes les fenêtres ouvertes.

2. Affichez la boîte de dialogue Propriétés de votre imprimante, si votre imprimante offre plus d'une option de résolution (sinon, passez au travail suivant). Choisissez une faible résolution et/ou une impression de qualité brouillon. Ouvrez le programme WordPad. Ouvrez le document enregistré dans le fichier **Une note pour moi-même.** Sélectionnez la commande ou le bouton approprié pour envoyer le document à l'imprimante. Après l'impression, retournez à la boîte de dialogue Propriétés de votre imprimante et choisissez une haute résolution et/ou une impression de qualité courrier. Revenez au programme WordPad, envoyez de nouveau le document **Une note pour moi-même** à l'imprimante et comparez les deux imprimés. Décrivez brièvement toutes les différences entre les deux imprimés. Fermez toutes les fenêtres ouvertes.

3. Affichez la boîte de dialogue Propriétés de votre imprimante et sélectionnez Paysage. Ouvrez l'accessoire Paint et affichez l'image contenue dans le fichier **Le dessin de mon nom.** Envoyez l'image à l'imprimante. Fermez le programme Paint, ouvrez la fenêtre Imprimante correspondant à votre imprimante et suspendez l'impression de **Le dessin de mon nom.** Retournez à la boîte de dialogue Propriétés de votre imprimante et choisissez Portrait. Reprenez l'impression de l'image, puis fermez toutes les fenêtres ouvertes.

4. Créez des échantillons d'impression d'au moins trois polices de caractères (en plus de celles que vous avez déjà imprimées au cours de cette leçon). Conservez ces imprimés pour commencer une petite brochure à laquelle vous pourrez vous référer ultérieurement pour choisir une police.

    Si vous avez fini de travailler sur votre ordinateur, arrêtez Windows 95 et éteignez votre ordinateur.

Dupliquer, déplacer et partager des données

OBJECTIFS

À la fin de cette leçon, vous pourrez :

- comprendre ce qu'est un système multitâche et en quoi ce type de fonctionnement peut faciliter l'échange de données ;
- expliquer les différentes façons de dupliquer des données ou de déplacer des données d'un fichier à un autre ;
- suivre l'évolution des méthodes de partage de données : l'importation et l'exportation, la conversion, les liaisons et l'intégration d'objets ;
- glisser-déplacer des données d'un document à un autre dans WordPad ;
- placer des données dans le Presse-papiers et y accéder ;
- utiliser les commandes du Presse-papiers — Couper, Copier, Coller — pour déplacer des données d'un fichier à un autre ou des fichiers d'un disque à un autre, ainsi que pour placer un double de données ou d'un fichier respectivement dans un autre fichier ou sur un autre disque ;
- utiliser OLE pour déplacer un objet d'une application serveur à une application client et éditer cet objet sans sortir de l'application client.

A vec les premiers micro-ordinateurs, il s'avérait difficile, voire parfois impossible, de combiner des données provenant d'applications différentes. Les données de documents créés avec des applications différentes étaient très souvent incompatibles, et, même quand elles étaient compatibles, extraire de l'information d'un document et l'insérer dans un autre demandait beaucoup d'ingéniosité de la part de l'utilisateur et exigeait l'utilisation de procédés longs et ennuyeux.

L'interface Windows facilite grandement la combinaison d'objets de différentes sources. De plus, depuis la sortie de Windows 95, les utilisateurs peuvent profiter d'une nouvelle façon de combiner des données — axée sur les documents et les outils utilisés pour les créer.

De nos jours, les systèmes ne sont plus orientés sur les applications comme auparavant. Les utilisateurs d'ordinateur individuel peuvent se servir de tous les outils d'application dont ils ont besoin pour un travail... sans avoir à faire de manœuvres compliquées ! Au cours de cette leçon, vous apprendrez plusieurs techniques qui permettent de combiner différents objets dans un même document.

PARTAGER DES DONNÉES

Avant la conception des interfaces graphiques, l'utilisateur devait se donner beaucoup de mal pour travailler avec plusieurs documents à la fois. Par exemple, pour combiner, dans un même fichier, du texte et une image, il fallait ouvrir le programme de traitement de texte, créer, éditer et formater le texte dans le format propre à l'application, enregistrer ensuite le texte dans un fichier, fermer l'application et, finalement, ouvrir une autre application pour créer, éditer et enregistrer l'image. Puis, il fallait trouver, pour les données du fichier de l'image, un format qui puisse être utilisé par l'application de traitement de texte, laquelle, bien sûr, devait être ouverte de nouveau (une fois fermée l'application graphique). Les divers formats de données exigeaient souvent le recours à un programme spécialisé pour convertir un format en un autre.

LE FONCTIONNEMENT MULTITÂCHE

Les premiers ordinateurs individuels ne permettaient de travailler qu'avec une seule application et un seul fichier à la fois. Par exemple, si vous étiez en train de taper une lettre avec un programme de traitement de texte et que vous aviez besoin de vérifier le solde de votre compte de banque, vous deviez enregistrer la lettre, sortir du programme de traitement de texte, lancer le programme de gestion financière et ouvrir le fichier approprié pour pouvoir consulter votre solde. Naturellement, pour continuer à taper votre lettre, vous deviez fermer le programme de gestion financière, lancer le programme de traitement de texte, ouvrir le fichier contenant l'ébauche de la lettre et la terminer.

> **multitâche** : se dit d'un système d'exploitation capable d'effectuer plusieurs tâches simultanément.

Avec le temps, la puissance des ordinateurs s'est accrue et a permis d'accomplir plus d'une tâche ou de travailler avec plus d'une application à la fois. On qualifie de **multitâche** le mode de fonctionnement d'un système capable d'exécuter plus d'un programme simultanément. Maintenant, lorsque vous désirez vérifier le solde de votre compte de banque, vous pouvez le faire sans avoir à enregistrer votre document et à sortir du programme de traitement de texte. Vous n'avez qu'à « mettre de côté » l'application dans laquelle vous rédigez votre texte, à ouvrir le programme de gestion financière, à vérifier le solde, puis à retourner au programme de traitement de texte pour continuer votre travail. Le programme de traitement de texte et le programme de gestion financière sont tous deux en exécution sur votre ordinateur en même temps : chacun dans sa propre fenêtre. Vous activez simplement la fenêtre que vous désirez utiliser.

> **en arrière-plan** : se dit du processus permettant d'exécuter un programme sans que la fenêtre de ce programme soit affichée.

Le fonctionnement multitâche permet d'économiser du temps. Par exemple, l'ordinateur peut trier une longue liste de noms, par ordre alphabétique, **en arrière-plan** (ou de façon transparente) tout en laissant l'écran libre, vous permettant ainsi d'ouvrir un programme différent pour continuer à travailler. Le spouleur que vous avez utilisé au cours de la leçon précédente constitue un autre exemple d'outil qui permet le travail en arrière-plan.

> **approche orientée sur les applications** : vision théorique de l'utilisation des ordinateurs qui insiste sur l'interface d'un programme. *Voir* **approche orientée sur les documents.**

Le fonctionnement multitâche offre l'avantage de pouvoir combiner divers objets sans que l'on ait à ouvrir ou à fermer les applications utilisées. Cependant, le fonctionnement multitâche nécessite quand même que vous connaissiez les fonctions et les caractéristiques propres à chaque programme d'application. Le fait de travailler avec différentes applications et de créer des données de différents types caractérise ce qu'on appelle une **approche orientée sur les applications.** Dans cette approche, chaque application possède sa propre interface utilisateur ; il n'y a aucune garantie de cohérence entre les données créées à l'aide des différents programmes.

UTILISER LES MÉTHODES DE PARTAGE DE DONNÉES ORIENTÉES SUR LES APPLICATIONS

Il existe quatre types de méthodes de partage de données orientées sur les applications : importation et exportation de données, conversion de données, liaison de données et partage de données entre les applications de progiciels intégrés. Voyons chacune d'elles.

IMPORTER ET EXPORTER DES DONNÉES

exportation : méthode de partage de données entre deux applications impliquant la modification des données créées avec la première application, pour qu'elles soient dans un format qui puisse être utilisé par la deuxième application.

importation : méthode de partage de données déjà créées par une certaine application, qui implique la modification de ces données pour qu'elles soient dans un format qui puisse être utilisé par une application différente, avec laquelle on a créé un document dans lequel on veut mettre ces données.

Chaque programme d'application enregistre les données dans un format particulier. Par exemple, un programme de gestion de bases de données comme dBASE enregistre une liste d'adresses dans un fichier de format dBASE ; Lotus 1-2-3, un tableur, crée des fichiers de chiffriers électroniques de type Lotus 1-2-3. La méthode utilisée autrefois pour transférer des données d'un programme à un autre était de les enregistrer dans un format pouvant être utilisé par le programme auquel elles étaient destinées. C'est ce qui s'appelle de l'**exportation.** L'**importation** consistait à aller chercher des données créées par une application pour les traiter avec une autre application en exécution. De cette manière, les données d'un programme de gestion de bases de données pouvaient être incorporées à un programme de chiffrier électronique, par exemple. Pour se servir de cette technique, les utilisateurs devaient maîtriser les deux programmes d'application.

CONVERTIR DES DONNÉES

Afin de simplifier le transfert des données, de petits programmes de « traduction » ont été conçus dans le seul but de changer le format des fichiers. Certains logiciels d'application sophistiqués possèdent un utilitaire de conversion intégré qui permet de changer, au besoin, le format des fichiers au moment de leur ouverture. Lorsque vous importez une image dans un programme de traitement de texte, comme ce dernier ne possède pas les commandes d'édition nécessaires pour que vous puissiez apporter des modifications majeures à l'image, vous devez d'abord traiter celle-ci à l'aide d'un logiciel graphique et l'importer ensuite dans le programme de traitement de texte. Ces opérations d'importation peuvent devenir très ennuyeuses et prendre beaucoup de temps, surtout lorsqu'il s'agit de documents complexes, comme un article de journal comprenant plusieurs illustrations.

LIER DES DONNÉES

liaison : relation entre un objet et le programme qui l'a créé.

Une **liaison,** c'est-à-dire une relation continue entre des données et le programme qui les a créées, permet d'éliminer la nécessité des opérations d'importation quand on travaille avec des données créées par différentes

échange dynamique de données: méthode de partage de données dans laquelle les données, une fois qu'elles sont modifiées dans une application, sont automatiquement modifiées dans une autre application qui les utilise.

applications. Par exemple, si on modifie une image (à l'aide d'un logiciel graphique), la copie de cette image qui se trouve dans un fichier de traitement de texte est elle aussi automatiquement modifiée. Cette technique est connue sous le nom d'**échange dynamique de données.** Bien que cette méthode offre une manière plus facile de partager l'information, il n'en reste pas moins que l'utilisateur doit travailler avec deux logiciels, l'un après l'autre.

UTILISER DES PROGICIELS INTÉGRÉS

Les progiciels intégrés combinent les fonctions de plusieurs applications, comme le traitement de texte, les tableurs, la gestion de bases de données, les grapheurs et la communication, en un seul programme. Microsoft Works, Lotus Works et WordPerfect Works sont les trois progiciels intégrés les plus populaires. Ces programmes peuvent assez facilement utiliser les mêmes données puisqu'ils ont tous la même interface ; ils conviennent bien à un usage domestique ou personnel. Malheureusement, aucun d'eux n'offre la puissance ni la souplesse qui caractérise les logiciels vendus séparément.

UTILISER LES MÉTHODES DE PARTAGE DE DONNÉES DE WINDOWS 95, ORIENTÉES SUR LES DOCUMENTS

approche orientée sur les documents: vision théorique de l'utilisation des ordinateurs qui insiste sur le document ou le résultat plutôt que sur les applications utilisées pour le créer. *Voir* **approche orientée sur les applications.**

Les concepteurs de Windows 95 se sont rendu compte que les utilisateurs, pour combiner des données créées par différents logiciels, désirent plus qu'un accès facile aux programmes, une interface graphique et un système multitâche : ils veulent pouvoir se concentrer uniquement sur un document — le résultat final — sans avoir à trop se préoccuper des programmes qui créent chaque type d'information composant le document. On appelle **approche orientée sur les documents** cette vision du travail sur ordinateur.

Les méthodes de partage de données sous Windows 95 impliquent soit la technique glisser-déplacer, soit l'utilisation du Presse-papiers pour stocker les données jusqu'à ce qu'elles soient amenées (dupliquées ou déplacées) à l'endroit désiré.

GLISSER-DÉPLACER

Cette technique orientée sur les documents vous permet de faire glisser une icône, une portion d'un document ou un document entier vers une nouvelle position pour dupliquer ou déplacer cet objet. Il est très simple de glisser-déplacer un objet : vous le sélectionnez, le faites glisser jusqu'au nouvel emplacement, puis vous relâchez le bouton de la souris. Ce ne sont pas tous les programmes d'application qui permettent de faire glisser un élément d'une fenêtre pour le mettre dans la fenêtre d'un autre programme, mais le logiciel de dessin Paint et le logiciel de traitement de texte WordPad permettent de le faire. Cependant, cette opération ne peut être faite dans un gestionnaire d'impression.

UTILISER LE PRESSE-PAPIERS

Lorsque vous utilisez les commandes Couper ou Copier de Windows, l'information sélectionnée est placée dans une zone spécifique de la mémoire

Presse-papiers : zone de la mémoire vive utilisée pour stocker temporairement de l'information, qui a été copiée ou coupée, de façon à pouvoir la coller dans un nouvel emplacement.

vive appelée **Presse-papiers.** Les données stockées dans le Presse-papiers peuvent être amenées par la suite ailleurs dans le même document ou dans un autre document, même si celui-ci a été créé par une application différente. Certains programmes peuvent établir une liaison entre le logiciel qui a placé des données dans le Presse-papiers et ces données (c'est le rôle de la commande Collage spécial du menu Édition). Mais, même si vous n'arrivez pas à lier des données, le Presse-papiers représente une méthode facile de transfert d'informations entre deux applications — même entre un programme DOS et un programme Windows.

REMARQUE

Servez-vous des options Liaisons du menu Édition pour éditer des données liées.

Le Presse-papiers peut contenir du texte ou des images. S'il s'agit de texte, les données sont enregistrées en divers formats. Lorsque vous collez des données de type texte, l'ordinateur choisit un format générique pour la nouvelle application avec laquelle vous voulez traiter ce texte. En temps voulu, vous pourrez spécifier le format de ce texte. Par exemple, si vous transférez du texte à partir d'un document WordPad dans une autre application, vous pouvez l'y placer en tant que document WordPad formaté (RTF) ou non formaté (Texte seulement).

L'accessoire Presse-papiers de Windows vous permet d'avoir accès au contenu du Presse-papiers. Il vous aide à comprendre le fonctionnement des commandes du Presse-papiers et vous permet d'enregistrer, dans un fichier, le contenu du Presse-papiers pour utilisation ultérieure.

LES COMMANDES DU PRESSE-PAPIERS

copier : 1. Stocker temporairement en mémoire vive (dans le Presse-papiers), un double de n'importe quel objet sélectionné (du texte, une image, un fichier, un dossier). 2. Nom de la commande qui exécute cette opération. (Le raccourci clavier est Ctrl-C ; on peut aussi utiliser la touche Ctrl avec la souris pour copier un objet.)

couper : 1. Retirer un objet sélectionné (du texte, une image, un fichier, un dossier) de son emplacement d'origine et l'enregistrer temporairement dans la mémoire vive de l'ordinateur. 2. Nom de la commande qui effectue cette opération. (Le raccourci clavier est Ctrl-X.)

coller : 1. Insérer un objet stocké temporairement dans la mémoire vive de l'ordinateur (autrement dit, Presse-papiers) à l'endroit où se trouve le point d'insertion. 2. Nom de la commande qui effectue cette opération. (Le raccourci clavier est Ctrl-V.)

Toutes les applications conçues pour Windows 95 possèdent un menu Édition dans lequel vous retrouverez les trois commandes du Presse-papiers : Couper, Copier et Coller. Ces commandes servent à dupliquer des données et des fichiers, et à les déplacer d'un endroit à un autre.

Avant de pouvoir copier ou couper un élément, vous devez le sélectionner. **Copier** place dans le Presse-papiers une copie de l'objet sélectionné sans altérer de quelque façon que ce soit l'original. **Couper** place dans le Presse-papiers une copie exacte de l'objet sélectionné et le retire de son emplacement d'origine.

L'exécution des commandes Copier ou Couper ne constitue que la première étape à suivre pour dupliquer ou déplacer un objet. La commande Coller complète l'opération. **Coller** insère le contenu du Presse-papiers à l'endroit où se trouve le point d'insertion, comme le curseur dans un fichier texte ou le volet Contenu dans la fenêtre Explorateur. Ainsi, la combinaison des commandes Copier et Coller permet de dupliquer un objet, tandis que la combinaison des commandes Couper et Coller permet de déplacer un objet.

Afin d'utiliser efficacement le Presse-papiers, il est utile de comprendre quelques-unes de ses limites. Le Presse-papiers ne retient les informations que temporairement, tant que l'ordinateur fonctionne. Le Presse-papiers ne peut contenir qu'un seul objet à la fois, mais cet objet peut être volumineux, un document de 15 pages, par exemple. Chaque fois que vous coupez ou copiez un objet, celui-ci remplace dans le Presse-papiers les données qui y étaient enregistrées.

REMARQUE	Assurez-vous donc de coller les données (stockées dans le Presse-papiers) dont vous avez encore besoin avant de couper ou de copier autre chose.

COPIER DES DONNÉES

Suivez les instructions ci-dessous pour apprendre à copier des données et à utiliser le Gestionnaire de Presse-papiers.

À VOTRE CLAVIER !

1. Ouvrez la fenêtre WordPad sur le Bureau.

2. Sélectionnez le bouton Ouvrir sur la barre d'outils de WordPad.

3. Sélectionnez l'unité de disquette où se trouve votre disquette d'exercices dans la zone de liste Chercher (unité A: ou B:).

4. Sélectionnez l'option Fichiers texte seulement (*.txt) dans la zone de liste Type.

5. Double-cliquez sur l'icône du fichier **Dépenses.**

Les données enregistrées sous le format Texte apparaissent dans la fenêtre WordPad.

6. Choisissez Sélectionner tout dans le menu Édition afin de sélectionner tout le texte de ce document.

Le document en entier est mis en surbrillance.

7. Choisissez Copier dans le menu Édition.

Une copie du texte sélectionné est stockée dans le Presse-papiers.

8. Choisissez Programmes, puis Accessoires dans le menu Démarrer.

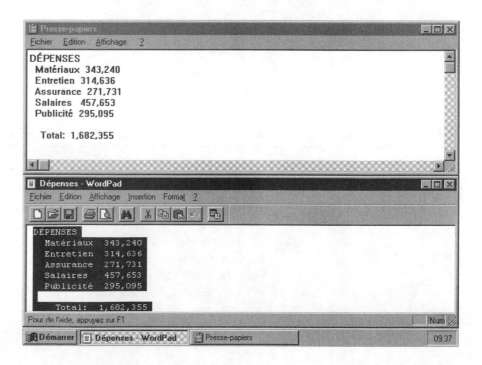

FIGURE 8.1
LA MOSAÏQUE DES FENÊTRES
WORDPAD ET PRESSE-PAPIERS.

9. Choisissez le Gestionnaire de Presse-papiers dans le menu Accessoires.

10. Disposez les deux fenêtres ouvertes en mosaïque horizontale.

Votre écran devrait ressembler à celui de la figure 8.1.

COLLER DES DONNÉES

À VOTRE CLAVIER !

Suivez les instructions ci-dessous pour apprendre à coller les données que vous avez copiées.

1. Cliquez sur le bouton Ouvrir de WordPad.

La boîte de dialogue Ouverture apparaît.

2. Assurez-vous que l'unité de disquette sélectionnée correspond à celle qui contient votre disquette d'exercices.

3. Sélectionnez Tous (*.*) dans la zone de liste Type.

4. Double-cliquez sur l'icône du fichier **Une note pour moi-même.**

Le fichier s'ouvre et le document qu'il contient apparaît dans la fenêtre WordPad.

5. Agrandissez la fenêtre WordPad.

6. Déplacez le point d'insertion jusqu'à la ligne qui suit celle où se trouve le mot « travaux », près de la fin du document.

7. Choisissez Coller dans le menu Édition.

Le texte du premier document, que vous aviez copié, est collé dans le document « Une note pour moi-même » à l'endroit où se trouve le curseur (point d'insertion).

8. Cliquez sur le bouton Enregistrer.

La modification apportée au document est enregistrée.

9. Si vous le désirez, imprimez le document auquel vous venez d'ajouter du texte.

10. Restaurez la fenêtre WordPad de manière à voir également la fenêtre Presse-papiers.

Le Presse-papiers contient toujours le texte copié. Il en sera ainsi jusqu'à ce qu'un autre objet soit copié ou coupé ou que l'ordinateur soit éteint.

DUPLIQUER ET DÉPLACER DES FICHIERS À L'AIDE DU PRESSE-PAPIERS

Vous pouvez vous servir des commandes du Presse-papiers pour dupliquer et déplacer des fichiers, tout comme vous le faites pour du texte. Cette méthode vous permet de « retenir » les données que vous placez en mémoire jusqu'à ce que vous soyez prêt à les placer ailleurs.

Pour déplacer un fichier d'un emplacement vers un autre dans la fenêtre Explorateur, vous commencez par sélectionner le fichier à déplacer, puis vous choisissez Couper dans le menu Édition. Pour compléter l'opération de déplacement, vous ouvrez le dossier où vous désirez placer le fichier que vous êtes en train de déplacer, puis vous choisissez la commande Coller du menu Édition de l'Explorateur.

> **REMARQUE**
>
> Lorsque vous sélectionnez un objet, comme du texte ou une icône, et que vous utilisez les commandes Copier ou Couper, l'objet sélectionné est enregistré temporairement dans le Presse-papiers. Il le restera jusqu'à ce qu'il soit remplacé par un autre objet coupé ou copié. Vous pouvez donc coller le contenu du Presse-papiers autant de fois que vous le désirez, autrement dit créer le nombre de doubles que vous voulez, à autant d'endroits différents que vous le désirez.

Les commandes Copier et Coller fonctionnent de façon similaire, sauf que le fichier ou le dossier copié demeure à son emplacement d'origine : c'est un double que vous placez dans le Presse-papiers (Copier), puis à l'endroit que vous avez choisi (Coller).

> **REMARQUE**
>
> Si vous désirez déplacer des fichiers pour les mettre sur un autre disque, vous pouvez utiliser la technique Couper-Coller. Faire glisser un fichier avec le bouton gauche de la souris d'un disque à un autre a toujours pour effet de le dupliquer. Pour le changer de place, servez-vous du bouton droit de la souris lorsque vous le faites glisser d'un endroit à un autre.

UTILISER OLE

intégration : méthode de partage de données qui implique l'incorporation, dans une application, d'un objet qui a été créé par une application différente.

serveur : se dit d'une application qui a créé ou édité un objet partagé par deux applications ou plus. On dit aussi programme source.

client : dans la méthode OLE, se dit du programme qui reçoit un objet intégré (créé par un autre programme).

OLE : méthode de partage et d'échange de données dans laquelle des données créées dans une application sont incorporées dans une autre application qui possède des outils pour éditer l'objet intégré, peu importe la nature de l'application client. Ce terme vient de l'anglais *Object Linking and Embedding,* qui signifie « Liaison et intégration d'un objet ».

OpenDoc : méthode de partage de données semblable à OLE.

La méthode d'échange et de partage de données la plus souple est celle qui permet l'**intégration** d'un objet produit par une application, comme une image ou une portion de texte, dans une application différente. Le programme source qui a servi à la création ou à l'édition de l'objet s'appelle **serveur ;** celui qui reçoit l'objet s'appelle **client.**

Il existe plusieurs normes pour intégrer des objets d'une application serveur dans une application client, comme **OLE** et **OpenDoc.** Dans cette leçon, vous utiliserez OLE, mais OpenDoc lui ressemble beaucoup.

OLE fonctionne seulement si les programmes serveur et client peuvent tous les deux utiliser cette méthode. Voici comment vous pouvez incorporer un objet créé par un programme dans le document d'un autre programme. Une fois un objet créé par l'application serveur, vous le sélectionnez et l'enregistrez sur disque. Vous ouvrez ensuite le document cible (celui où vous voulez mettre l'objet) dans l'application client. En vous servant de la commande Objet... du menu Insertion, vous ouvrirez une boîte de dialogue semblable à celle de la figure 8.2. Pour sélectionner l'objet, que vous avez enregistré, vous pouvez cliquer sur le bouton d'option Créer à partir du fichier et entrer le nom du fichier, ou parcourir le contenu du disque pour repérer le fichier et double-cliquer sur celui-ci.

OLE 2.0, une version plus récente, vous permet d'éditer directement dans l'application client un objet intégré. Quand vous double-cliquez sur l'objet, le menu, les icônes et d'autres commandes d'édition de l'application serveur apparaissent dans la fenêtre de l'application client. Les menus Fichier et Fenêtre appartiennent au client, tandis que les autres menus sont

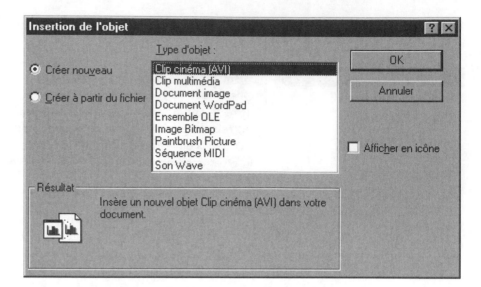

FIGURE 8.2
LA BOÎTE DE DIALOGUE
INSERTION DE L'OBJET.

ceux du serveur. Les menus et les barres d'outils de l'application client reviennent à la normale lorsque vous cliquez à l'extérieur de l'objet.

REMARQUE	Si les deux applications le permettent, vous pouvez utiliser la technique glisser-déplacer pour faire passer un objet de la fenêtre du serveur à celle du client. Windows 95 utilise OLE 2.0, mais ce ne sont pas tous les logiciels d'application de votre ordinateur qui peuvent le faire. Par conséquent, il se peut que vous soyez contraint d'utiliser l'ancienne norme (OLE 1.0) : dans ces cas, c'est dans la fenêtre du programme serveur que vous éditez l'objet que vous voulez déplacer ; pour ce faire, vous double-cliquez sur l'objet intégré dans le programme client et la fenêtre du programme serveur s'ouvre.

COPIER UN OBJET

Suivez les instructions ci-dessous pour ouvrir l'accessoire Paint et copier un objet.

REMARQUE	Les étapes à suivre pour intégrer, dans un document, un objet avec la méthode OLE sont les mêmes que celles que vous avez suivies jusqu'ici pour copier et coller. La différence avec OLE, c'est que l'objet intégré est modifiable, comme vous le verrez plus loin.

À VOTRE CLAVIER !

1. Ouvrez la fenêtre WordPad sur le Bureau.
2. Tapez la phrase suivante : **Les étoiles sont les plus beaux astres du ciel.**
3. Sélectionnez le bouton Démarrer de la barre des tâches.
4. Sélectionnez Programmes, puis Accessoires.
5. Sélectionnez Paint.

   La fenêtre Paint s'ouvre et apparaît sur le Bureau.
6. Ouvrez l'image stockée dans le fichier **Étoile** sur votre disquette d'exercices.

7. Cliquez sur l'outil Sélectionner et formez un cadre de sélection autour de l'image.

8. Choisissez Copier dans le menu Édition.

   Un double de l'image sélectionnée est placée dans le Presse-papiers.

9. Fermez la fenêtre Paint.

   L'application Paint et son image ne sont plus dans la mémoire vive de l'ordinateur, mais l'image se trouve dans le Presse-papiers.

INTÉGRER UN OBJET

Suivez les instructions ci-dessous pour apprendre à intégrer l'objet en mode point du Presse-papiers dans un document WordPad.

1. Activez et agrandissez la fenêtre WordPad.

2. Appuyez sur les touches (Ctrl)+(Fin) pour placer le point d'insertion à la fin du document.

3. Choisissez Coller dans le menu Édition.

   L'image que vous avez copiée (c'est-à-dire mise dans le Presse-papiers) à l'exercice précédent apparaît dans le document (*voir figure 8.3*). Remarquez qu'un cadre et huit petits carrés noirs (les poignées) entourent l'image pour indiquer qu'il s'agit d'un objet intégré.

4. Cliquez à l'extérieur du cadre ; le cadre et les poignées disparaissent.

   Le pointeur prend la forme d'un **I** et le curseur clignote à l'endroit où vous avez cliqué ou tout près de celui-ci.

5. Cliquez sur l'image.

   Le cadre et les poignées réapparaissent pour indiquer que l'image est sélectionnée. Il n'y a plus de point d'insertion dans le document.

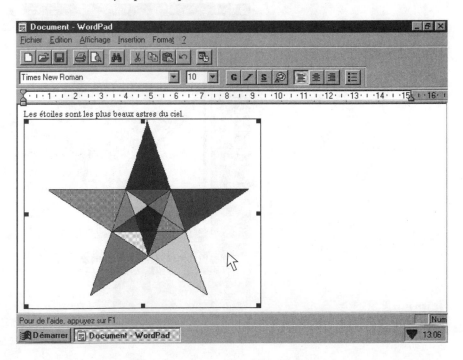

FIGURE 8.3
UN OBJET INTÉGRÉ DANS UN
DOCUMENT WORDPAD.

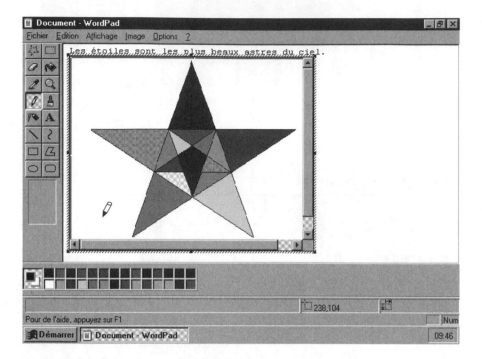

FIGURE 8.4
UNE IMAGE INTÉGRÉE DANS UN
DOCUMENT WORDPAD, ET LES
OUTILS PAINT.

6. Double-cliquez à l'intérieur du cadre et attendez que les outils de Paint
apparaissent, tel qu'il est illustré à la figure 8.4.

La barre de titre de l'application affiche toujours « WordPad » et la barre
des tâches de Windows ne contient pas de bouton Paint. L'accessoire Paint
est ouvert uniquement dans WordPad.

7. Sélectionnez l'outil Aérographe, cliquez sur une des couleurs de la
palette de couleurs et décorez les bords du dessin comme à la figure 8.5.

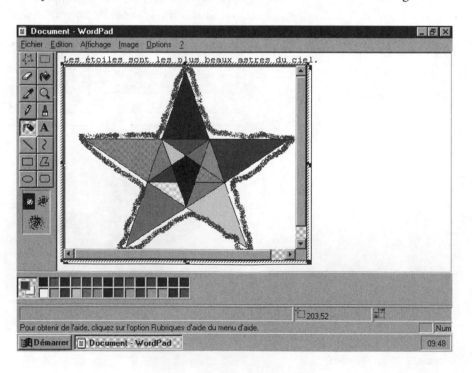

FIGURE 8.5
ÉDITION DE L'IMAGE INTÉGRÉE.

8. Cliquez à la droite du cadre de l'image.

Le cadre et les outils Paint disparaissent. L'image modifiée apparaît dans le document WordPad et les outils de WordPad sont les seuls disponibles.

9. Choisissez Enregistrer sous dans le menu Fichier pour enregistrer le document sous un nouveau nom.

10. Lorsque la boîte de dialogue Enregistrer sous apparaît, assurez-vous que l'unité de disquette sélectionnée correspond à celle qui contient votre disquette d'exercices (unité A: ou B:).

11. Activez la zone de texte Nom, tapez **Mon astre,** puis cliquez sur le bouton OK.

Le document contenant le texte et l'image du fichier Étoile est enregistré sur votre disquette sous le nom Mon astre.

12. Cliquez sur le bouton Imprimer de la barre d'outils.

Le document est envoyé à l'imprimante et commence à s'imprimer.

13. Fermez la fenêtre WordPad.

14. Si vous désirez terminer votre session de travail sur ordinateur, arrêtez Windows 95, éteignez votre ordinateur et ses périphériques. Sinon, effectuez les exercices de fin de chapitre.

RÉSUMÉ DE LA LEÇON ET EXERCICES

À la fin de cette leçon, vous devriez avoir acquis les connaissances suivantes.

PARTAGER DES DONNÉES

■ Comprendre ce qu'est le mode multitâche et ses avantages ainsi que ce qu'implique le travail en arrière-plan.

■ Décrire les différences entre les approches de partage de données orientées sur les applications et orientées sur les documents.

UTILISER LES MÉTHODES DE PARTAGE DE DONNÉES ORIENTÉES SUR LES APPLICATIONS

■ Définir les quatre types de méthodes de partage utilisées avant la création de la norme OLE — importation et exportation, conversion, liaison et utilisation de progiciels intégrés.

UTILISER LES MÉTHODES DE PARTAGE DE DONNÉES DE WINDOWS 95, ORIENTÉES SUR LES DOCUMENTS

■ Glisser-déplacer des données d'un document à un autre : sélectionner l'objet, maintenir abaissé le bouton gauche de la souris, déplacer l'objet vers l'endroit désiré et relâcher le bouton. Utiliser la touche (Ctrl) avec la souris pour dupliquer plutôt que pour déplacer un objet.

UTILISER LE PRESSE-PAPIERS

■ Déplacer du texte ou des images d'une fenêtre à une autre : sélectionner l'objet, le menu Édition et l'option Couper ; puis sélectionner Édition et Coller dans l'autre document. Les raccourcis clavier pour Couper et Coller sont (Ctrl)-X et (Ctrl)-V respectivement.

■ Créer un double d'un texte ou d'une image et le placer dans une autre fenêtre : sélectionner l'objet, le menu Édition et l'option Copier ; puis sélectionner Édition et Coller dans l'autre document. Les raccourcis clavier pour Copier et Coller sont (Ctrl)-C et (Ctrl)-V respectivement.

■ Consulter, modifier ou imprimer le contenu du Presse-papiers en utilisant WordPad pour les textes et les images, et Paint pour les images.

UTILISER OLE

■ Éditer, dans un programme, un objet créé par un autre programme. Si les deux programmes sont compatibles avec OLE 1.0, double-cliquer sur l'objet intégré aura pour effet de lancer le programme serveur ; si les deux programmes utilisent OLE 2.0, les outils d'édition du programme serveur seront mis à votre disposition pour l'objet intégré, dans le programme client.

NOUVEAUX TERMES À RETENIR

À la fin de cette leçon, vous devriez connaître la signification des termes suivants.

approche orientée sur les documents	Coller	importation	Presse-papiers
	Copier	intégration	serveur
approche orientée sur les applications	Couper	liaison	
en arrière-plan	échange dynamique de données	multitâche	
client	exportation	OLE	
		OpenDoc	

ASSOCIATIONS

Associez à chacun des termes de la colonne de gauche une définition de la colonne de droite.

TERME

1. client
2. approche orientée sur les documents
3. échange dynamique de données
4. intégration
5. exportation
6. importation
7. liaison
8. OLE
9. en arrière-plan
10. serveur

DÉFINITION

a. Relation qui existe entre un objet et l'application qui a été utilisée pour créer cet objet.

b. Conversion de données, lors de l'enregistrement d'un fichier dans un format compatible avec une autre application.

c. Norme d'intégration d'objets, dans laquelle les outils de l'application serveur deviennent accessibles dans l'application client pour modifier l'objet intégré.

d. Application qui contient un objet intégré.

e. Technique qui permet de transférer des données d'une application à une autre et dans laquelle les modifications apportées aux données dans une application sont automatiquement reportées dans l'autre.

f. Conversion de données, lors de l'ouverture d'un fichier déjà créé dans une autre application.

g. Concept de travail sur les données informatiques qui est basé sur les documents plutôt que sur les applications utilisées pour la création des documents.

h. Application utilisée pour la création d'un objet partagé par deux applications ou plus.

i. Lien établi lors de l'insertion de données créées par une application dans un document créé par une autre application.

j. Se dit du travail qui se fait ailleurs que dans la fenêtre active.

PHRASES À COMPLÉTER

Complétez chacune des phrases suivantes.

1. Pour l'utilisateur, l'approche centrée sur les documents signifie que l'accent est mis sur la création et l'édition de _____ plutôt que sur les _____ utilisées pour les créer.

2. Lorsque vous enregistrez des données dans un format compatible avec une autre application, vous _____ ces données.

3. Une liaison est un lien entre _____ et _____ utilisée pour le créer.

4. La technique _____ sert à déplacer des données d'une fenêtre d'application vers une autre en utilisant la souris, ou encore à faire un double de données situées dans une fenêtre et à le placer dans une autre.

5. Le/la _____ de Windows 95 est une zone réservée dans la mémoire vive de l'ordinateur pour stocker temporairement des données à dupliquer ou à déplacer.

6. Choisissez la commande _____ si vous désirez faire un double d'un objet sélectionné et le placer dans la mémoire centrale sans retirer l'original de la position qu'il occupe.

7. Une application _____ intègre un objet créé par une application.

8. Lorsque vous double-cliquez sur un objet partagé selon la méthode OLE 2.0, les menus et les outils deviennent ceux de l'application _____.

9. L'insertion, dans un document de traitement de texte, d'un tableau d'un chiffrier électronique qui a été enregistré dans un format Texte est un exemple de données _____.

10. La possibilité d'établir des liens dynamiques entre plusieurs applications est un des avantages d'un système d'exploitation _____ comme Windows 95.

QUESTIONS À RÉPONSE BRÈVE

Répondez par un court texte aux questions ci-dessous.

1. Faites la distinction entre importation et exportation de données.

2. Énumérez et décrivez brièvement deux méthodes qui permettent de déplacer des données d'une application à une autre ou d'en faire un double dans l'environnement Windows 95.

3. Décrivez brièvement la principale différence entre l'échange dynamique de données et OLE sur le plan de la possibilité, pour l'utilisateur, de lier des données.

4. Donnez trois exemples précis illustrant comment on peut créer un document comprenant des données provenant de diverses applications grâce à la méthode OLE.

5. Citez un avantage et un inconvénient de l'utilisation de progiciels intégrés.

6. Faites la distinction entre les commandes Couper et Copier du menu Édition. Laquelle de ces commandes utiliseriez-vous afin de déplacer un dossier d'un disque à un autre ? Dites pourquoi.

7. Quel est le rôle du Presse-papiers ? Comment pouvez-vous consulter son contenu ? Quelles sont ses limites ?

8. Qu'est-ce qu'un système multitâche ? Énumérez trois aspects de ce type de fonctionnement qui, à votre avis, pourraient accélérer votre travail sur ordinateur.

9. Décrivez le processus d'intégration d'une portion d'un document Paint dans un fichier texte. Utilisez les termes « client » et « serveur » dans votre explication.

10. Selon vous, pourquoi la conversion de données, quand on les déplace d'un programme à un autre, échoue-t-elle parfois ?

TRAVAUX PRATIQUES

Insérez votre disquette d'exercices dans l'unité de disquette A: (ou B:). Effectuez les opérations demandées.

1. Ouvrez le programme accessoire WordPad. Dans un nouveau document, énumérez et décrivez les méthodes de partage de données expliquées au cours de cette leçon. Enregistrez ce document dans un fichier intitulé **Partage de données,** puis imprimez ce document. Fermez toutes les fenêtres.

2. Ouvrez un nouveau document WordPad et entrez le texte suivant :

   Clôtures Gilles
   Installation et réparation
   Travail garanti
   Prix raisonnables
   (505) 555-6942

   Ouvrez la fenêtre Explorateur ou la fenêtre Poste de travail et sélectionnez l'icône de l'unité de disquette où se trouve votre disquette d'exercices (unité A: ou B:). Faites glisser l'icône du fichier **Étoile** jusqu'à la fin du document dans la fenêtre de WordPad. Modifiez le document : par exemple, changez la police et la taille des caractères, appliquez l'attribut Gras au texte ou centrez le contenu du document. Enregistrez le document sous le nom **Mapub** sur votre disquette. Imprimez le document et fermez les fenêtres ouvertes.

3. Ouvrez l'accessoire Paint. Servez-vous des outils de ce programme pour exécuter un dessin d'environ 10 cm de largeur sur 2,5 cm de hauteur dont vous pourriez vous servir pour créer du papier à lettres personnalisé. Enregistrez le document sous le nom **Mon logo.** Copiez uniquement la portion dessin du document, puis fermez la fenêtre Paint. Ouvrez un nouveau document WordPad et collez le dessin au haut de la page. Cliquez à la droite du cadre du dessin, appuyez sur (Retour) pour commencer une nouvelle ligne, entrez votre nom, appuyez sur (Retour), entrez votre adresse. Enregistrez ce fichier sous le nom **Mon papier.**

4. Ouvrez **Mon papier,** au besoin, et enregistrez-le sous le nom **Lettre à mon prof.** Utilisez votre nouveau papier à lettres pour écrire une lettre à votre enseignant dans laquelle vous indiquerez ce qui vous plaît et ce qui pourrait être amélioré dans le cours que vous suivez. Enregistrez le document de nouveau et imprimez votre lettre.

   À la fin de votre session de travail, fermez toutes les fenêtres ouvertes, arrêtez Windows 95 et éteignez votre ordinateur.

LES COMMANDES EN RÉSUMÉ

COMMANDE	DESCRIPTION	ICÔNE

LE MENU DE RACCOURCIS DU BOUTON DÉMARRER

Ouvrir	ouvre la fenêtre du Menu Démarrer.
Explorer	ouvre la fenêtre du programme Explorateur Windows.
Rechercher	ouvre la boîte de dialogue Rechercher : Tous, qui permet de choisir parmi les options de recherche de fichiers et de dossiers.

LE MENU DE RACCOURCIS DE LA BARRE DES TÂCHES

Régler Date/Heure	ouvre une boîte de dialogue qui permet l'ajustement du fuseau horaire, de la date et de l'heure (cette option n'apparaît que lorsque le pointeur est sur l'horloge).
Cascade	organise toutes les fenêtres ouvertes telle de façon qu'elles aient la même taille et soient empilées sur le Bureau en laissant visible en entier la fenêtre du dessus de la pile, sous laquelle sont placées les barres de titres des autres.
Mosaïque horizontale	organise toutes les fenêtres ouvertes sur le Bureau de telle façon qu'elles aient la même taille et soient placées l'une sous l'autre.
Mosaïque verticale	organise toutes les fenêtres ouvertes sur le Bureau de telle façon qu'elles aient la même taille et soient placées côte à côte.
Réduire toutes les fenêtres	réduit toutes les fenêtres ouvertes à l'état de boutons sur la barre des tâches.
(Annuler Tout réduire)	restaure toutes les fenêtres réduites à l'aide de la commande Réduire toutes les fenêtres.
Propriétés	ouvre la boîte de dialogue Propriétés de Barre des tâches, qui permet de choisir parmi les options de la barre des tâches.

LE MENU DE RACCOURCIS DU BUREAU

Réorganiser les icônes	affiche un sous-menu déroulant où se trouvent les commandes qui permettent d'organiser les icônes du Bureau par nom, type, taille, date, ou de façon automatique.
Aligner les icônes	aligne les icônes du Bureau de gauche à droite et en colonnes.
Nouveau	affiche un sous-menu permettant de créer sur le Bureau de nouvelles icônes de raccourci, de dossier ou d'autres icônes de document correspondant à des applications précises.
Propriétés	ouvre la boîte de dialogue Propriétés de Affichage.

LE MENU DE RACCOURCIS DES ICÔNES DE PÉRIPHÉRIQUE

Ce menu peut comprendre d'autres commandes, selon les périphériques reliés à votre système.

Ouvrir	ouvre la fenêtre de l'icône sélectionnée.

COMMANDE	DESCRIPTION	ICÔNE
Explorer	ouvre la fenêtre de l'Explorateur Windows.	
Rechercher	ouvre la boîte de dialogue Rechercher : Tous, qui permet de choisir parmi les options de recherche de fichiers et de dossiers.	
Créer un raccourci	crée une icône de raccourci pour l'objet sélectionné.	
Renommer	met en surbrillance le nom de l'objet sélectionné pour qu'il puisse être édité.	
Propriétés	affiche la boîte de dialogue Propriétés du périphérique, qui permet de choisir parmi diverses options.	

LA BARRE DES TÂCHES

LE BOUTON DÉMARRER

Programmes	affiche un sous-menu comprenant des programmes de Windows 95 et des dossiers de groupe.	
Documents	affiche la liste des derniers documents utilisés.	
Paramètres	affiche un sous-menu de dossiers de groupe.	
Rechercher	ouvre la boîte de dialogue Rechercher : Tous, qui permet de choisir parmi les options de recherche de fichiers et de dossiers.	
Aide	affiche le volet Rechercher de la fenêtre Rubriques d'aide : Aide de Windows pour rechercher de l'information.	
Exécuter	affiche la boîte de dialogue Exécuter, qui permet d'entrer une commande, d'ouvrir un dossier ou de lancer un programme.	
Arrêter	enclenche le processus d'arrêt ou de redémarrage du système d'exploitation Windows 95.	

LE MENU PROGRAMMES

Ce menu peut contenir d'autres commandes ou sous-menus selon la configuration de votre système.

Accessoires	affiche le sous-menu contenant les noms des accessoires.	
Applications	affiche le sous-menu des applications conçues pour Windows.	
Commandes MS-DOS	affiche la fenêtre Commandes MS-DOS, qui fournit l'interface de MS-DOS.	
Explorateur Windows	ouvre la fenêtre Explorateur, qui offre les options de gestion des fichiers et des disques.	

LE MENU ACCESSOIRES

Jeux	affiche le sous-menu des jeux et des divertissements informatiques.

COMMANDE	DESCRIPTION	ICÔNE
Multimédia	affiche le sous-menu des programmes de son, d'animation ou de vidéo sur les ordinateurs munis d'un cédérom et d'une carte de son.	
Outils système	affiche le sous-menu des programmes de gestion avancée et d'entretien du système.	

LE MENU PARAMÈTRES

Panneau de configuration	ouvre le Panneau de configuration, qui permet d'accéder à plusieurs programmes de gestion du système.	
Imprimantes	ouvre la fenêtre Imprimantes, qui fournit l'accès à la fenêtre des files d'attente des imprimantes installées sur le système ainsi qu'un programme pour installer une imprimante.	
Barre des tâches	ouvre la boîte de dialogue Propriétés de Barre des tâches, qui permet de choisir parmi les options de la barre des tâches.	

LA FENÊTRE PANNEAU DE CONFIGURATION

Accessibilité	change les paramètres d'accessibilité propres à votre système.	
Ajout de périphérique	ouvre l'assistant, qui donne de l'aide pour installer des périphériques.	
Ajout/Suppression de programmes	ouvre l'assistant, qui donne de l'aide pour installer ou supprimer des programmes.	
Date/Heure	ouvre la boîte de dialogue Date/Heure qui permet l'ajustement du fuseau horaire, de la date et de l'heure.	
Affichage	ouvre la boîte de dialogue Propriétés de Affichage.	
Polices	ouvre la fenêtre des polices de caractères (la fenêtre Fonts).	
Clavier	ouvre la boîte de dialogue Propriétés de Clavier.	
Modems	ouvre la boîte de dialogue qui permet de modifier les paramètres du modem.	
Souris	ouvre la boîte de dialogue Propriétés de la souris.	
Multimédia	ouvre une boîte de dialogue qui permet de modifier les paramètres des périphériques multimédia.	
Réseau	ouvre une boîte de dialogue qui permet de changer les paramètres du réseau.	
ODBC	ouvre une boîte de dialogue qui permet de gérer les sources de données et les pilotes ODBC.	
Mots de passe	ouvre une boîte de dialogue qui permet de changer les paramètres des mots de passe de l'utilisateur.	

COMMANDE	DESCRIPTION	ICÔNE
Imprimantes	ouvre la fenêtre Imprimantes.	
Paramètres régionaux	ouvre une boîte de dialogue qui permet de modifier les paramètres régionaux et internationaux (nombres, monnaie, date et heure).	
Sons	ouvre une boîte de dialogue qui permet de changer les paramètres de la carte de son.	
Système	ouvre la boîte de dialogue Propriétés Système.	
Téléphonie	ouvre une boîte de dialogue qui concerne les tâches de messagerie et de courrier électronique (disponible uniquement sur les systèmes en réseau).	

LE MENU RECHERCHER

Fichiers ou dossiers	ouvre la boîte de dialogue Rechercher : Tous, qui permet de choisir parmi les options de recherche de fichiers et de dossiers.	

LES COMMANDES OPTIONNELLES DU MENU ACCESSOIRES

Ce menu peut contenir d'autres éléments, selon la configuration de votre système.

Porte-documents	ouvre un programme qui permet la synchronisation des données entre divers ordinateurs.	
Calculatrice	ouvre un programme qui affiche une calculatrice standard ou scientifique.	
Gestionnaire de Presse-papiers	ouvre une fenêtre qui affiche le contenu courant du Presse-papiers.	
Modèles de documents	ouvre une boîte de dialogue qui permet de créer des documents pour les applications les plus fréquemment utilisées.	
Paint	ouvre la fenêtre du programme Paint, qui fournit les outils pour la création d'objets graphiques.	
Écrans de veille	ouvre une boîte de dialogue permettant d'installer et d'utiliser des écrans de veille, qui protègent l'écran du moniteur en affichant des images (en mouvement) lorsque l'utilisateur passe un certain temps sans entrer une commande ou un caractère.	
WordPad	ouvre la fenêtre du programme WordPad, qui permet de créer, d'éditer, de formater, d'imprimer et d'enregistrer des documents.	

COMMANDE	DESCRIPTION	ICÔNE

LES FENÊTRES DE PÉRIPHÉRIQUE

Ce menu peut contenir d'autres éléments, selon les périphériques reliés à votre système.

LE MENU FICHIER

Créer un raccourci	crée une icône de raccourci pour l'objet sélectionné.
Supprimer	supprime l'objet sélectionné et le place dans la Corbeille.
Renommer	met en surbrillance le nom de l'objet sélectionné pour que celui-ci puisse être édité.
Propriétés	affiche la boîte de dialogue Propriétés Système, qui permet de modifier plusieurs paramètres du système.
Fermer	ferme la fenêtre de périphérique active.

LE MENU ÉDITION

Annuler	annule l'effet de la dernière opération.
Couper	retire l'objet sélectionné de l'endroit où il se trouve et le place dans le Presse-papiers.
Copier	fait un double de l'objet sélectionné et place ce double dans le Presse-papiers.
Coller	insère un objet, d'abord copié ou coupé (et donc mis dans le Presse-papiers), à l'endroit sélectionné.
Coller le raccourci	colle l'icône de raccourci, préalablement copiée et coupée, de l'objet sélectionné.
Sélectionner tout	sélectionne tous les objets de la fenêtre active.
Inverser la sélection	sélectionne tous les objets non sélectionnés et annule la sélection des objets sélectionnés.

LE MENU AFFICHAGE

Barre d'outils	affiche ou cache, sous la barre des menus, un rang de boutons servant de raccourcis pour des commandes fréquemment utilisées.
Barre d'état	affiche ou cache une barre, au bas de la fenêtre, où apparaissent des explications sur les objets ou les commandes sélectionnés.
Grandes icônes	modifie le volet Contenu. Une grande icône apparaît au-dessus de chaque nom de dossier ou de fichier. Les dossiers puis les fichiers sont classés par ordre alphabétique de gauche à droite. Les objets peuvent être déplacés dans le volet.
Petites icônes	modifie le volet Contenu. Une petite icône apparaît à la gauche de chaque nom de dossier ou de fichier. Les dossiers puis les fichiers sont classés par ordre alphabétique de gauche à droite. Les objets peuvent être déplacés dans le volet.

COMMANDE	DESCRIPTION	ICÔNE
Liste	modifie le volet Contenu. De petites icônes apparaissent à la gauche des noms de dossiers et de fichiers. Les dossiers puis les fichiers sont classés par ordre alphabétique de haut en bas. Les objets ne peuvent pas être déplacés dans le volet.	
Détails	modifie le volet Contenu. De petites icônes apparaissent à la gauche des noms de dossiers et de fichiers. Les dossiers puis les fichiers sont classés par ordre alphabétique de haut en bas. À la droite de chaque nom de fichier, Windows affiche la taille (en octets), le type et la date de la dernière modification du fichier.	
Réorganiser les icônes	permet de déterminer l'ordre selon lequel les icônes seront affichées. Les options sont : par nom, par type, par taille, par date, ainsi que Réorganisation automatique (qui aligne les icônes lorsque vous les déplacez).	
Aligner les icônes	aligne les objets en colonnes et/ou en rangs à la fin des déplacements que vous effectuez.	
Rafraîchir	met à jour l'information affichée dans la fenêtre, en incluant les dernières modifications.	
Options	ouvre une boîte de dialogue permettant de choisir parmi les options d'affichage.	

LE MENU AIDE

Rubriques d'aide	ouvre la boîte de dialogue Rubriques d'aide : Aide de Windows, qui permet de consulter des informations d'aide.	
À propos de Windows 95	affiche de l'information relative au propriétaire de la version de Windows 95 utilisée sur le système, ainsi que l'état des ressources du système.	

LA BARRE DE MENUS DE LA FENÊTRE EXPLORATEUR

LE MENU FICHIER

Nouveau	crée un nouveau dossier ou un nouveau raccourci dans le dossier sélectionné.	
Créer un raccourci	crée une icône de raccourci pour l'objet ou le programme sélectionné.	
Supprimer	supprime (retire) les objets sélectionnés et les met dans la Corbeille.	
Renommer	met le nom de l'objet sélectionné en surbrillance pour que celui-ci puisse être édité.	
Propriétés	ouvre la boîte de dialogue des propriétés de l'objet sélectionné.	
Fermer	ferme la fenêtre Explorateur.	

COMMANDE	DESCRIPTION	ICÔNE

LE MENU ÉDITION

Annuler — annule l'effet de la dernière opération réalisée avec l'Explorateur Windows.

Couper — retire l'objet sélectionné de l'endroit où il se trouve et le place dans le Presse-papiers.

Copier — fait un double de l'objet sélectionné et place ce double dans le Presse-papiers.

Coller — insère un objet, d'abord copié ou coupé (et donc mis dans le Presse-papiers), à l'endroit sélectionné.

Coller le raccourci — colle un objet, d'abord copié ou coupé (et donc mis dans le Presse-papiers), sous forme d'icône de raccourci, à l'endroit sélectionné.

Sélectionner tout — sélectionne tous les objets de la fenêtre active.

Inverser la sélection — sélectionne tous les objets non sélectionnés et annule la sélection des objets sélectionnés.

LE MENU AFFICHAGE

Barre d'outils — affiche ou cache, sous la barre des menus, un rang de boutons servant de raccourcis pour des commandes fréquemment utilisées.

Barre d'état — affiche ou cache une barre, au bas de la fenêtre, où apparaissent des explications sur les objets ou les commandes sélectionnés.

Grandes icônes — modifie le volet Contenu. Une grande icône apparaît au-dessus de chaque nom de dossier ou de fichier. Les dossiers puis les fichiers sont classés par ordre alphabétique de gauche à droite. Les objets peuvent être déplacés dans le volet.

Petites icônes — modifie le volet Contenu. Une petite icône apparaît à la gauche de chaque nom de dossier ou de fichier. Les dossiers puis les fichiers sont classés par ordre alphabétique de gauche à droite. Les objets peuvent être déplacés dans le volet.

Liste — modifie le volet Contenu. De petites icônes apparaissent à la gauche des noms de dossiers et de fichiers. Les dossiers puis les fichiers sont classés par ordre alphabétique de haut en bas.

Détails — modifie le volet Contenu. De petites icônes apparaissent à la gauche des noms de dossiers et de fichiers. Les dossiers puis les fichiers sont classés par ordre alphabétique de haut en bas. À la droite de chaque nom de fichier, Windows affiche la taille (en octets) et le type du fichier, ainsi que la date de la dernière modification qui y a été apportée.

Réorganiser les icônes — permet de déterminer l'ordre selon lequel les icônes seront affichées. Les options sont : par nom, par type, par taille, par date, ainsi que Réorganisation automatique (qui aligne les icônes lorsque vous les déplacez).

COMMANDE	DESCRIPTION	ICÔNE
Aligner les icônes	aligne les objets en colonnes et/ou en rangs à la fin des déplacements que vous effectuez.	
Rafraîchir	met à jour l'information affichée dans la fenêtre Explorateur, en incluant les dernières modifications.	
Options	ouvre une boîte de dialogue permettant de choisir parmi les options d'affichage.	

LE MENU OUTILS

Rechercher	ouvre la boîte de dialogue Rechercher : Tous, qui permet de choisir parmi les options de recherche de fichiers et de dossiers.	
Atteindre	affiche une boîte de dialogue permettant d'atteindre directement un dossier en particulier.	

LE MENU AIDE

Rubriques d'aide	ouvre la boîte de dialogue Rubriques d'aide : Aide de Windows, qui permet de consulter des informations d'aide.	
À propos de Windows 95	affiche de l'information relative au propriétaire de la version de Windows 95 utilisée sur le système, ainsi que l'état des ressources du système.	

LA BARRE DE MENUS DE L'ACCESSOIRE CALCULATRICE

LE MENU ÉDITION

Copier	copie le nombre que contient la case d'affichage dans le Presse-papiers.	
Coller	insère le nombre que contient le Presse-papiers dans la case d'affichage de la calculatrice.	

LE MENU AFFICHAGE

Scientifique	agrandit la fenêtre Calculatrice pour qu'il soit possible d'y afficher les fonctions scientifiques.	
Standard	réduit la fenêtre Calculatrice pour que n'y soient affichées que les fonctions de calcul élémentaire.	

LE MENU AIDE

Rubriques d'aide	ouvre la boîte de dialogue Rubriques d'aide : Aide de Windows, qui permet de consulter des informations d'aide.	
À propos de Windows 95	affiche de l'information relative au propriétaire de la version de Windows 95 utilisée sur le système, ainsi que l'état des ressources du système.	

COMMANDE	DESCRIPTION	ICÔNE

LA BARRE DE MENUS DE L'ACCESSOIRE PAINT

LE MENU FICHIER

Nouveau	ouvre une nouvelle zone de travail graphique, vide et sans titre.
Ouvrir	ouvre un fichier graphique existant pour que son contenu puisse être édité.
Enregistrer	stocke dans le même fichier les modifications récemment apportées à l'image qu'il contient, ou affiche la boîte de dialogue Enregistrer sous s'il s'agit d'une nouvelle image.
Enregistrer sous	affiche la boîte de dialogue Enregistrer sous, qui permet de nommer et de stocker une nouvelle image, ou d'enregistrer un fichier modifié sous un nouveau nom (et ainsi de conserver l'original intact).
Aperçu avant impression	ouvre une fenêtre permettant d'avoir un aperçu de l'image telle qu'elle sera imprimée.
Mise en page	ouvre une boîte de dialogue permettant de modifier les paramètres de la mise en pages de l'image à l'écran.
Imprimer	ouvre une boîte de dialogue qui permet de choisir parmi les options d'impression et d'envoyer les données graphiques à l'imprimante par défaut.
Envoyer	transfère l'image à un autre ordinateur (pour les ordinateurs en réseau uniquement).
Papier peint par défaut (Mosaïque)	permet d'utiliser l'image affichée en tant que papier peint, en mode mosaïque, sur le Bureau.
Papier peint par défaut (Centré)	permet d'utiliser l'image affichée en tant que papier peint, en mode centré, sur le Bureau.
Quitter	ferme la fenêtre du programme Paint.

LE MENU ÉDITION

Annuler	annule l'effet de la dernière opération d'édition.
Répéter	répète la dernière opération d'édition.
Couper	retire la partie sélectionnée de l'image de l'endroit où elle se trouve et la place dans le Presse-papiers.
Copier	fait un double de la partie sélectionnée de l'image et place ce double dans le Presse-papiers.
Coller	insère le contenu du Presse-papiers dans l'image sélectionnée.
Effacer la sélection	retire le cadre de sélection tracé autour de la portion sélectionnée de l'image sélectionnée.
Sélectionner tout	sélectionne tous les objets de la fenêtre active.
Copier vers	fait un double de la partie sélectionnée de l'image et place ce double dans un autre fichier.

COMMANDE	DESCRIPTION	ICÔNE
Coller à partir de	importe un objet d'un autre fichier dans le document de l'image à l'écran.	

LE MENU AFFICHAGE

COMMANDE	DESCRIPTION	ICÔNE
Boîte à outils	affiche ou masque la boîte à outils.	
Palette de couleurs	affiche ou masque la palette de couleurs.	
Barre d'état	affiche ou masque la barre d'état.	
Zoom	modifie la taille d'affichage de l'image.	
Afficher l'image	affiche temporairement l'image en mode plein écran.	
Barre d'outils texte	affiche ou masque la barre d'outils d'édition de texte.	

LE MENU IMAGE

COMMANDE	DESCRIPTION	ICÔNE
Retourner/Faire pivoter	ouvre une boîte de dialogue permettant de retourner verticalement ou horizontalement la portion sélectionnée d'une image, ou de la faire pivoter selon un angle précis autour d'un axe.	
Étirer/Incliner	ouvre une boîte de dialogue permettant d'étirer la portion sélectionnée d'une image, ou de l'incliner d'un nombre donné de degrés verticalement ou horizontalement.	
Inverser les couleurs	change les couleurs de la portion sélectionnée de l'image.	
Attributs	affiche une boîte de dialogue permettant de modifier les attributs de taille de l'image à l'écran.	
Effacer l'image	vide la zone de saisie d'image.	

LE MENU OPTIONS

COMMANDE	DESCRIPTION	ICÔNE
Modifier des couleurs	affiche une boîte de dialogue permettant de modifier les couleurs existantes ou d'en créer de nouvelles.	
Charger des couleurs	ouvre un fichier contenant une palette de couleurs.	
Enregistrer des couleurs	enregistre la palette de couleurs à l'écran dans un fichier.	
Dessiner opaque	option à bascule qui permet de passer du mode transparent au mode opaque, quand on travaille sur une portion sélectionnée d'une image, et vice-versa.	

LE MENU AIDE

COMMANDE	DESCRIPTION	ICÔNE
Rubriques d'aide	ouvre la boîte de dialogue Rubriques d'aide : Aide de Windows, qui permet de consulter des informations d'aide.	
À propos de Paint	affiche l'icône, le nom, la version du programme Paint, ainsi que d'autres informations sur ce programme.	

COMMANDE	DESCRIPTION	ICÔNE

LA BARRE DE MENUS DE L'ACCESSOIRE WORDPAD

LE MENU FICHIER

Nouveau	ouvre un nouveau document, vide et sans titre.	
Ouvrir	ouvre un document existant pour qu'il puisse être édité.	
Enregistrer	stocke dans un fichier les modifications apportées au document à l'écran, ou affiche la boîte de dialogue Enregistrer sous s'il s'agit d'un nouveau document.	
Enregistrer sous	affiche la boîte de dialogue Enregistrer sous, qui permet de nommer et de stocker un nouveau document, ou d'enregistrer un fichier modifié sous un nouveau nom (et ainsi de conserver l'original intact).	
Imprimer	ouvre une boîte de dialogue qui permet de sélectionner les options d'impression et d'envoyer les données du document affiché à l'imprimante par défaut.	
Aperçu avant impression	ouvre une fenêtre permettant d'avoir un aperçu du document tel qu'il sera imprimé.	
Mise en page	ouvre une boîte de dialogue permettant de modifier les paramètres de la mise en pages du document à l'écran.	
Envoyer	transfère le document à un autre ordinateur disponible uniquement sur systèmes en réseau.	
Quitter	ferme la fenêtre du programme WordPad.	

LE MENU ÉDITION

Annuler	annule l'effet de la dernière opération d'édition.	
Couper	retire la partie sélectionnée du texte de l'endroit où elle se trouve et la place dans le Presse-papiers.	
Copier	fait un double de la partie sélectionnée du texte et place ce double dans le Presse-papiers de Windows.	
Coller	insère le contenu du Presse-papiers à l'endroit sélectionné.	
Collage spécial	insère le contenu du Presse-papiers sous un format précis, avec possibilité de lien entre cet objet et l'application qui l'a créé.	
Effacer	supprime le texte sélectionné.	
Sélectionner tout	sélectionne tout le document.	
Rechercher	affiche une boîte de dialogue permettant de rechercher une chaîne de caractères donnée dans le document.	

COMMANDE	DESCRIPTION	ICÔNE
Suivant	répète la dernière opération de recherche.	
Remplacer	recherche toutes les occurrences (ou certaines d'entre elles) d'une chaîne de caractères donnée et la remplace par une autre.	
Liaisons	permet l'édition d'objets liés.	
Propriétés objet	permet de modifier les propriétés d'un objet lié.	
Objet	active un objet lié pour qu'il puisse être édité.	

LE MENU AFFICHAGE

COMMANDE	DESCRIPTION	ICÔNE
Barre d'outils	affiche ou masque la barre d'outils standard de la fenêtre WordPad.	
Barre de format	affiche ou masque la barre de format de la fenêtre WordPad.	
Règle	affiche ou masque la règle de la fenêtre WordPad.	
Barre d'état	affiche ou masque la barre d'état de la fenêtre WordPad.	
Options	affiche la boîte de dialogue permettant de fixer les paramètres d'affichage de la fenêtre WordPad.	

LE MENU INSERTION

Le menu Format

COMMANDE	DESCRIPTION	ICÔNE
Date et heure	insère la date et/ou l'heure courante dans le document.	
Objet	insère un nouvel objet intégré dans le document à l'écran.	
Police	affiche une boîte de dialogue qui permet de changer les paramètres de la police de caractères d'une portion de texte sélectionnée.	
Style de puce	formate les paragraphes sélectionnés en insérant une « puce » (un point noir) et un alinéa devant chaque paragraphe.	
Paragraphe	ouvre une boîte de dialogue permettant de fixer les paramètres de retraits et d'alignement des paragraphes sélectionnés.	
Tabulations	ouvre une boîte de dialogue qui permet de modifier les taquets de tabulation des paragraphes sélectionnés.	

LE MENU AIDE

COMMANDE	DESCRIPTION	ICÔNE
Rubriques d'aide	ouvre la boîte de dialogue Rubriques d'aide : Aide de Windows, qui permet de consulter des informations d'aide.	
À propos de WordPad	affiche l'icône, le nom et la version du programme WordPad, ainsi que d'autres informations sur ce programme.	

à bascule : qualifie une commande (on dit alors : commande à bascule) qui peut être tour à tour activée et désactivée par des sélections successives.

accessoire du Bureau : — *voir* accessoire.

accessoire : programme du système d'exploitation ou logiciel utilitaire qui ajoute des fonctions d'application à Windows 95 comme l'édition, le dessin et les communications.

affichage en mode détails : option d'affichage des objets du volet Contenu de la fenêtre Explorateur qui liste le nom, la taille et le type des objets, ainsi que la date et l'heure de la dernière modification qui y a été apportée.

agrandir : 1. Modifier la taille d'une fenêtre ouverte jusqu'à ce qu'elle occupe tout l'écran. 2. Nom du bouton qui effectue cette commande.

aide en ligne : information ou outils d'apprentissage qui peuvent être affichés pour vous assister dans votre travail.

amorce — *voir* **programme d'amorce.**

annuler une sélection : remettre un objet dans son état initial (retirer la surbrillance due à une sélection) ou désactiver une option ; par conséquent, l'objet qui n'est plus sélectionné ne sera pas affecté par la prochaine action, ou l'option qui n'est plus sélectionnée n'est plus active.

application — *voir* **logiciel d'application.**

approche orientée sur les applications : vision théorique de l'utilisation des ordinateurs qui insiste sur l'interface d'un programme. *Voir* **approche orientée sur les documents.**

approche orientée sur les documents : vision théorique de l'utilisation des ordinateurs qui insiste sur le document ou le résultat plutôt que sur les applications utilisées pour le créer. *Voir* **approche orientée sur les applications.**

arborescence : liste hiérarchique qui ressemble aux branches (ou aux racines) d'un arbre.

arrière-plan — *voir* **en arrière-plan.**

ascenseur : rectangle dans une barre de défilement qui peut glisser de haut en bas ou de droite à gauche afin de faire apparaître des informations. Sa position vous indique l'emplacement de l'information visible par rapport à l'ensemble du contenu de la fenêtre.

assistant : guide automatisé de Windows 95 qui assiste un utilisateur au cours de certaines opérations en présentant des options parmi lesquelles l'utilisateur peut choisir.

autotest à la mise sous tension : programme qui vérifie l'état de la mémoire, du clavier, du moniteur et des unités de disque.

barre de défilement : barre rectangulaire allongée qui apparaît au bas ou à la droite d'une fenêtre lorsque le contenu de cette fenêtre occupe plus d'espace que la partie affichée ; cette barre permet de se déplacer dans une fenêtre de façon à en faire apparaître les portions cachées.

barre de défilement horizontale : barre rectangulaire qui longe le bas d'une fenêtre trop petite pour afficher la totalité de son contenu. Pour faire apparaître le reste de l'information, on doit cliquer sur les boutons de défilement ou faire glisser l'ascenseur.

barre de défilement verticale : barre rectangulaire qui longe le côté droit d'une fenêtre trop petite pour afficher la totalité de son contenu. Pour faire apparaître le reste de l'information, on doit cliquer sur les boutons de défilement ou faire glisser l'ascenseur.

barre de format : rangée de boutons, située immédiatement sous la barre d'outils d'une fenêtre, servant de raccourcis aux commandes de formatage les plus courantes.

barre des menus : zone, située sous la barre de titre de toutes les applications Windows, qui contient les noms des menus qui, lorsque vous cliquez dessus, affichent une liste de commandes.

barre des tâches : espace, au bas du Bureau de Windows 95, où s'affichent le bouton Démarrer, l'horloge et le nom des fenêtres ouvertes.

barre d'état : barre située au bas d'une fenêtre et qui affiche des messages explicatifs sur les objets sélectionnés ou les commandes des menus.

barre de titre : zone, en haut d'une fenêtre, qui affiche le nom de l'application, du document ou du périphérique que présente cette fenêtre.

barre d'outils : 1. Dans WordPad, rangée de boutons située immédiatement sous la barre des menus, et qui contient des raccourcis pour les commandes les plus fréquemment utilisées . 2. Dans Paint, ensemble de boutons, placés sur le côté gauche de la fenêtre, qui contient des outils de création d'images.

bascule — *voir* à bascule.

boîte à outils : zone de la fenêtre de l'accessoire Paint de Windows 95 qui contient des icônes représentant les outils qui peuvent être utilisés pour créer des images.

boîte de dialogue : cadre contenant un ensemble d'options, qui apparaît lorsque Windows 95 a besoin que vous lui fournissiez de l'information pour effectuer l'opération demandée.

bouton : boîte graphique, étiquetée à l'aide de mots ou d'images, sur laquelle vous cliquez pour activer une commande.

bouton de commande : contrôle rectangulaire dans une boîte de dialogue ; cliquer sur un bouton de commande permet d'exécuter la tâche inscrite sur ce bouton.

bouton de défilement : 1. Bouton muni d'une flèche pointant vers le bas, situé à la droite des zones de liste. 2. On trouve aussi des boutons à chaque extrémité d'une barre de défilement ; cliquer sur ces boutons fait défiler, vers le haut ou vers le bas, l'information dans la fenêtre (par exemple, une ligne à la fois).

bouton de réglage : commande utilisée pour changer une valeur numérique. Ce bouton est muni de deux flèches : cliquer sur celle qui pointe vers le haut augmente la valeur du paramètre affiché ; cliquer sur celle qui pointe vers le bas en diminue la valeur.

branchez et utilisez : caractéristique de Windows 95 qui rend le système d'exploitation capable de créer automatiquement une configuration appropriée lors de l'installation d'un périphérique, de telle façon que l'utilisateur n'ait pas à fournir lui-même tous les détails sur cet appareil.

Bureau : zone de travail qui contient plusieurs outils pour travailler sous Windows 95, et qui constitue l'élément de base pour vos travaux.

caractère de remplacement — *voir* joker.

cascade : technique d'organisation des fenêtres qui consiste à donner la même taille à toutes les fenêtres ouvertes et à les empiler en affichant en entier la fenêtre du dessus de la pile, et seulement la barre de titre des autres fenêtres.

case à cocher : case carrée d'une boîte de dialogue qui contient une marque (✓ ou ✗) lorsqu'une option est sélectionnée.

case d'option : petit cercle qui contient un point noir quand l'option correspondante est sélectionnée.

client : dans la méthode OLE, se dit d'un programme qui reçoit un objet intégré (créé par un autre programme).

cliquer : enfoncer et relâcher rapidement un bouton de la souris ou de la bille de pointage.

coller : 1. Insérer un objet stocké temporairement dans la mémoire vive de l'ordinateur (autrement dit, le contenu du Presse-papiers) à l'endroit où se trouve le point d'insertion. 2. Nom de la commande qui effectue cette opération.

commande : instructions que l'utilisateur fournit à l'ordinateur, généralement en choisissant une option dans un menu, en cliquant sur un bouton ou en tapant une combinaison de touches sur le clavier.

comprimé : dans Explorateur qualifie un niveau d'une liste hiérarchique – indiqué par le symbole plus (+) dans la boîte carrée à gauche de la ligne — dont les éléments ne sont pas visibles à l'écran. *Voir* développé.

conventions des noms de fichiers (ou **syntaxe des noms de fichiers**) : règles gouvernant le nombre et le type de caractères qu'il est possible d'utiliser pour nommer des fichiers. Ces règles dépendent du système d'exploitation.

copie : n'importe quel objet qui constitue un double d'un original ; dans le cas d'un fichier ou d'un dossier, la copie peut porter un nom différent de l'original selon l'endroit où celui-ci est copié.

copie de sauvegarde : copie (ou compression) de données, archivée sur un autre médium de stockage ;

ces données peuvent alors être récupérées en cas de dommage ou de perte des données originales. On dit aussi copie de sécurité.

copier : 1. Stocker temporairement en mémoire vive (dans le Presse-papiers) un double de n'importe quel objet sélectionné (du texte, une image, un fichier, un dossier). 2. Nom de la commande qui exécute cette opération.

Corbeille : icône du Bureau qui représente l'espace temporaire où sont rangés les fichiers qui doivent être supprimés de l'unité de stockage de façon permanente.

corps : taille des caractères imprimés.

couper : 1. Retirer un objet sélectionné (du texte, une image, un fichier, un dossier) de son emplacement d'origine et l'enregistrer temporairement dans la mémoire vive (dans le Presse-papiers). 2. Nom de la commande qui effectue cette opération.

courrier électronique : information échangée entre ordinateurs par les lignes téléphoniques ou des connexions réseau.

curseur — *voir* point d'insertion.

déplacer : opération qui permet de retirer un objet de sa position originale et de le placer ailleurs.

développé : dans Explorateur qualifie un niveau d'une liste hiérarchique — indiqué par le symbole moins (−) à la gauche de la ligne correspondant à ce niveau — dont les éléments sont visibles à l'écran. *Voir* comprimé.

dimensionner : régler la taille d'une fenêtre de telle façon qu'elle reste ouverte sur le Bureau, mais n'en occupe qu'une portion.

donnée : information représentant le travail de l'utilisateur, et qui, sur un ordinateur, est stockée numériquement.

DOS (littéralement : système d'exploitation de disque) : système d'exploitation non graphique utilisant des commandes de type caractère, très répandu sur les ordinateurs personnels. Vient de l'anglais *Disk Operating System* .

dossier : regroupement de fichiers et de sous-dossiers.

dossier de groupe : dossier qui contient des icônes de programme et/ou de périphérique. L'icône de dossier d'un dossier de groupe comporte un dessin.

dossier parent : dossier qui contient au moins un autre dossier ; autrement dit, dossier qui contient un ou plusieurs sous-dossiers.

dossier principal : dossier situé au plus haut niveau de l'arborescence de l'ordinateur, et qui est composé de fichiers et de dossiers non contenus dans d'autres fichiers. Auparavant, on parlait de répertoire racine.

double-cliquer : enfoncer et relâcher rapidement deux fois le bouton de la souris ou de la bille de pointage lorsque le pointeur est sur un objet de l'écran.

échange dynamique de données : méthode de partage de données dans laquelle les données, une fois qu'elles sont modifiées dans une application, sont automatiquement modifiées dans une autre application qui les utilise.

éditeur de texte : programme qui crée des fichiers texte.

empattement : petit segment droit ou courbe situé aux bouts du trait principal qui forme une lettre.

en arrière-plan : se dit du processus permettant d'exécuter un programme sans que la fenêtre de ce programme soit affichée.

exportation : méthode de partage de données entre deux applications impliquant la modification des données créées avec la première application pour qu'elles soient dans un format qui puisse être utilisé par la deuxième application.

extension (de nom de fichier) : sous DOS et les anciennes versions de Windows, série de un à trois caractères facultatifs ajoutée au nom d'un fichier pour indiquer le type de données contenues dans ce fichier.

fenêtre : zone rectangulaire d'affichage de l'information, comme le contenu d'un document ou les commandes d'une application. Une fenêtre peut être ouverte, fermée, déplacée, agrandie, réduite, sa taille pouvant être ajustée selon vos besoins.

fenêtre active : fenêtre dont la barre de titre est colorée, indiquant ainsi qu'elle peut recevoir des données ou des commandes du clavier ou de la souris. Une seule fenêtre est active à un moment précis.

fenêtre de document : cadre, dans une fenêtre d'application, servant à afficher un document sur lequel vous pouvez travailler.

fenêtre d'application : cadre, sur le Bureau, contenant les menus et le(s) document(s) d'une application.

fenêtre inactive : fenêtre dont la barre de titre est estompée, indiquant ainsi qu'elle ne peut recevoir de données ni de commandes du clavier ou de la souris.

fermer : faire disparaître une fenêtre de l'écran.

fichier : ensemble d'informations structuré et stocké sur disque sous un nom spécifique.

fichier d'application — *voir* **fichier de programme.**

fichier de configuration : fichier qui contient les paramètres de configuration d'un système.

fichier de document : fichier où sont enregistrées les données des travaux que vous effectuez à l'aide de votre ordinateur.

fichier de données — *voir* **fichier de document.**

fichier de programme : fichier des applications qui vous servent à réaliser des tâches utiles.

fichier formaté : document qui contient des éléments qui améliorent l'apparence du texte, des paragraphes ou encore d'autres objets qui rendent le document plus attrayant et facile à lire. *Voir* **fichier texte.**

fichier non formaté — *voir* **fichier texte.**

fichier système : fichier qui contient des informations nécessaires au bon fonctionnement de l'ordinateur.

fichier texte (ou **fichier non formaté**) **:** fichier de données contenant des caractères (lettres, chiffres, signes de ponctuation, signes typographiques, espaces et fins de paragraphe) sans formatage (disposition particulière des lignes, des paragraphes ou des pages) ni changement de polices de caractères. *Voir* **fichier formaté.**

file d'attente : zone de stockage temporaire, en mémoire vive ou sur disque, pour les données devant être transmises à l'imprimante.

formatage : 1. Opération du système d'exploitation qui prépare un disque (ou une disquette) pour que l'on puisse y enregistrer des informations. Si un disque contient des données, le formatage rend ces données inaccessibles. 2. Mise en relief de portions d'un document dans le but de rendre ce dernier plus attrayant et facile à lire.

gestion de fichiers : ensemble des tâches qui permettent d'organiser et de gérer des disques et des fichiers.

glisser — *voir* **glisser-déplacer.**

glisser-déplacer (ou **glisser**) **:** déplacer un objet à l'écran de la façon suivante : pointer l'objet, enfoncer et maintenir abaissé le bouton de la souris tout en déplaçant la souris pour amener l'objet à l'endroit où il doit être placé, puis relâcher le bouton.

graisse : attribut affectant l'épaisseur des traits des caractères ainsi que la chasse (l'espacement) entre ces derniers.

grande icône : icône ayant sa taille maximale.

icône : petite image représentant un périphérique, du programme, du fichier ou du dossier.

icône de fichier : petite image représentant un type spécifique de fichier à l'écran.

icône de périphérique : petite image représentant un appareil, comme un disque dur ou une imprimante, relié à l'ordinateur.

icône de raccourci : image représentant une voie rapide pour accéder à un programme ou à une tâche.

icône du menu Système (ou **menu Système**, ou **icône Système**) **:** commande, généralement à la gauche de la barre de titre, qui permet d'afficher un menu d'options qui permettent de manipuler la fenêtre lorsque vous cliquez dessus.

icône du système d'exploitation : image qui représente un fichier du système d'exploitation.

icône Système — *voir* **icône du menu Système**

importation : méthode de partage de données déjà créées par une certaine application, qui implique la modification de ces données pour qu'elles soient dans un format qui puisse être utilisé par une application différente, avec laquelle on a créé un document dans lequel on veut mettre ces données.

imprimé (ou **sortie papier**) **:** information, stockée sous une forme « électronique » sur un médium de stockage, qui a été imprimée sur du papier.

infobulle : texte qui apparaît lorsque vous pointez un outil, et qui vous fournit de l'information sur cet outil.

intégration : méthode de partage de données qui implique l'incorporation, dans une application, d'un objet qui a été créé par une application différente.

interface : règles et méthodes qui permettent la communication entre l'utilisateur et l'ordinateur.

interface graphique : environnement d'exploitation dans lequel les commandes et les données sont affichées à l'écran et peuvent être sélectionnées par un périphérique de pointage.

joker (ou **caractère de remplacement**) **:** caractère utilisé quand on fait une opération de recherche pour représenter un caractère ou plusieurs caractères consécutifs (appelés chaîne de caractères) inconnus.

liaison : relation entre un objet et le programme qui l'a créé.

ligne de partage : ligne divisant une fenêtre en deux volets et qui peut être déplacée pour modifier la largeur des volets.

liste déroulante : liste d'options qui s'affiche lorsque vous sélectionnez une zone de liste.

logiciel : nom collectif employé pour désigner les programmes (c'est-à-dire les instructions stockées électroniquement qui dirigent le traitement des données).

logiciel d'application (ou **application**) **:** logiciel spécialisé conçu pour permettre d'accomplir une tâche précise, comme la création d'un texte, la manipulation de données comptables ou la gestion d'enregistrements.

logiciel de traitement de texte (ou **programme de traitement de texte**) **:** logiciel d'application conçu pour la rédaction et l'édition, et permettant d'améliorer la présentation d'un texte.

matériel : parties tangibles d'un système informatique.

matériel d'héritage : périphérique, sous Windows 95, qui peut requérir de l'utilisateur un réglage manuel des paramètres ou l'utilisation d'un logiciel pour son installation. *Voir* **branchez et utilisez.**

menu (ou **menu déroulant**) **:** liste (soit fixe, soit déroulante) d'éléments apparaissant à l'écran et parmi lesquels vous pouvez choisir celui que vous voulez. Généralement, un menu contient une liste de commandes ou d'options.

menu de raccourcis (ou **menu contextuel**) **:** liste des commandes les plus courantes applicables à un élément.

menu déroulant — *voir* **menu.**

menu Système — *voir* **icône du menu Système.**

modem : périphérique qui permet la communication entre deux ordinateurs via les lignes téléphoniques en transformant le signal numérique émis par un ordinateur en un signal analogique, et vice versa.

mosaïque : technique d'organisation des fenêtres qui consiste à redimensionner toutes les fenêtres ouvertes et à les placer l'une au-dessus de l'autre ou côte à côte pour qu'elles soient toutes visibles.

multimédia : se dit des documents ou des logiciels qui combinent le son, le texte, les graphiques, l'animation et/ou la vidéo.

multitâche : se dit d'un système d'exploitation capable d'effectuer plusieurs tâches simultanément.

nom de fichier : ensemble des caractères utilisés pour identifier un fichier. Leur nombre est limité à 255 sous Windows 95, et à 8 sous DOS et sous les anciennes versions de Windows.

œil : ce qui particularise le dessin des caractères d'une même police et leur donne une apparence semblable.

OLE : méthode de partage et d'échange de données dans laquelle des données créées dans une application sont incorporées dans une autre application qui possède des outils pour éditer l'objet intégré, peu importe la nature de l'application client. Ce terme vient de l'anglais *Object Linking and Embedding*, qui signifie «Liaison et intégration d'un objet».

OpenDoc : méthode de partage de données semblable à la méthode OLE.

orientation paysage : option de mise en pages selon laquelle le texte ou d'autres types de données sont imprimés dans le sens de la largeur du papier.

orientation portrait : option de mise en pages selon laquelle le texte ou d'autres types de données sont imprimés dans le sens de la hauteur du papier.

ouvrir : accéder au contenu d'une icône dans une nouvelle fenêtre.

palette de couleurs : zone située au bas de la fenêtre Paint, et qui contient un ensemble de couleurs affichées dans de petits carrés que vous pouvez sélectionner afin d'ajouter de la couleur à un document.

Panneau de configuration : boîte de dialogue qui vous permet de modifier les valeurs par défaut de votre système.

périphérique : appareil (matériel), par exemple une imprimante ou un disque dur, relié à un ordinateur.

petite icône : icône ayant le quart de sa taille maximale.

pilote d'imprimante : programme qui gère le fonctionnement d'un modèle spécifique d'imprimante ; représenté par une icône de périphérique sous Windows 95.

pixel (ou **point graphique**) **:** la plus petite zone ou le point de plus petite taille que vous pouvez afficher à l'écran ; ce sont les pixels qui, assemblés, forment les caractères et les images. Le mot «pixel» vient de l'anglais *pix* (pour *pictures*) et *el(ement)*.

point : unité de mesure égale à 1/72e de pouce, utilisée pour exprimer la hauteur des caractères et d'autres éléments imprimés sur du papier.

point d'insertion (ou **curseur**) **:** petit trait vertical clignotant qui indique l'endroit où apparaîtra à l'écran le prochain caractère tapé au clavier.

pointer : placer le pointeur de la souris sur un objet à l'écran.

pointeur : flèche ou autre symbole qui se déplace à l'écran selon les mouvements de la souris ou d'une bille de pointage. Aussi appelé pointeur de la souris.

police de caractères : assortiment complet de caractères partageant un œil spécifique.

police de caractères avec empattements : police dont les caractères sont tracés avec des empattements, ce qui facilite la lecture. On utilise ces caractères surtout pour le texte.

police de caractères de taille variable : police dont les caractères peuvent être imprimés dans différentes tailles.

police de caractères en mode point : police dont les caractères sont composés d'une matrice de points qui en régit la forme et la taille.

police de caractères sans empattements : police dont les caractères sont tracés sans empattements. On utilise généralement ces caractères pour les titres ou la visualisation de texte à l'écran.

Poste de travail : icône du Bureau qui représente votre système informatique.

Presse-papiers : zone de la mémoire vive utilisée pour stocker temporairement de l'information qui a été copiée ou coupée de façon à pouvoir la coller, c'est-à-dire la placer dans un nouvel emplacement.

programme d'amorce : petit programme chargé en mémoire vive et exécuté par l'ordinateur au cours du démarrage. Son rôle principal est de trouver sur le disque dur un programme plus volumineux (le système d'exploitation) et de le transférer à son tour en mémoire vive.

programme de traitement de texte — *voir* **logiciel de traitement de texte.**

propriétés système : paramètres qui affectent l'ensemble des opérations de votre ordinateur et de ses périphériques.

purger : annuler toutes les tâches d'impression dans une file d'attente.

qualité brouillon : la plus faible résolution, utilisée pour imprimer rapidement un premier jet d'un document.

qualité courrier : résolution élevée, donc qualité supérieure d'impression, utilisée pour imprimer la version finale d'un document.

Rechercher : option de Windows 95 qui permet de localiser un dossier ou un fichier à partir : du réseau, de l'unité de disque ou du dossier où il se trouve ; de la date de création ou de la dernière modification du dossier ou du fichier ; ou encore d'une chaîne de caractères spécifique contenue dans un document.

réduire : 1. Modifier la taille d'une fenêtre ouverte pour qu'elle prenne la forme d'un bouton sur la barre des tâches. 2. Nom du bouton qui effectue cette commande.

règle : zone contenant des boutons et une série de marques numérotées qui indiquent des mesures sur la largeur d'un document et dont on peut se servir pour formater des paragraphes de texte. Elle est située sous la barre de format de WordPad.

renommer : changer le nom d'un fichier, d'un dossier ou d'une icône.

répertoire : terme utilisé auparavant pour dossier.

répertoire racine : ancien terme utilisé pour désigner le dossier principal.

résolution : mesure de la précision (et donc de la qualité) de l'image, qui s'applique aux imprimantes et aux moniteurs d'ordinateur, exprimée en nombre de points par pouce.

restaurer : 1. Ramener une fenêtre à la taille qu'elle avait avant d'être agrandie. 2. Nom du bouton qui effectue cette commande. 3. Récupérer dans la Corbeille un élément effacé et le remettre à son emplacement d'origine.

retour automatique à la ligne — *voir* **saisie au kilomètre.**

saisie au kilomètre (ou **retour automatique à la ligne**) **:** caractéristique des logiciels de traitement de texte qui permet le passage automatique à la ligne suivante lorsque le texte que vous entrez atteint la marge de droite ou le côté droit de la fenêtre.

saisie d'écran : image graphique, représentant l'information affichée à l'écran, qui est stockée temporairement dans la mémoire vive de l'ordinateur ou sur disque ou encore imprimée.

saut : mot ou phrase, dans une fenêtre d'aide de Windows 95, accompagné d'une icône sur laquelle il suffit de cliquer pour afficher de l'information additionnelle sur le sujet dont il est question.

sélectionné : se dit d'un objet qui sera affecté par la prochaine commande.

sélectionner : désigner l'endroit où s'exécutera la commande, l'option ou l'action désirée. Généralement, on sélectionne en cliquant sur un objet.

serveur : se dit d'une application qui a créé ou édité un objet partagé par deux applications ou plus. On dit aussi programme source.

sortie papier — *voir* **imprimé.**

sous-dossier : dossier contenu dans un autre dossier.

sous-répertoire : terme utilisé auparavant pour sous-dossier.

spoule : (de l'anglais *Simultaneous Peripheral Operation On-Line,* ou *spool*). Désynchronisation de l'impression. Processus qui inscrit des tâches d'impression dans une file d'attente de telle façon que l'impression puisse s'effectuer en même temps que l'ordinateur exécute une autre tâche. On appelle **spouleur** l'outil qui permet ce type de travail.

structure de disque : organisation des dossiers et des sous-dossiers que contient un disque.

structure orientée application : organisation des dossiers où les sous-dossiers du dossier d'une application servent à regrouper les fichiers créés à l'aide de l'application en question. *Voir* **structure orientée projet.**

structure orientée projet : organisation des dossiers dans laquelle les fichiers et les dossiers sont regroupés selon des projets spécifiques. *Voir* **structure orientée application.**

structure orientée utilisateur : organisation des dossiers où les fichiers et les dossiers sont regroupés selon les utilisateurs qui partagent l'ordinateur ou le serveur de réseau.

style : attribut qui permet de modifier l'apparence des caractères d'une police de caractères, sans en modifier l'œil ; par exemple : gras, italique, souligné.

supprimer : retirer d'un disque n'importe quel élément sélectionné (texte, image, fichier ou dossier). Sous Windows 95, si l'élément supprimé était sur le disque C :, il est envoyé à la Corbeille où il est conservé jusqu'à ce que vous le remettiez en place ou que vous demandiez son effacement irréversible en le supprimant de nouveau dans la Corbeille.

surbrillance : contraste lumineux modifiant la couleur d'un objet. **Surligner** un objet signifie le « mettre en surbrillance ».

surligner — *voir* **surbrillance**.

syntaxe des noms de fichiers — *voir* **convention des noms de fichiers**.

système d'exploitation : ensemble de programmes permettant à un utilisateur de travailler avec un ordinateur en gérant le flot des données entre les périphériques d'entrée, la mémoire vive de l'ordinateur, les unités de stockage et les périphériques de sortie.

table d'allocation des fichiers : informations dont se sert le système d'exploitation pour lire et écrire des données sur un disque ; la table d'allocation des fichiers contient aussi des données sur la position de chaque fichier sur le disque ainsi que sur la façon dont le disque est formaté.

tel écran, tel écrit : caractéristique des interfaces graphiques qui affichent les documents tels qu'ils seront imprimés. En anglais : *WYSIWYG*, pour *What you see is what you get*.

terme du glossaire : mot ou phrase, dans une fenêtre d'aide de Windows 95, souligné en pointillé, sur lequel il suffit de cliquer pour en obtenir la définition.

tronqué : qualifie le nom d'un objet qui est trop long pour être affiché au complet.

type (d'icône ou de fichier) **:** catégorie d'information ou d'application à laquelle appartient une icône ou un fichier.

valeur par défaut : paramètre (nombre ou texte) qu'un logiciel utilise automatiquement à moins que l'utilisateur n'en spécifie un nouveau qui lui convient davantage.

volet : l'une des portions d'une fenêtre qui est divisée.

volet Contenu : zone de la fenêtre Explorateur qui affiche le contenu du disque ou du dossier sélectionné dans le volet Tous les dossiers.

volet Tous les dossiers : zone de la fenêtre Explorateur qui contient l'arborescence correspondant à l'organisation des disques de l'ordinateur.

zone de liste : liste fixe munie d'un bouton de défilement. Cliquer sur le bouton de défilement affiche une liste déroulante.

zone de texte : rectangle qui affiche le nom ou la valeur d'un paramètre courant et dans lequel l'utilisateur peut entrer un autre nom ou une autre valeur pour déterminer un nouveau paramètre.

INDEX